Paula Bosch und Eckart Witzigmann

Küchengeheimnisse & Weinentdeckungen

Dank

All meinen Weinfreunden.
Paula Bosch

Meinen helfenden Köchen Monika Schuster, Steffen Kimmig, Andreas Mayer und Roland Trettl.
Eckart Witzigmann

Küchengeheimnisse & Weinentdeckungen

Aufgetischt von Eckart Witzigmann
und eingeschenkt von Paula Bosch

Econ

Der Econ Verlag dankt dem *Magazin* der
Süddeutschen Zeitung für die Zusammenarbeit,
besonders Eva Fischer (Bildredaktion) und
Rudolf Spindler (Geschäftsführung).

Fotos:
Alle Foodfotografien von: Barbara Bonisolli, München,
mit Ausnahme von: S. 38, SWV/Rolf Seiffe (1);
S. 46, SWV/Siegfried Sperl (1), SWV/Klaus Arras (1);
S. 54 SWV/Barbara Bonisolli (1), SWV/Angela
Francisca Endress (1); S. 56 SWV/ Michael Holz (1);
S. 58 SWV/ Karl Newedel (1); S. 62 SWV/Christian
Kargl (1); S. 64 SWV/Barbara Bonisolli (1), SWV/Rolf
Seiffe (1); S. 74 SWV/Amos Schliack (1);
S. 76 SWV/Siegfried Sperl (1); S. 84 SWV/Barbara
Bonisolli (1); S. 87 SWV/ Barbara Bonisolli (1);
S. 102 SWV/Amos Schliack (1); S. 118 SWV/Karl
Newedel (1); S. 126 SWV/N.N. (1); SWV/Karl Newedel
(1); S. 130 SWV/Amos Schliak (1); S. 138 SWV/Michael
Holz (1); S. 142 SWV/Barbara Bonisolli (1);
S. 151 SWV/Klaus Arras (1); S. 164 SWV/Michael Holz(1),
SWV/Klaus Arras (1); S. 167 SWV/Rolf Seiffe (1);
S. 208 Hiltrud Reiter
Foodstyling: Hans Gerlach
Die Weine fotografierte Bodo A. Schieren, München
Alle anderen Fotos (Cover, Doppelseiten, Interview,
Glossar): Enno Kapitza, München

Impressum

Econ Verlag
Econ ist ein Verlag des Verlagshauses
Ullstein Heyne List GmbH & Co. KG, München
1. Auflage 2003

Redaktion: Regina Carstensen
Schlussredaktion: Julia Lindner
Visuelles Konzept und Gestaltung:
Klaus Meyer und Tabea Dietrich, München
Layout und Satz: Tabea Dietrich, Klaus Meyer
Herstellung: Helga Schörnig

Litho: Franzis print & media GmbH
Druck und Bindung: Offizin Andersen Nexö Leipzig

ISBN 3-430-19812-7

Paula Bosch hat in ihrer gewohnt unprätentiösen und einnehmenden Art ihr Weinwissen in ein sehr persönliches Buch gefasst. Mit großem Sachverstand und Charme geschrieben, erfährt der Leser alles, was er über genussvolles Weintrinken wissen sollte, und macht en passant einen umfassenden Weinkurs mit hohem Niveau.

»Mit *Weingenuss* ist das Beste gelungen, was der Weinliebhaber zwischen zwei Buchdeckeln finden kann.« DINERS CLUB MAGAZIN

»In ihrem reich bebilderten und kurzweilig geschrieben Band *Weingenuss* gibt Paula Bosch ihre Erfahrungen und ihr Wissen rund um den Wein an den Leser weiter.«
FRANKFURTER ALLGEMEINE ZEITUNG

Inhalt

Was Sie schon immer von uns wissen wollten

Paula Bosch und Eckart Witzigmann im Gespräch

Herr Witzigmann, gibt es das absolute Rezept?

Eckart Witzigmann: Nein, da muss ich Sie leider enttäuschen. Das Gelingen hängt nicht nur von der Genauigkeit des Rezeptes ab. Die Qualität der Produkte ist maßgeblich. Aber auch die Art der Hitze ist entscheidend. In meiner Lehrzeit habe ich noch auf Kohleöfen gekocht. Privat benutze ich einen Gas- oder Elektroherd. Und nicht zu vergessen das Kochequipment. Das Kupfergeschirr ist einfach ein Muss. Kupfer ist ein Wärmeleiter, der sich zwar schnell erwärmt, aber die Hitze nicht so unmittelbar weitergibt. Ideal für Schmorgerichte. Um einen kross gebratenen Fisch hinzubekommen, nehme ich eine Teflonpfanne, ein Kaiserschmarrn gelingt dagegen besser in einer gusseisernen Pfanne. Was die Mütter alles aus ihren Oferln herausgezaubert haben, das war erstaunlich. Letztlich ist Kochen aber Geduld, Muße und Konzentration.

»Ich koche alle Rezepte selbst und peile sie nicht nur über den Daumen.«

Eckart Witzigmann

Und wie bekomme ich ein ordentliches Spiegelei hin?

Eckart Witzigmann: Wenn ich ein Spiegelei mache, dann brauche ich ein handgeschmiedetes Pfännchen. Ich gebe ein frisches Stück Landbutter hinein, lasse es schön hellbraun aufschäumen, schlage ein frisches Landei hinein, das ich vorher in Eiswasser gelegt habe; ich mag's ja gern mit einem Randerl, leicht bräunlich. Dann bestreue ich das Eiweiß mit Salz. Nicht den Dotter! Lasse es leicht anbraten. Und das ist dann ein Spiegelei, wie es sich gehört.

Paula Bosch: Witzigmanns Spiegelei, das ist mein Leibgericht, das war auch ein Grund, warum ich immer zu ihm gegangen bin, im Herbst am Samstagmittag. Spiegelei mit Spinat und Trüffel. Der Wahnsinn!

Frau Bosch, Herr Witzigmann braucht zum Kochen bestimmte Töpfe und Pfannen. Empfehlen Sie für Ihre ausgesuchten Weine bestimmte Gläser?

Paula Bosch: Bei mir dürfte klar sein, dass ich weder ein Wasserglas noch ein Senfglas nehmen möchte, um daraus Wein zu trinken. Ich rate auf jeden Fall zu einem Glas, das groß genug ist, an dem genügend Oberfläche vorhanden ist, damit man auch etwas riechen kann; und das auch dünnwandig ist. Entscheidend ist auch die Form und die Größe, daher gibt es für mich kein universelles Glas, aus dem ich Champagner, Weißwein und Rotwein jeglicher Machart trinken kann. Generell sollte man bei einem Weinglas darauf achten, dass der Kelch nicht zu groß ist. Im Vergleich zu dem Angebot auf dem Markt, gibt es nur verschwindend geringe Mengen an opulenten, großartigen Weinen, die in richtig großen Glaskelchen serviert werden sollten.
Ist der Wein nicht so reichhaltig, können sich die Aromastoffe verflüchtigen, das heißt, sie verlieren sich im Glas. Deshalb bin ich davon überzeugt, dass es ein Weißweinglas, ein Rotweinglas, ein Champagnerglas und ein Glas für Senf geben sollte. Ein Weinglas braucht einen handbreit langen Stiel zum Anfassen, damit keine Fingerabdrücke den Glaskelch verschmieren und den

Weingenuss verderben. Wenn der Glaskelch ständig mit den Händen angefasst wird, erwärmt sich der Wein viel schneller und schmeckt nicht mehr. Wenn Sie Weinliebhaber sind und den Wein genießen wollen, statt sich mit ihm zuzuschütten, dann sollten Sie darauf achten.

Haben Sie, Herr Witzigmann, jedes Rezept aus diesem Buch zu Hause ausprobiert?

Eckart Witzigmann: Aber selbstverständlich! Ich koche alle Rezepte und peile sie nicht nur über den Daumen. Ich bin in dieser Angelegenheit sehr genau. Und ich nehme mir viel Zeit dafür, denn es soll immer etwas Besonderes werden. Und gelingen soll es natürlich auch. Sie geben zehn Köchen die gleichen Zutaten und Sie erhalten zehn verschiedene Ergebnisse.

Aber sind denn wirklich all die verschiedenen Prisen notwendig? All die exotischen Zutaten? Siebzehn Zutaten für ein Gulasch, verlangen Sie nicht sehr viel?

Eckart Witzigmann: Manchmal mute ich meinen Lesern vielleicht sehr viel zu – aber das ist relativ. Ich mache mir eine Unmenge von Gedanken darüber, was für Gerichte ich entwickle. Und wenn Lesern etwas danebengeht, dann stelle ich mich in Frage und probiere es noch einmal aus. Ich will wissen, ob es an mir oder an meinem Rezept gelegen hat. Aber ich muss darauf bestehen: Ein Spritzer Sojasauce, eine Messerspitze Zimt, einen Hauch Curry, etwas geriebene Zitronenschale geben dem Gericht eine spezielle Note. Ich könnte mir die Aufgabenstellung einfacher machen, aber ich halte meine Geschmackskomponenten für optimal, dadurch heben sich meine Gerichte von den weniger pfiffigen ab. Dass die Rezepte manchmal kompliziert erscheinen, liegt einfach nur daran, dass niemand mehr gewohnt ist, richtig zu kochen. Viele grillen ein bisschen was, zack – ein Rucolasalat dazu, fertig. Ich bin mir auch nicht immer bewusst, dass ich bei meinen Rezepten einen so hohen Schwierigkeitsgrad angesetzt habe, aber natürlich muss ich auch eine bestimmte Erwartungshaltung an mich selbst erfüllen. Mein Ziel ist: Ich will mit meinen Rezepten ein Repertoire aus klassischen, bürgerlichen, mediterranen sowie regionalen Gerichten abdecken. Dafür kämpfe ich. Sonst verschwindet diese Art von Rezepten aus unserer Esskultur. Ich mute also nicht nur den Lesern viel zu, sondern auch mir.

Und warum gerade fünfundzwanzig Gramm englischen Sellerie?

Eckart Witzigmann: Es können auch dreißig Gramm sein. Aufrunden ist möglich. Ich weiß, oft nehme ich es zu genau. Da habe ich wahrscheinlich meine Briefwaage verwendet. Die gehört zu meinen kleinen Profigeheimnissen. Aber in solchen Fällen entschuldige ich mich bei meinen Lesern, es soll keine Schikane sein.

Frau Bosch, gibt es denn, analog zu der Frage an Herrn Witzigmann, so etwas wie ein absolutes Getränk?

Paula Bosch: Für mich schon. Aber es gibt keine absolute Kombination von einer Speise und einem Wein. Auf diesem sehr weiten Feld gibt es viele Varianten. Dennoch, der subjektive Geschmack ist die wichtigste Instanz bei dieser Entscheidung. Was nach den geschmacklichen Regeln wirklich passt, muss noch lange nicht jedermanns Geschmack sein. Was auf jeden Fall gut zusammen schmeckt, präsentieren wir hier in diesem Buch.

In diesem Buch wird der Aperitif nicht erwähnt. Ist er für Sie nicht wichtig?

Paula Bosch: Ganz im Gegenteil! Das ist nur eine Frage der Aufgabenstellung. In unserer Kolumne im »SZ-Magazin« geht es nicht um einzelne Trinkmomente, sondern um die Harmonie einer Speise mit dem Wein. Aber beim Aperitif sollte darauf geachtet werden, dass es auch ein Aperitif bleibt und Sie nicht schon angesäuselt sind, bevor der Abends richtig beginnt, nämlich mit dem Essen. Deshalb muss ein Apero leicht und anregend sein. Überhaupt säureanregend, das heißt, er muss einem das Wasser im Mund zusammenlaufen lassen, man soll sich ja den Appetit holen. Und das Glas innerhalb von fünf Minuten zu trinken, ist auch so ein Unding. Ein Aperitif ist für mich eine gewisse Zeremonie, die Zeit braucht.

Und wovon bekommt man Appetit?

Paula Bosch: Von säurebetonten Weißweinen wie Riesling, Sauvignon Blanc, Champagner oder einem Glas klassischen Sekt. Warum auch nicht ein Gläschen Prosecco! Aber bitte schön »spumante«, die »frizzante«-Variante liegt leblos im Glas, macht also gar keinen Sinn. Anregend sind ebenso Bitterstoffe, die dazu noch sehr bekömmlich sind. In diese Richtung gehen Vermouthweine, Campari oder auch Aperol.

»Was nach den geschmacklichen Regeln wirklich passt, muss noch lange nicht jedermanns Geschmack sein.«
Paula Bosch

Herr Witzigmann, was halten Sie von der Sitte, vor dem Essen ein Amuse-gueule zu reichen oder Brot und Butter?

Eckart Witzigmann: Das Amuse-gueule ist die Visitenkarte eines jeden guten Hauses und eine großartige Geste des Patrons. Die Kunst liegt darin, dass es appetitanregend und nicht sättigend ist. Auch marinierte Oliven mit Fenchelsamen sind wunderbar, um den Hunger anzuregen. Vor Brot habe ich besonderen Respekt. Es ist eine Gabe Gottes. Mein Großvater war Bäcker und ich weiß, wie schwierig es ist, hervorragendes Brot herzustellen. Darauf eine hochwertige Butter, das ist ein Hochgenuss. In manchen Restaurants wird jedoch reichlich übertrieben, da werden bis zu drei Amuse-gueules serviert. Kein Wunder, wenn die Erwartungen des Gastes ins Unermessliche steigen. Auf der anderen Seite sind die Ameuse-gueles aber auch ein Bewertungskriterium in der Spitzengastronomie.

Was denkt eine Paula Bosch bei dem Wort »Weinschorle«?

Paula Bosch: Nichts Besonderes. Schade um das Wasser und schade um den Wein. Viele verwenden für eine Weinschorle minderwertigen Wein, aber Minderwertiges nehme ich weder gemischt noch pur zu mir. Und den guten Wein in Wasser schütten? Warum eigentlich? Damit ich mehr trinken kann? Bei mir steht das Weinglas vor dem Wasserglas und beide sind immer gut gefüllt. Beste Regel: ein Glas Wein, zwei Glas Wasser. Wenn jemand eine Weinschorle trinken will, dann soll er das tun. Ich verzichte darauf.

Was halten Sie davon, Herr Witzigmann, mit Wein zu kochen?

Eckart Witzigmann: Das gehört zu den klassischen Zubereitungsmethoden. Ideal ist es, mit und um einen großartigen Wein ein Gericht zu kreieren. Wenn ich zum Beispiel einen Burgunder nehme und dazu ein Coq au Vin zubereite, so versuche ich damit die optimale Harmonie zwischen Wein und Gericht zu finden.

Paula Bosch: Wein verwendet man ja auch sehr viel, wenn es um die Zubereitung von Saucen geht, gerade um die Basissaucen. Viele Köche achten drauf, dass der Rotwein mit seiner Eigenfarbe nicht die Farbe der Sauce verändert. Wenn ich zum Essen einen Riesling auswähle, dann sollte ich bei der Sauce auch einen Riesling verwenden. Es muss nicht der Riesling sein, mit dem ich später das Essen begleite, aber er sollte schon den gleichen Charakter aufweisen. Wenn der Wein im Vordergrund steht, ist es ideal, wenn der

Koch um den Wein herum ein Essen komponiert. Und wenn Sie selber kochen: Viele Saucen werden zum Schluss nur mit zwei oder vier Zentiliter Wein aufgeschäumt, die kann man ruhig aus der Flasche entbehren, die Sie zu dem Gericht trinken. Entscheidend ist jedenfalls: Wenn Sie nichts Gescheites reintun, kann auch nichts Gescheites dabei herauskommen. Dabei ist ein guter Wein nicht immer gleichbedeutend mit einem teuren Wein. Aber wenn Sie ein Gericht mit Gänseleber zubereiten, dann können Sie keinen billigen Lambrusco für 2,50 Euro nehmen. Zutaten und Wein müssen nun einmal zusammenpassen. Sie sollten Champagner bei einem Rezept auch nicht gegen einen zu billigen Sekt austauschen.

Warum liegt eigentlich der Riesling momentan so im Trend?

Paula Bosch: Wer sagt das? Es ist eher so, dass versucht wird, ihn wieder modern zu machen. Sein früherer Ruhm wird aber bei unserer derzeitigen Weinanbaupolitik nur in Einzelfällen erreicht und die sind eigentlich schon seit vielen Jahren an der Qualitätsspitze in Deutschland. Das Weingesetz erlaubt seit 1971 viel zu große Spannen, besonders im geschmacklichen Bereich, die für den Verbraucher nicht klar verständlich sind, weil die Toleranz im trockenen Bereich viel zu groß ist. Da stellt sich der Weintrinker vor den Regalen doch jedes Mal aufs Neue die Frage, welche Flasche ist jetzt wirklich trocken und welche ist schmeckbar restsüß. Dennoch, es gibt deutsche Rieslinge sowohl im trockenen als auch im edelsüßen Bereich, die sind Weltklasse. Und unerreicht. Diese Weine brauchen keine Vorsager in der Fachpresse, müssen nicht als in oder out klassifiziert werden. Aber der Riesling ist in der Menüfolge ein ganz großes Problem, da er wegen seiner enormen Säure und dem teilweise filigranen Körper gar nicht so einfach zu kombinieren ist. Wenn man an der Mosel oder im Rheingau einen trockenen Riesling trinkt, dann ist das alles gut und schön. Aber die Küche richtet sich auch dort danach aus. Im Süßweinbereich ist der Riesling eine tolle Rebsorte, da steckt Qualität drin, die weltweit zu suchen ist. Vielleicht gibt es sie noch in Österreich, aber dann ist eigentlich schon Schluss damit. Riesling soll nun an die Stelle des Sauvignon treten, der jetzt noch in ist, so wie einst Chablis vom Sancerre abgelöst wurde. Eine Rebsorte jagt im Grunde die andere. Ich kann mir das nur aus der Not heraus erklären, weil man immer einen Trendsetter benötigt. Auch ein Beaujolais musste einmal ersetzt werden; heute spricht kaum noch einer über diese Sorte. Das ist sehr bedauerlich, denn es gibt da sehr interessante Weine.

Haben Sie auch schon einmal einen Trend kreiert?

Paula Bosch: Nein, aber ich nehme Einfluss darauf, was in Deutschland getrunken wird.

Eckart Witzigmann: Man muss an dieser Stelle auch mal sagen, dass sich in den vergangenen dreißig Jahren nicht nur in der Esskultur, sondern auch in der Weinkultur verdammt viel getan hat. Bei aller Bescheidenheit glaube ich, dass wir die kulinarische Szene in Deutschland ein bisserl mit angeregt und bewegt haben.

Der Bärlauch?

Eckart Witzigmann: Er ist eine Modeerscheinung geworden, obwohl er in jedem alten Kräuterbuch erwähnt ist. Durch Zufall bei einem Spaziergang im Englischen Garten habe ich dieses Gewächs

»Durch Zufall bei einem Spaziergang im Englischen Garten habe ich Bärlauch entdeckt.«
Eckart Witzigmann

»Es gibt deutsche Rieslinge sowohl im trockenen als auch im edelsüßen Bereich, die sind Weltklasse.«
Paula Bosch

entdeckt, ohne zu wissen, was es ist. Im Botanischen Institut in Berlin wurde mir bestätigt, dass es Bärlauch ist. So hat dieses vergessene Kraut seinen Einzug in meine Küche gefunden. Das war Anfang der siebziger Jahre. Mittlerweile wird Bärlauch als Pesto, in Suppen, Spätzle und Knödeln fleißig verwendet. Aber natürlich spielt auch der Wein heute eine andere Rolle. Und da hat Paula Bosch Großartiges geleistet. Sie bringt Weine, die man nicht kennt.

»Ich schätze bei Eckart Witzigmann vor allem die Sensibilität, mit der er alles anfasst. Das hat geradezu etwas Erotisches.«

Paula Bosch

Wohin geht denn der Trend in der Küche?

Eckart Witzigmann: Man kann fast sagen, eine Bewegung à la Rousseau hat sich in den deutschen Gourmetküchen etabliert: »Zurück zur Natur.« Vorbei sind endlich die Zeiten der großen »Bastelarbeiten«, der aufwändigen, aber nur optisch interessanten Anrichtungen. Das Produkt steht wieder im Mittelpunkt. Vorbei sind auch die Zeiten, wo auf Teufel komm raus alles mit Kaffir-Limetten, Ingwer und Zitronengras gewürzt wurde. Insgesamt ist die Gourmetküche leichter und innovativer geworden, kleine raffinierte Anrichtungen, ungewöhnliche Spielereien mit Temperatur und Konsistenz, eine Sinfonie vieler kleiner Gerichte. Meister dieser Kunst sind einige Köche in Nordspanien, auch die katalonische Küche von Ferrán Adriá ist da zu nennen. Leider verstehen nicht alle Gäste, dass weniger mehr ist, sie schmecken nicht die Frische und Qualität der Grundzutaten. Es wird immer noch zu oft in drei Gängen eine Materialschlacht von Foie gras, Hummer und Rinderfilet erwartet. Erst wenn man mit angeblich teuren Zutaten richtig satt geworden ist, dann war es gut. Das Essen ist genauso ein Genuss wie eine hervorragende und nicht allzu schwere Opern- oder Theateraufführung. Auch diese fusionierte Küche finde ich super. Sie ist leicht, sie ist locker.

Was meinen Sie mit »fusionierter Küche«?

Eckart Witzigmann: Ein paar Kapern, einige Tomaten, ein paar Pinienkerne und etwas Curryöl. Einfach super. Nicht nur Großkonzerne fusionieren, sondern auch Landesküchen. Da liegt der Trend, gerade bei der Jugend. Viele sind weit gereist und kulinarisch immer offen für neue, interessante Alternativen. Vor allem in den Metropolen wie London, New York, Los Angeles und Sidney ist die »Globetrotter-Küche« in. Festgelegte Spielregeln gibt es nicht mehr, kochdisziplinarisch ist sie eher im Bereich Freistil anzusiedeln, nur schmecken sollte es. Das heißt aber nicht, dass man bei diesem »Crossover« mangelhaftes Handwerk mit einem Haufen Gewürze überdecken kann. Im Gegenteil, eine solche Küche braucht viel Fingerspitzengefühl, um die typischen Länderelemente zu verstehen. Erst dann kommen dabei tolle Kombinationen aus Traditionellem und einer gewissen Neuheit heraus. Nur – wer kann dir heute etwas zeigen, wo wirklich der Saucier gefordert ist? Das beginnt ja schon bei dem Schmorbraten. Wer kann denn überhaupt noch einen gescheiten Sauerbraten machen?

Unsere Mütter!

Eckart Witzigmann: Bitte aufschreiben lassen und mir das Rezept geben. Das muss man festhalten. Sonst geht all dieses Wissen verloren. Zumindest hat die regionale Küche ja letzten Endes die viel gescholtene Nouvelle Cuisine abgelöst. Es kommen also wieder Klassiker zurück in die gute Küche. Das wurde auch Zeit,

Der Erfolg Ihrer Rezepte beruht ja auch auf dem »Trick«. Haben Sie schon einmal erlebt, dass ein anderer Koch zu Ihnen gesagt hat: »Mensch, verrate doch nicht alles?«

Eckart Witzigmann: Ich vertrete den Standpunkt, mein Wissen und Können weitergeben zu müssen. Das war schon früher in meinem Restaurant »Aubergine« so, dass meine Mitarbeiter das Recht hatten, alles zu erfahren.

Paula Bosch: Eckart, dann bist du ja fast schon so wie Sokrates. Der hat sich gewünscht, dass seine Schüler besser werden als er selbst. Das war der Beginn der großen Meister.

Eckart Witzigmann: Vielen Dank für die Blumen!

Werden Sie beide eigentlich privat zum Essen eingeladen? Die meisten Ihrer Freunde und Bekannten müssen sich doch denken: Witzigmann, dich lade ich nicht ein, ich kann nicht so gut kochen. Oder Paula Bosch, dich lade ich nicht ein, denn mit großer Sicherheit serviere ich den falschen Wein.

Eckart Witzigmann: Ich bin ehrlich gesagt auch kein Mensch, der sich gern einladen lässt.

Sind Sie ein schlechter Gast?

Eckart Witzigmann: Kaum, denn ich weiß die Mühen des Gastgebers anzuerkennen. Aber letzten Endes muss ich sagen, dass ich es mehr genieße, in meinen eigenen vier Wänden zu sein. Und ich verwöhne mich tagtäglich selbst. Heute zum Beispiel: Ich habe frische Morcheln bekommen, bayerische Morcheln, die ich mir abends mit herrlichem deutschen Spargel gönnen werde. Und ich werde sie natürlich schon für das nächste Jahr rezeptieren.

Wie erklären Sie es sich, dass die meisten Köche gar nicht wollen, dass man groß für sie aufkocht? Wenn man die Stars Ihrer Zunft befragt, was sie essen wollen, wünschen sich die meisten Butterbrote oder Bratkartoffeln.

Eckart Witzigmann: Zu denen gehöre ich ebenfalls. Wenn man sich tagtäglich mit Luxusprodukten umgibt, hat man das Bedürfnis nach etwas Einfachem. Ja, ich freue mich über ein Schnittlauchbrot, das ist doch wunderbar. Aber natürlich hängt das immer auch sehr von der Situation ab. Wenn ich auf einer Skihütte bin, dann ist doch so eine Linsensuppe mit ein paar Frankfurter Würstl drin was Herrliches. Alles hat seine Berechtigung, das Gericht kann einfach sein, nur gut muss es sein. Das Wichtigste bei einem gemeinsamen Essen ist jedoch, dass ich Leute kennen lerne, dass man dabei inspirierende Gespräche führt.

Frau Bosch, kennen Sie das Einladungsproblem auch?

Paula Bosch: Oh ja! Meine Gastgeber sind oft unglücklich, wenn es um die Frage geht, welchen Wein sie servieren sollen.

Und was antworten Sie?

Paula Bosch: Das ist ganz einfach. Ich sage: Ihr kocht und ich bringe den Wein mit.

Damit sind alle Probleme gelöst?

Paula Bosch: Nicht immer, aber relativ häufig. Meistens sprechen wir ja dann darüber, was es zum Essen gibt. Und weil ich mittlerweile sehr tief im Thema stecke, habe ich natürlich auch einen entsprechend gut gefüllten Weinkeller.

Trinken Sie auch gern allein ein Glas Wein?

»Genuss ist meiner Meinung nach eine Gesellschaftssache.«

Paula Bosch

Paula Bosch: Ein Glas ja, aber Genuss ist meiner Meinung nach eine Gesellschaftssache. Deswegen bin ich froh über meine Freunde, die alle gern Wein trinken. Ich will nicht irgendwann von dieser Welt gehen und einen prall gefüllten Weinkeller zurücklassen.

Und was ist Ihr Lieblingswein?

Paula Bosch: Für Menschen wie mich kann es nicht nur einen einzigen Lieblingswein geben, höchstens eine Gruppe von Weinen. Fragen Sie lieber, welchen Wein ich bevorzugt trinke.

Frau Bosch, welchen Typ Wein bevorzugen Sie?

Paula Bosch: Sehr zum Ärger meines Portemonnaies immer noch Bordeaux, jedenfalls wenn es um Rotwein geht. Davon habe ich auch am allermeisten in meinem Weinkeller. Bordeaux hat für mich – manchmal leider auch »hatte«,

»Kochen ist keine Glückssache. Dahinter stecken Erfahrungen, ein Weitergeben an Wissen.«
Eckart Witzigmann

denn es wird zurzeit viel am Geschmacksbild manipuliert – mehr Individualität, Charakter und Persönlichkeit als andere Rotweine. Überhaupt: Ein Bordeaux ist schon was Besonderes. Burgunder sind in ihrer Höchstform übrigens auch nicht zu toppen. Letztlich bin ich aber ein Fan aller guten Weine. Meine Weinvorliebe ist eine Stimmungssache, dadurch eben auch abhängig von Zeit und Ort.

Gibt es bei Ihnen einen Tag ohne Wein?

Paula Bosch: Wenn ich im »Tantris« arbeite, nein. Also trinke ich schon aus beruflichen Gründen jeden Tag Wein, aber ich sage Ihnen nicht, wie viel. Ausnahmen gibt es nur, wenn ich sehr erkältet bin oder ich gerade meine Fastenzeit eingelegt habe.

Um Ihren Geschmacksnerven eine Ruhepause zu gönnen?

Paula Bosch: Eigentlich nicht, vielmehr aus Gesundheitsgründen. Meistens faste ich den Januar über bis Mitte Februar, also zu einem Zeitpunkt, wenn die neuen Weinjahrgänge zum Probieren noch zu jung sind.

Und wie ist der erste Schluck nach wochenlanger Enthaltsamkeit?

Paula Bosch: Der schmeckt mir immer besonders gut. Biertrinker kennen das auch.

Herr Witzigmann, wie kommen Sie überhaupt auf Ihre geheimen »Tricks«? Ist das reiner Zufall oder haben Sie zum neunundneunzigsten Mal eine Bachforelle gegessen und fanden diese sterbenslangweilig?

Eckart Witzigmann: Kochen ist keine Glückssache. Dahinter stecken Erfahrungen, ein Weitergeben an Wissen. Auch muss man ständig an sich arbeiten, Selbstkritik üben und durch Fehler lernen wollen. Meine Tricks sind eigentlich simple Dinge, ein Zahnstocher, eine Folie, Eiswasser, eine bestimmte Zutat, eine spezielle Marinade, den Knoblauch in der Schale lassen oder das Salz mit Essig auflösen. Sie sollen im Grunde genommen auch Arbeitserleichterungen sein. Wohlgemerkt: Eine Bachforelle kann auch zum hundersten Mal ein Leckerbissen sein.

Gibt es eine Art Leitfaden, um mit Ihren Rezepten zurechtzukommen?

Eckart Witzigmann: Theoretisch ja. Jedes Rezept hat seinen Werdegang. Man sollte es genau lesen, vielleicht noch ein zweites Mal, dann eine

Einkaufsliste erstellen. Ich kann nicht erst die Erdbeeren für eine Erdbeer-Tiramisu besorgen, wenn die Creme schon fertig ist. Kochen ist Planung und beginnt beim Einkauf. Und Kochen heißt, sich mit dem Gericht respektvoll auseinander zu setzen. Ich kann deshalb nicht waschen, bügeln, telefonieren und fernsehen und nebenbei noch etwas kochen. Außerdem lassen sich viele Dinge schon im Vorfeld vorbereiten, sodass ich beim Kochen nicht unter Stress gerate. Der Ablauf meiner Rezepte ist logisch, dennoch kann es sein, dass man genau nach Rezept verfährt und dennoch ist das Resultat nicht zufrieden stellend. Das kann dann an den verwendeten Produkten gelegen haben, an der Hitze oder an dem Durchmesser der benutzten Töpfe oder Pfannen. Es gibt so viele Fehlerquellen.

Hand aufs Herz: Haben Sie noch nie den Mülleimer aufgemacht und etwas verschwinden lassen?

Eckart Witzigmann: Ja, vor einigen Wochen ist mir mein hoch geschätzter japanischer Reis angebrannt. Ich war der Meinung, dass ich die Kochplatte ausgeschaltet hatte. Dem war aber nicht so. Auch ein Profikoch macht Fehler.

Müssen wir uns mich mit der größten Genauigkeit an Ihre Angaben halten? Wenn einer Lauch beispielsweise nicht verträgt, kann er das dann einfach weglassen oder gegen eine andere Zutat austauschen?

Eckart Witzigmann: Lauch leider nicht. Da wäre es schon besser, sich ein anderes Gericht auszusuchen. Als Koch ist es aber für mich wichtig, Maßarbeit am Gast zu erzielen. Hat ein Gast Sonderwünsche oder eine Allergie, so nehme ich das sehr ernst. Ich weiß, wovon ich spreche, meine Tochter litt schwer an Asthma und musste auch bestimmte Lebensmittel vermeiden.

Frau Bosch, Rotwein soll ja gesünder sein als Weißwein. Beachten Sie bei Ihren Weinempfehlungen diese Erkenntnis?

Paula Bosch: Überhaupt nicht. Ja, es gibt im Rotwein Ingredienzien, die gesundheitsfördernd sind. Doch bleibt die Frage, wofür sie gesünder sind. In erster Linie profitieren die Blutgefäße

vom täglichen Rotweingenuss. Das ist aber auch nur dann der Fall, wenn der Wein im Barrique, also im Eichenholzfass, ausgebaut wurde. Aus diesem zieht der Rotwein seinen Wirkstoff. Ich persönlich glaube, dass dies eine ganz individuelle Angelegenheit ist. Solange Sie gesund leben, werden Sie auch keine Blutgefäßerkrankungen haben. Sollten Sie aber entsprechende Probleme haben, dann verzichten Sie besser auf den Weißwein und trinken doch eher den Rotwein. Am besten ist, Sie trinken heute einen Weißwein und morgen einen Rotwein, dann haben Sie von beiden Weinen etwas.

Wenn ich am Abend eine Flasche Wein öffne und sie nicht austrinke, sollte ich den Rest lieber wegschütten oder kann ich ihn auch am nächsten Tag weitertrinken?

Paula Bosch: Trinken können Sie letztlich alles. Aber eines ist sicher: Wenn Sie sich mit Wein auseinander setzen, werden Sie am anderen Tag nicht mehr dieselbe Freude haben. Der Wein von gestern war eben doch besser als der von heute.

»Für Menschen wie mich kann es nicht nur einen einzigen Lieblingswein geben …« Paula Bosch

Wobei Rotwein noch mehr an Qualität verliert als Weißwein. Aber es gibt mehrere Möglichkeiten, eine angebrochene Flasche Wein ordentlich zu lagern. Einerseits ist entscheidend, dass der Wein kühl und dunkel aufbewahrt wird, damit er sich nicht zu sehr entwickelt. Das trifft ja auch schon auf geschlossene Weinflaschen zu. Es wäre besser, den Wein im Kühlschrank zu deponieren, als ihn irgendwo in einer Küchenecke abzustellen. Ideal wäre auch ein kühler Keller oder ein Weinklimaschrank. Das gilt übrigens auch für den Rotwein. Und andererseits sollten Sie den Wein gut verschließen. Es hat aber überhaupt keinen Sinn, den Stöpsel einer Flasche zu nehmen und umgekehrt, mit seiner schlankeren Oberseite in die Flasche zu stecken. Nach einer Viertelstunde riecht der Wein wie diese Oberseite des Korkens. Wenn es Ihnen nicht gelingt, den Korken in seiner Originalform hineinzustecken, also so, wie Sie ihn herausgezogen haben, dann nehmen Sie einen konisch zugeschnittenen Ersatzkorken. Sie bekommen ihn in jedem Haushaltswarengeschäft. Am einfachsten ist es aber, wenn Sie Vakuvinsysteme verwenden, die mit einem Gummipfropfen arbeiten. Der Sauerstoff wird herausgepumpt und die Flasche ist sauber verschlossen. Aber wie gesagt, trinken Sie den Wein so bald wie möglich aus, in einer offenen Flasche wird er mit der Zeit keineswegs besser.

Herr Witzigmann, woran kann ich gute Produkte erkennen und wie lange kann ich diese überhaupt aufbewahren, ohne dass sie ihre Qualität verlieren?

Eckart Witzigmann: Natürlich gibt es verschiedene Merkmale. Frischen Fisch erkennt man an den Kiemen, Spargel an festen Spitzen und gutes Fleisch an seiner Marmorierung. Bei Obst und Gemüse ist nicht immer Glanz und Aussehen der Produkte entscheidend, viel wichtiger ist ja der Geschmack. Am ehesten bekommt man wirklich frische Ware auf dem Markt, bei einem Händler, zu dem man Vertrauen aufgebaut hat. Mein Einkaufseldorado ist in München der Viktualienmarkt, wo ich mir die einzelnen Zutaten von den verschiedenen Marktständen hole. Dann profitiere ich auch noch von den jahrelangen und freundschaftlichen Beziehungen zu meinen ehemaligen Lieferanten von der »Aubergine«. Leider gibt es kaum noch eine vernünftige Beratung, den Verkäufern fehlt es vielfach an Fachwissen. Was haben früher die Metzger präsentiert! Was die Aufbewahrungszeit betrifft: Gemüse oder Fleisch sofort verwenden. Grundsätzlich lautet meine Devise: Lieber tiefgekühlte Ware als frische, die alt geworden ist. Am besten, jeden Tag neu einkaufen gehen.

Wie wichtig ist bei Ihren Rezepten das von Ihnen verwendete Öl? Und was halten Sie von Butter, Margarine oder Bratenfett?

Eckart Witzigmann: Prinzipiell muss man unterscheiden zwischen Oliven-, Kern-, Sonnenblumen- und Haselnussöl sowie noch vielen anderen Sorten. Olivenöl hat für mich durch meine Tätigkeiten auf Mallorca einen besonderen Stellenwert eingenommen. Wichtig ist jedenfalls, Öl gezielt einzusetzen. Für einen Kopfsalat verwende ich beispielsweise ein leichtes Öl, das neutral im Geschmack ist. Richte ich Wintersalate an, greife ich gern zu Kürbis- oder Haselnussöl. Gute Butter ist ohne Zweifel eine Delikatesse und durch nichts zu ersetzen. Sahne und eine hochwertige Crème fraîche sind aus der Küche nicht wegzudenken. Die Margarine hat sich mittlerweile stark verbessert, jedoch habe ich für sie keinen Platz in meinem Kühlschrank. Butterschmalz verwende ich für mein Hühnerschnitzel, dagegen Enten- und Gänsefett für meine Krautzubereitungen. Bei verbranntem Bratenfett gibt's nur eins: wegkippen. Kasteien ist ja hin und wieder in Ordnung, aber daraus sollte sich keine Lebensphilosophie ableiten. Richtig herzhaft reinbeißen und nichts bereuen, das ist mein Motto. Zum Glück haben wir alle noch Laster und Lüste.

Frau Bosch, wie gültig sind heute noch die Regeln, dass Weißwein zu Fisch und Rotwein zu Wild getrunken wird?

Paula Bosch: Diese Regeln sind steinalt. Im Prinzip müssen Sie davon ausgehen, wie das Gericht zubereitet ist. Wenn beispielsweise ein Fisch in einer Rotweinsauce schwimmt, ist es unsinnig, dazu Weißwein zu trinken. Und zu einem gebratenen oder gegrillten Fisch können Sie selbstverständlich auch einen Rotwein trinken. Ein solcher schmeckt dazu manchmal sogar viel besser als ein weißer Wein. Die Frage ist nur, welchen Typ Rotwein man dazu wählen sollte.

Was würden Sie zu einer gebratenen Seezunge empfehlen?

Paula Bosch: Dazu würde ich einen sehr reifen, gerbstoffarmen Merlot oder einen Pinot Noir, sprich Spätburgunder trinken. Nur sollte er nicht in der ersten, fruchtbetonten Phase seiner Entwicklung sein, sondern schon etwas reifer. Himbeeren oder Kirschen passen nicht sonderlich zu einem gebratenen Fisch. Keinesfalls sollten Sie dazu einen gerbstoffbetonten Barbera, Barolo, Tempranillo oder Bordeaux nehmen. Wenn Sie gerbstoffreiche Weine zu einem leicht gebratenen Fisch trinken, dann bekommen die Weine einen derart metallischen Charakter, dass Sie das Gefühl haben, Sie hätten an einem Eisenstück geleckt.

Und kann ich Weißwein zu Wild servieren?

Paula Bosch: Aber ja, hemmungslos. Die Frage der Weinfarbe hängt nicht, wie schon gesagt, von der Speisenwahl ab, sondern von der Zubereitungsart und den Beilagen.

Und welche Gerichte passen zu Champagner?

Paula Bosch: Grundsätzlich bin ich davon überzeugt, dass Kohlensäure in einem Getränk nicht gerade gesundheitsfördernd ist; bei größeren Mengen führt es dazu, dass sich der Magen wie ein Luftballon aufbläht. Denken Sie nur an ein Weißbier. Wenn Sie ein paar Gläser getrunken haben, fühlen Sie sich viel gesättigter, als wenn Sie dieselbe Menge eines normalen Bieres zu sich genommen hätten. Ich kann drei Abende hintereinander Rot- oder Weißwein trinken, nicht aber Champagner, obwohl ich ein Faible für dieses Getränk habe. Doch ein Menü rund um den Champagner kann durchaus sehr reizvoll sein, wenn man mit den verschiedenen Sorten, Farben und Geschmacksrichtungen die einzelnen

Gerichte begleitet. Aber vielfach wirbelt man dadurch den ganzen Magen auf. Das ist häufig auch ein Grund, warum man am nächsten Tag nicht ganz so gut beieinander ist.

Was machen Sie dann?

Paula Bosch: Keinen Kaffee trinken, nur Kräutertee und Wasser, davon aber reichlich.

Herr Witzigmann, ist ein Essknigge in der heutigen Zeit noch berechtigt?

Eckart Witzigmann: Natürlich kann ich einen Hamburger mit weißen Handschuhen essen, aber das halte ich für übertrieben. Bei einem Picknick auf einer Alm sollten andere Regeln befolgt werden als bei einem gehobenen Essen. Tischmanieren, Haltung und Höflichkeit haben in meinen Augen nie ihre Berechtigung verloren und werden sie auch nie verlieren.

»Die Frage der Weinfarbe hängt nicht von der Speisenwahl ab, sondern von der Zubereitungsart und den Beilagen.« Paula Bosch

»Kein Geschmack darf verfälscht werden, sondern die einzelnen Komponenten müssen sich gegenseitig ergänzen, unterstreichen und optimieren.«

Eckart Witzigmann

Frau Bosch, warum trinkt man Weißwein gekühlt und Rotwein eher bei Zimmertemperatur?

Paula Bosch: Ich werde immer wieder als Eisprinzessin angesprochen, weil Rotweine bei mir mit einer Temperatur zwischen sechzehn und achzehn Grad serviert werden, also nicht bei einer Zimmertemperatur von ungefähr zweiundzwanzig Grad und mehr. Die Weine präsentieren sich dann wesentlich schöner und aromatischer, auch die Säure und das Tannin schmecken dann anders. Nur einen Beaujolais können Sie bei zwölf bis vierzehn Grad trinken, einen jungen Pinot Noir vielleicht noch bei vierzehn bis sechzehn Grad. Ich will ja nicht pedantisch sein, darum geht es nicht, aber ein Rotwein in einem optimalen Glas passt sich sowieso sehr schnell an die Temperatur seiner Umgebung an, deshalb ist eine Kühlung, die niedriger als die Zimmertemperatur ist, perfekt. Und ein Weißwein in hohen Temperaturen schmeckt auch völlig anders, einfach nicht so gut. Außer Sie haben einen Weißwein, der wie ein Rotwein vinifiziert wurde, zumindest in einem Barrique ausgebaut wurde. Solche Weißweine (Chardonnay bester Abstammung) sollte man ebenfalls dekantieren und in eine Karaffe geben, damit sie besser ihr Aroma entfalten können.

Einen Rotwein soll man ja ein bis zwei Stunden vor dem Trinken öffnen. Komme ich zu Ihnen ins Restaurant und bestelle eine Flasche Rotwein, dann wird mir der Wein aber sofort serviert. Liegt da nicht ein großer Fehler vor?

Paula Bosch: Vor kurzem nahm ich an einer wissenschaftlichen Studie teil, bei der untersucht wurde, was sich bei einer geöffneten Weinflasche tut, und zwar innerhalb von fünf Stunden. Dabei wurde festgestellt, dass in den wenigen Zentimetern von der Flaschenhalsöffnung bis zur Oberfläche des Weines nur eine ganz geringe Sauerstoffaufnahme stattfand und von der Flaschenmitte bis zum Flaschengrund überhaupt keine. Wenn Sie also in einem Restaurant eine Flasche Wein bestellen und der Kellner macht sie eine Stunde vor dem Trinken auf, dann hat der Wein nichts erlebt und Sie ebenso nicht. Auch in fünf Stunden nicht.

Was also ist zu tun?

Paula Bosch: Wenn der Weincharakter es verlangt, dann müssen Sie den Rotwein dekantieren, was heißt, in eine Karaffe gießen. Und wenn Sie daheim keine Karaffe haben, dann nehmen Sie in Gottes Namen einen Krug, von mir aus auch einen Wasserkrug. Und wenn Sie nicht einmal einen Krug besitzen, dann nehmen Sie eine Glasschüssel und füllen den Wein hinterher mit einem Glastrichter in die Flasche zurück, vollkommen wurscht, man muss sich nur zu helfen wissen. Hauptsache, der Wein bekommt Luft. Das ist das Entscheidende.

Und wie lange sollte er in der Karaffe oder in der Schüssel atmen?

Paula Bosch: Das kommt auf die Oberfläche der Karaffe an, bei der Schüssel, na ja! Es gibt aber keine eindeutige Regel, da Wein auf die unterschiedlichste Art und Weise produziert wird. Aber wenn Sie eine Flasche haben, beispielsweise Barolo oder eine aus einer Cuvée von Cabernet Sauvignon und Merlot, und sie ist, sagen wir, drei bis vier Jahre alt, dann können Sie davon ausgehen, dass sich bei einer Dekantierungszeit von einer Stunde eine Menge tut. Aber viele Weine entwickeln sich auch schon nach dreißig Minuten. Und so lange können Sie im Restaurant auf den ersten Schluck warten. Flaschen, die mehrere Stunden brauchen, um sich zu entwickeln, sollten vom Service als solche angesagt werden.

Herr Witzigmann, gibt es Gewürze, die man aus der Küche verbannen sollte, weil sie jedes Gericht ruinieren?

Eckart Witzigmann: Sie sprechen wohl Maggi, Glutamat oder sonstige Geschmacksverstärker an. Letztlich ist das Ihre eigene Entscheidung. In jedem Fall sollte man sie mit Fingerspitzengefühl behandeln, wie alle anderen Gewürze auch. Allgemein gilt: Alles wegwerfen, was abgelaufen ist oder keinen Geschmack mehr hat.

Gibt es eigentlich Grenzen des guten Geschmacks? Kann man beispielsweise Auberginen mit Schnittlauch kombinieren?

Eckart Witzigmann: Eher mit Steinpilzen. Was sagte einst Oscar Wilde: »Mit dem guten Geschmack ist es ganz einfach – man entscheide sich immer nur für das Beste.« Kein Geschmack darf verfälscht werden, sondern die einzelnen Komponenten müssen sich gegenseitig ergänzen, unterstreichen und optimieren. Die Produkte der Welt sind wie eine Farbpalette eines Malers und ich als Koch habe die Aufgabe, mit meiner Handschrift diese so zu vermengen, dass ein Kunstwerk daraus entsteht. Ich bin davon überzeugt: Was auf natürliche und harmonische Weise zusammen in einer Region wächst, kann man wunderbar miteinander verbinden. Wir sollten uns aber nicht nur auf regionale Produkte, sondern auch auf ihr jahreszeitliches Erscheinen besinnen. Erfahrungsgemäß bekommt man in den Großstädten zu jeder Jahreszeit alles. Doch Erdbeeren sollten wir in den Sommermonaten essen, nicht im Dezember, dann schmecken sie auch nicht wie angemalte Kartoffeln. So sorgfältig, wie die meisten Männer mit ihrem Auto und – hoffentlich – mit der Haut ihrer Frauen umgehen, so sollten wir mindestens auch mit unserer Ernährung umgehen. Kochen ist auch mit einer Teezeremonie vergleichbar: Wenn der Tee zu lange zieht, hat er seinen Höhepunkt verpasst und wird bitter. Bei einem Trüffelgericht gibt es beispielsweise ebenfalls einen Moment der absoluten Geruchsnote.

Und wie erreicht man diesen göttlichen Augenblick?

Eckart Witzigmann: Zugedeckt. Nur abgeschlossen entfalten sich Trüffelaromen.

Immer wieder hört man, Frau Bosch, dass Weine aus Australien oder Südafrika, die immer mehr bei uns in Mode kommen, im Ursprungsland besser schmecken als in Deutschland. Stimmt das?

Paula Bosch: Meiner Meinung nach ist diese Frage schon hunderttausend Mal widerlegt worden. Bei uns in Deutschland trinkt man mehr ausländische Weine als einheimische und keiner reklamiert das. Sie müssen aber davon ausgehen, dass Sie den Wein etwa in Südafrika in einer Urlaubsstimmung und bei ganz anderen Temperaturen getrunken haben. Da ist es ganz klar, dass derselbe Wein in den eigenen vier Wänden weniger Aufsehen erregt. Eindeutig ist aber, dass ein Wein in unterschiedlichen Lufthöhen, durch den regionalspezifischen Luftdruck, anders schmeckt. Kapstadt oder Adelaide sind nicht vergleichbar mit München oder Hamburg. Aber grundsätzlich können Sie davon ausgehen, dass die Weine aus Chile, Australien, Südafrika oder Neuseeland in ihrem Ursprungsland so verarbeitet werden, dass sie auch in Deutschland wie eine Eins dastehen.

Wird jeder Wein besser, wenn man ihn lagert?

Paula Bosch: Nein, überhaupt nicht. Sie können

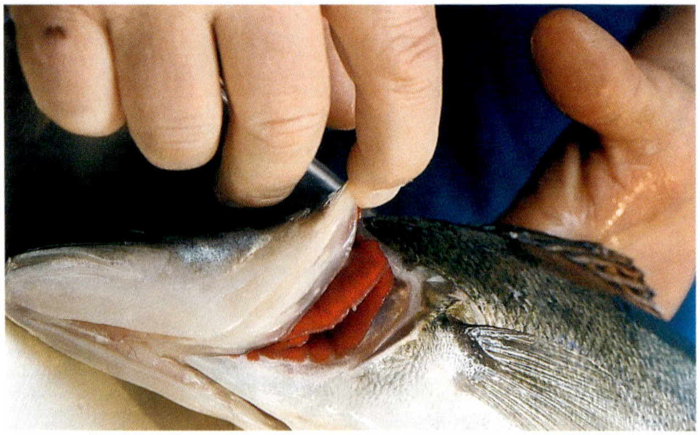

»Wirklich frische Waren bekommt man bei einem Händler, zu dem man Vertrauen aufgebaut hat.«
Eckart Witzigmann

davon ausgehen, dass nur wenige Weine wirklich gewinnen, wenn sie länger lagern. Je mehr Alkohol in einem Wein ist, das hat übrigens schon Pasteur festgestellt, desto sicherer können Sie sein, dass Sie den Wein länger lagern können. Alkohol konserviert ja. Und wenn die übrigen Inhaltsstoffe in dem Wein stimmen, sollten Sie die Flasche auch dann nicht sofort trinken, weil der Wein durch das Reifen eine gewisse Komplexität erhält. Und je langsamer der Reifungsprozess vor sich geht, desto konzentrierter und kompakter wächst das Ganze zusammen. Hat ein Wein am Anfang viele Tannine, dann ist es eher unangenehm, ihn in seiner Jugend zu trinken. Seine gesamte Trockenheit breitet sich im Gaumen aus und Sie bekommen Stunden danach diesen schrecklichen Nachdurst. Da wirkt es sich schon positiv aus, wenn Sie einen solchen Wein fünf bis zehn Jahre liegen lassen. Die entscheidende Frage ist aber, wie und wo lagere ich Weine? Wer hat heute schon einen Keller mit richtigen Temperaturen? Ich halte nichts davon, den Wein unter dem Bett zu bunkern, weil es da vielleicht am kühlsten ist. Heute gibt es Klimaschränke, in denen sich Wein hervorragend lagern lässt. Diese Schränke gibt es in den unterschiedlichsten Größen. Wer wirklich gern Wein trinkt, der wird in seinem Haushalt schon einen Platz finden, wo man einen solchen Schrank hinstellen kann, und wenn es in der Diele ist.

Weshalb gibt es eine Nachlese in diesem Buch?

Paula Bosch: Die ist ganz wichtig für mich. Nehmen wir an, ein Wein des Jahrgangs 2001 hat Ihnen hervorragend geschmeckt, ist aber ausverkauft und Sie können nur noch den Nachfolger erstehen. Was tun? Einfach nachkaufen? Der Weinhändler sagt, dass der 2002er nicht schlechter, vielleicht sogar eine Nuance besser ist. Glauben Sie ihm mit Vorbehalt, solange er nicht Ihr vollstes Weinvertrauen genießt. Es ist eine Tatsache, dass jeder Wein, wenn er nicht ein technisches Monster ist, jahrgangsabhängig ist, gerade weil er handwerklich hergestellt worden ist. Auch bei charakterstarken und qualitätsvollen Weinen gibt es eindeutige Jahrgangsunterschiede. Sie sollten bei einem Wein, der Ihnen geschmeckt hat, nicht automatisch den Folgejahrgang bestellen. Probieren Sie vorher. Von so genannten Subskriptionseinkäufen nehmen Sie besser Abstand. Meine Erfahrungen waren meistens negativ, insbesondere in der Preisentwicklung. Es werden oft Weine schöner geredet, als sie in Wirklichkeit sind. Ich weiß, wovon ich spreche.

Herr Witzigmann, die meisten Ihrer Rezepte sind für vier Personen geschrieben worden. Kann ich sie auch beliebig auf acht Personen erweitern oder auf zwei reduzieren?

Eckart Witzigmann: Das sollte kein Problem sein. Nur bei Mehlspeisen und Cremes wird es problematisch.

Kann ich aus Ihren Vorspeisen, Hauptgerichten und Nachspeisen ein Menü zusammenstellen?

Eckart Witzigmann: Im Grunde genommen können Sie beliebig kombinieren. Nur sollten Sie darauf achten, dass Sie bei der Vorspeise und dem Hauptgericht nicht zweimal Rindfleisch, Languste oder Saibling servieren. Auch eine farbliche Abwechslung macht sich immer gut und natürlich sollten saisonale Angebote unbedingt berücksichtigt werden.

Bitte ein paar Vorschläge!

Eckart Witzigmann: Als Frühlingsmenü empfehle ich für die Vorspeise das Tunfisch-Carpaccio, für das Hauptgericht Kitz mit Bärlauch parfümiert und zur Nachspeise die Bayrisch Creme mit einer

Himbeersauce. Ein tolles Sommermenü ist für mich: Meeresfrüchtesalat als Vorspeise, anschließend das Frikassee vom Masthuhn in einer Estragon-Essigsauce und als Abschluss das Erdbeer-Tiramisu. Für den Herbst empfehle ich: Linsensalat mit Kalbszunge, Rehragout mit Perlzwiebeln und Speckstreifen, als Dessert einen Zwetschgenkuchen. Ein schönes Weihnachtsmenü wäre: Jakobsmuscheln mit Walnusskruste als Vorspeise, dann als Hauptgericht Perlhuhn mit Gänseleber und Trüffeln und zum süßen Abschluss Äpfel mit einer Nuss-Nougat-Füllung in einem Filoteig.

Frau Bosch, trinken Sie Wein in einem Biergarten?

Paula Bosch: Glücklicherweise gibt es hier und da einen Biergarten, in dem man eine gute Flasche Wein trinken kann. Ein Glas Wein sollte man in den unterschiedlichsten Momenten genießen können. Die Weine, die ich hier in diesem Buch vorstelle, sind als Beispiele zu den gewählten Gerichten gedacht, das heißt aber nicht, dass sie nur zu diesem Essen passen, sondern zu einem ganz breiten Spektrum ähnlich zubereiteter Gerichte. Sie können viele dieser Weine natürlich auch in einer lauwarmen Sommernacht einfach nur auf der Terrasse oder im tiefsten Winter am Kamin trinken. Sie müssen nicht immer etwas dazu essen. Dabei sollten Sie aber beachten, dass die Serviertemperaturen unterschiedlich sein sollten. In der warmen Jahreszeit trinkt man die Weine kühler als in den kalten.

Und was trinken Sie zu einer Pizza?

Paula Bosch: Wenn ich mir einen Ferrari kaufe, dann achte ich auch darauf, dass ich mir die richtigen Reifen kaufe, die zu dieser hochwertigen Automarke passen. Und so will ich das auch mit den Gerichten und Weinen verstanden wissen. Das heißt, zu einem Eintopf trinke ich einen einfacheren Wein als zu einem Rehrücken. Verspeise ich eine Gänseleber, dann wähle ich einen hochwertigeren Süßwein dazu, als wenn ich ein Leberwurstbrot esse. Dazu trinke ich zum Beispiel einen lieblichen deutschen Riesling. Das ist ein Genuss! Dass ich bei diesem Mahl natürlich nicht die Trockenbeereauslese für fünzig Euro auswähle, ist wohl schon klar. Zu Wurstsalat, Pizza und Eintopf passt auch ein schlichter Wein. Das heißt aber noch lange nicht, dass dies mit einem billigen Wein gleichzusetzen ist. Gerade im preiswerten Sektor muss man noch mehr selektieren als im höherpreisigen. Bei Weinen gibt es mindestens drei Qualitätskategorien, die sich im Preis ausdrücken: bis zehn Euro, bis zwanzig Euro und bis fünfzig Euro und darüber hinaus. Da ist in jedem Fall eine gute Beratung wichtig!

Gibt es ein Gericht, zu dem kein Wein passt?

Paula Bosch: Hering!

Eckart Witzigmann: Pommes frites!

Schraubverschlüsse bei Weinen, können Sie damit leben, Frau Bosch?

Paula Bosch: In einer Nachlese für dieses Buch wurde mir ein neuer Jahrgangswein tatsächlich mit einem Schraubverschluss geliefert. Für viele ist das ein bedenkenloser Verschluss. Für mich aber ist ein Schraubverschluss nun mal kein hundertprozentig luftdichter Verschluss. Das ist das erste Problem. Das zweite ist dann die Prozedur des Öffnens. Ich lehne Weine total ab, wenn sie fünfundzwanzig Euro und mehr kosten und nicht mit Kork verschlossen sind. Kork ist immer noch das kleinere Übel zu dem, was es sonst

»Zu einem Eintopf trinke ich einen einfacheren Wein als zu einem Rehrücken. Verspeise ich eine Gänseleber, dann wähle ich einen hochwertigeren Süßwein dazu, als wenn ich ein Leberwurstbrot esse.«
Paula Bosch

»Champagner ist eine wunderbar schöne Schwäche. Er ruft angenehme und beflügelnde Gefühle hervor.«

Eckart Witzigmann

noch gibt. Ein Silikonstöpsel etwa ist als Produkt bislang keineswegs ausgereift. Gerade wenn ich einen Wein nicht im ersten halben Jahr nach der Abfüllung trinke, dann verändern sich die Weine mit diesen Verschlüssen in eine Richtung, die ich nicht als positiv bezeichnen würde.

Kann man Weine im Supermarkt kaufen?

Paula Bosch: Seit unserer allgemeinen Sparwelle stelle ich fest, dass sich die Regale in den Supermärkten bei uns verändert haben. Es wurden hier schon immer viele einfache Qualitäten angeboten – ganz im Gegensatz zu den meisten Supermärkten in Frankreich –, nun ist es noch mehr geworden. Eigentlich wird es dem Weingenießer in Deutschland sehr schwer gemacht, an wirklich gute Qualität zu kommen. Am besten, man geht zum Winzer oder gleich ins Fachgeschäft. Vergleichsproben zeigen immer deutlicher, wie wenig Wert in deutschen Supermärkten auf Weinqualität gelegt wird. Und deswegen rate ich jedem einzelnen Weintrinker und -liebhaber, sich unbedingt einen Verkäufer oder Händler seines Vertrauens zu suchen – oder doch lieber Bier zu trinken.

Frau Bosch, Herr Witzigmann, haben Sie Ihre erste Begegnung noch in Erinnerung?

Paula Bosch: Ich schon. Ob er – das kann ich nicht beantworten. Jedenfalls war es im Restaurant »Victorian« in Düsseldorf. Ich war dort Sommelière und Eckart Witzigmann Gast.

Was hat er bei Ihnen bestellt?

Paula Bosch: Erst mal gar keinen Wein. Er wollte mir die Auswahl überlassen.

Warum können Sie sich daran so gut erinnern?

Paula Bosch: Weil es ein sehr einschneidendes Erlebnis war. Der Witzigmann kommt zum Essen! Mein Chef Günter Scherrer war etwas nervös: »Frau Bosch, ich habe ein Menü vorbereitet, Herr Witzigmann ist unser Gast, und dass Sie ja einen gescheiten Wein dazu empfehlen!« Und dann habe ich in meiner schwäbischen Natur was empfohlen – ich weiß nicht mehr was –, Herr Scherrer war aber nicht so glücklich damit und sagte: »Es darf, es muss etwas Besseres sein. Wissen Sie nicht, wer Herr Witzigmann ist?« – »Doch«, antwortete ich, »weiß ich schon, aber Sie laden ihn ja ein.« – »Ja, und?!« Ich mit meiner sparsamen schwäbischen Note. Also kam ein 1969er roter Burgunder von Madame Leroy Bize auf den Tisch. So war das. Eckart hat ihn blind probieren müssen. Und er hat ihn auch mit etwas Nachhilfe erkannt. Da habe ich gedacht: Das ist der erste Koch, den ich kennen lerne, der etwas von Weinen versteht.

Und? Hat sich das bewahrheitet?

Paula Bosch: Oh ja. Ich habe ihn danach immer wieder mal blind probieren lassen – er kennt sich wirklich aus. Besonders in französischen Weinen.

Womit können Sie ihn überlisten?

Paula Bosch: Er tut sich schwer mit modernen Weinen. Aber bei den Klassikern weiß er, wo es langgeht.

Was ist denn seine Schwäche?

Paula Bosch: Champagner.

Eckart Witzigmann: Das ist eine schöne Schwäche, Champagner ruft einfach angenehme und beflügelnde Gefühle hervor.

Was mögen Sie besonders an Paula Bosch?

Eckart Witzigmann: Neben dem Menschlichen natürlich ihre fachliche Kompetenz. Sie verlässt sich nicht auf ihr Talent, sondern arbeitet immer weiter an ihrem Wissen. Es ist auch eine Kunst,

Vergleiche zu ziehen, Reisen zu machen, zu probieren, das Fachwissen dementsprechend immer zu erweitern, anzureichern und zu aktualisieren. Sie hat immer ein glückliches Händchen bei der Harmonie zwischen Wein und Essen. Ich bin immer wieder überrascht, was sie aus ihrer Trickkiste herausholt; und natürlich bewundere ich auch ihr sprachliches Vokabular, mit dem sie Weine so treffend beschreiben kann.

Paula Bosch: Das mit der Trickkiste ist ganz einfach, denn die Trauben geben ja schon ein gewisses Raster vor. Dieses Raster muss ich nur variieren, und den verschiedenen Rebsorten je nach Herkunft und Verarbeitung etwas Neues abgewinnen.

Ihr Vokabular scheint aber grenzenlos zu sein?

Paula Bosch: Aber nur bei Wein, ansonsten fehlen mir auch schon ab und zu die Worte.

Die Weinsprache ist in Ihrem Vokabular sehr lyrisch, gerade in der Beschreibung der Aromen. Haben Sie Verständnis dafür, dass ein Leser mal in sich hineinkichert, wenn er liest, dass ein Wein eine Nase hat?

Paula Bosch: Natürlich. Ich weiß schon, dass das für viele auch nach Unsinn klingt. Aber diese assoziative Sprache ist nun einmal die einzige Möglichkeit, den Geschmack eines Weines zumindest annähernd zu beschreiben.

Kann man das lernen?

Paula Bosch: Sicher kann man das, aber es erfordert viel Übung. Nichts ist so schwer darzustellen wie ein Aroma. Beschreiben Sie mir doch mal rasch den Geschmack eines Schnitzels. Na, wie schmeckt das?

Ein Schnitzel. Schmeckt nach – Schnitzel.

Paula Bosch: Sehen Sie? Das geht gar nicht. Bei einem Wein kann ich immerhin Verbindungen knüpfen. Ich kann sagen: Das riecht nach Tomate. Das riecht wie ein Topf mit kochenden Kartoffeln, wenn man ihn öffnet. Das riecht wie Rote Bete. Und jedermann versteht mich.

Woran lässt sich ein guter Wein sofort erkennen?

Paula Bosch: Ein guter Wein hat auf alle Fälle mehrere Charakterzüge. Einen, die Farbe, können Sie bereits beurteilen, ohne auch nur am Glas zu riechen. Ein guter Weißwein entspricht beispielsweise von der Farbe her dem, was das Etikett erwarten lässt. Angenommen, es steht »2001 Riesling Kabinett« darauf und der Wein ist dunkelgelb, dann stimmt etwas nicht. Der kann nicht dunkelgelb sein! Der muss einfach diese helle, grünstichige, fast pampelmusenähnliche, gelbe Farbe haben. Wenn er dunkler ist, muss irgendetwas passiert sein.

Was denn?

Paula Bosch: Er wurde falsch gelagert oder zu spät geerntet; es wurden faule Trauben mitverarbeitet, die nicht aussortiert worden sind. Oder der Wein lagerte in einem alten, undichten Holzfass. Es kam Luft dran. Und, und, und ...

Wenn die Farbe eines Weines so wichtig ist, warum schreiben Sie dann so selten darüber?

Paula Bosch: Ich beschreibe die Farbe so gut wie nie, weil man schon ein sehr erfahrener Weintrinker sein muss, um mit den tausend kleinen Nuancen des Farbspektrums überhaupt etwas anfangen zu können. Zwischen rubinroten Reflexen und einem strahlenden Karmesinrot oder einem leichten Lilastich zu unterscheiden sprengt den Rahmen – und hat ja nicht sehr viel Einfluss auf die Qualität. Im Übrigen wird bei Rotwein viel manipuliert.

Zum Glück kann man den Wein ja auch trinken, um ihn zu testen.

Paula Bosch: Ja, das ist wahrhaftig ein Glück. Wir gehen also über zu Geruch und Geschmack.

Wenn ein Wein nach nichts riecht, dann mag er durchaus noch in der Qualität in Ordnung sein, aber er ist dann entweder zu jung und ich hätte ihn wahrscheinlich dekantieren müssen; oder er war einfach nix. Und dann der Geschmack: Wein hat ja nun, wie ein intensives, gutes Gericht, mehr oder weniger Ausdruck, mehr oder weniger Harmonie, mehr oder weniger Länge. Wenn Sie den Wein über den Gaumen rollen lassen, ihn schlucken und anschließend überlegen müssen, ob Sie jetzt Wasser oder Wein getrunken haben, dann können Sie mit Sicherheit davon ausgehen, dass es ein schlechter Wein war.

Und woran erkenne ich einen Wein mit Charakter?

Paula Bosch: Wenn von einem Wein 500 000 Flaschen und mehr produziert werden, dann können Sie davon ausgehen, dass der Wein zwar trinkbar sein mag, aber von seiner Herkunft überhaupt nicht mehr geprägt ist. Sie kennen doch diese speziellen Müllverbrennungsanlagen, in die man was reintut, was nicht von Bedeutung ist, und am Ende kommt ein Produkt heraus, das irgendwie noch zu verwenden ist – daran erinnert mich diese Art der Weinindustrie.

Welche Charaktereigenschaft des Herrn Witzigmann lässt Sie über seine Schwächen hinwegsehen?

Eckart Witzigmann: Wahrscheinlich meine Augen, oder?

Paula Bosch: Natürlich seine Rehaugen. Trotz seines Wissens und seiner Perfektion dem Produkt gegenüber schätze ich vor allem die Sensibilität, mit der er alles anfasst. Das habe ich so noch nie gesehen. Das hat geradezu etwas Erotisches. Er nimmt eine Erdbeere genau so in die Hand, wie man sich vorstellen kann, dass er die Brust einer Frau anfasst. Das ist unglaublich!

Eckart Witzigmann: Paula, jetzt übertreibst du aber gewaltig!

Paula Bosch: Aber es ist doch so! Wenn du einen Spargel anfasst oder ein Salatblatt, dann spüre ich deinen Respekt und deine Ehrfurcht vor dem Lebensmittel. Das ist einzigartig.

Was passiert, wenn Sie beide mal Konflikte miteinander haben?

Eckart Witzigmann: Haben wir nicht! Höchstens wegen Lappalien!

Gehen Ihre Meinungen bei dem Thema Süßspeisen nicht auseinander?

Eckart Witzigmann: Ah, die Süßspeisen, das ist in der Tat ein gutes Beispiel. Denn da unterdrückt mich Paula enorm.

Sie, Herr Witzigmann, haben den Ruf, gern eine Süßspeise zu machen, während hingegen Sie, Frau Bosch, diesen Wunsch angeblich immer blockieren, weil Sie dann einen Süßwein empfehlen müssen.

Paula Bosch: Ich liebe Süßweine, ich bin mit ihnen aufgewachsen. Ich serviere auch sehr gern einen Süßwein, aber ich habe damit ein anderes Problem: meine Lieferanten.

Das müssen Sie uns erklären.

Paula Bosch: Süßwein hat in der Welt des Genießers einen negativen Touch. Manche Gäste glauben, von Süßwein Kopfweh zu bekommen. Und außerdem wird ein Süßwein immer am Ende des Menüs kredenzt. Da sagen viele, sie hätten jetzt schon genug getrunken und müssten noch Auto fahren. Zu allem Überfluss steht der Süßwein auch noch im Ruf, nicht ganz billig zu sein. Das alles führt dazu, dass das Angebot an Süßwein oft sehr klein ist. Da ich aber möchte, dass jeder Wein möglichst lange lieferbar ist, empfehle ich Süßweine eher selten.

Herr Witzigmann, gibt es ein Gericht, das Sie nicht können?

Eckart Witzigmann: Spontan fällt mir keins ein, vielleicht Heuschrecken. Ich muss ganz ehrlich sagen, dass ich nicht sicher bin in der chinesischen und thailändischen Küche. Dahinter verbergen sich fremde Esskulturen und Religionen.

Aber Sie schätzen die asiatische Küche doch außerordentlich?

Eckart Witzigmann: Absolut. Nur richtig kochen kann ich asiatische Gerichte nicht. Allenfalls anlehnen.

Paula Bosch: Es soll sogar inzwischen chinesische Weine geben. Aber ich war noch nie in China.

Aber in Frankreich kennen Sie doch bestimmt jeden Weinberg?

Paula Bosch: Viele, ja. Obwohl ich es dort nie leicht hatte. Ich sprach kein Französisch, ich kam aus Deutschland und bewegte mich in einem Terrain, in dem der Franzose allwissend zu sein scheint. Dass ich eine Frau war, kam noch erschwerend hinzu. Aber das Schlimmste, das war mein Nachname: Bosch. Also ich hatte wirklich nur Handicaps gehabt.

Herr Witzigmann, Sie waren schon früh in den besten Häusern. Wo haben Sie am meisten gelernt?

Eckart Witzigmann: Das ist schwer zu beantworten. Sicher war der Beginn wichtig, meine Lehrzeit bei dem Küchenmeister Ludwig Scheibenpflug im »Hotel Straubinger« in Bad Gastein, der mich geprägt und gestriezelt hat, sauber und präzise zu arbeiten. Mit neunzehn Jahren schickte er mich sofort ins Ausland. Während meiner vierzehn Jahre im Ausland profitierte ich von den besten Köchen und Häusern. Ich war im »Erbprinz« in Ettlingen, im »Jockey Club« in Washington und im »Villar Lorraine« in Brüssel. Ich kochte auf dem Petersberg bei Bonn, als Charles de Gaulle zum ersten Mal nach dem Krieg Deutschland besuchte. Das war eine richtige Ehre. Leider sind beim Servieren die Erbsen à la française auf den Boden gefallen. Peinlich. Ach, ich war an so vielen Orten. Ich kochte bei Paul Bocuse, Roger Verger, Pièrre Troisgros und Fritz Eichbauer. In Davos habe ich Büffets unter der großartigen Leitung des Küchenchefs Paul Simon gestaltet und riesige Eisskulpturen modelliert.

Paula Bosch: Wahrscheinlich nur Frauen, oder?

Eckart Witzigmann: Auch.

Paula Bosch: Jetzt wird mir einiges klar.

Eckart Witzigmann: Aber bei den Haeberlins im Elsass konnte ich endlich nach meinen Vorstellungen kochen. Sie waren mein Sprungbrett für alle weiteren Stationen. Über sie enstand auch der Kontakt mit dem »Tantris«.

Schätzen Sie die Mühen all jener, die Ihre Rezepte nachkochen?

Eckart Witzigmann: Ich habe wirklich allergrößten Respekt vor einem Hobbykoch oder einer Hausfrau. Nehmen wir einmal eine ganz normale Familie. Die Frau stellt sich hin und macht einen schönen Salat. Wohlgemerkt, nur einen Salat! Gestern habe ich mir einen gemacht und dabei auf die Uhr geschaut. Ich bin ja nicht mehr der Schnellste, trotzdem habe ich mir noch immer eine gewisse Fingerfertigkeit bewahrt. Aber bis du alles gezupft hast – den Kerbel, den Dill, die Petersilie und, und, und –, das dauert.

Und gleich kommen die Gäste!

Paula Bosch: Und der Wein ist noch nicht offen!

Eckart Witzigmann: Soll ich jetzt den Salat anmachen? Oder erst später? Und was ist mit der Hauptspeise? Und der Nachspeise?

Paula Bosch: Die Leistungen von Hausfrauen und Hobbyköchen darf man niemals unterschätzen.

Eckart Witzigmann: Niemals!

Das Gespräch führten Jan Weiler und Dominik Wichmann, die Chefredakteure des »SZ-Magazins«

»Sie verlässt sich nicht auf ihr Talent, sondern arbeitet immer weiter an ihrem Wissen.«

Eckart Witzigmann über Paula Bosch

Vorspeisen

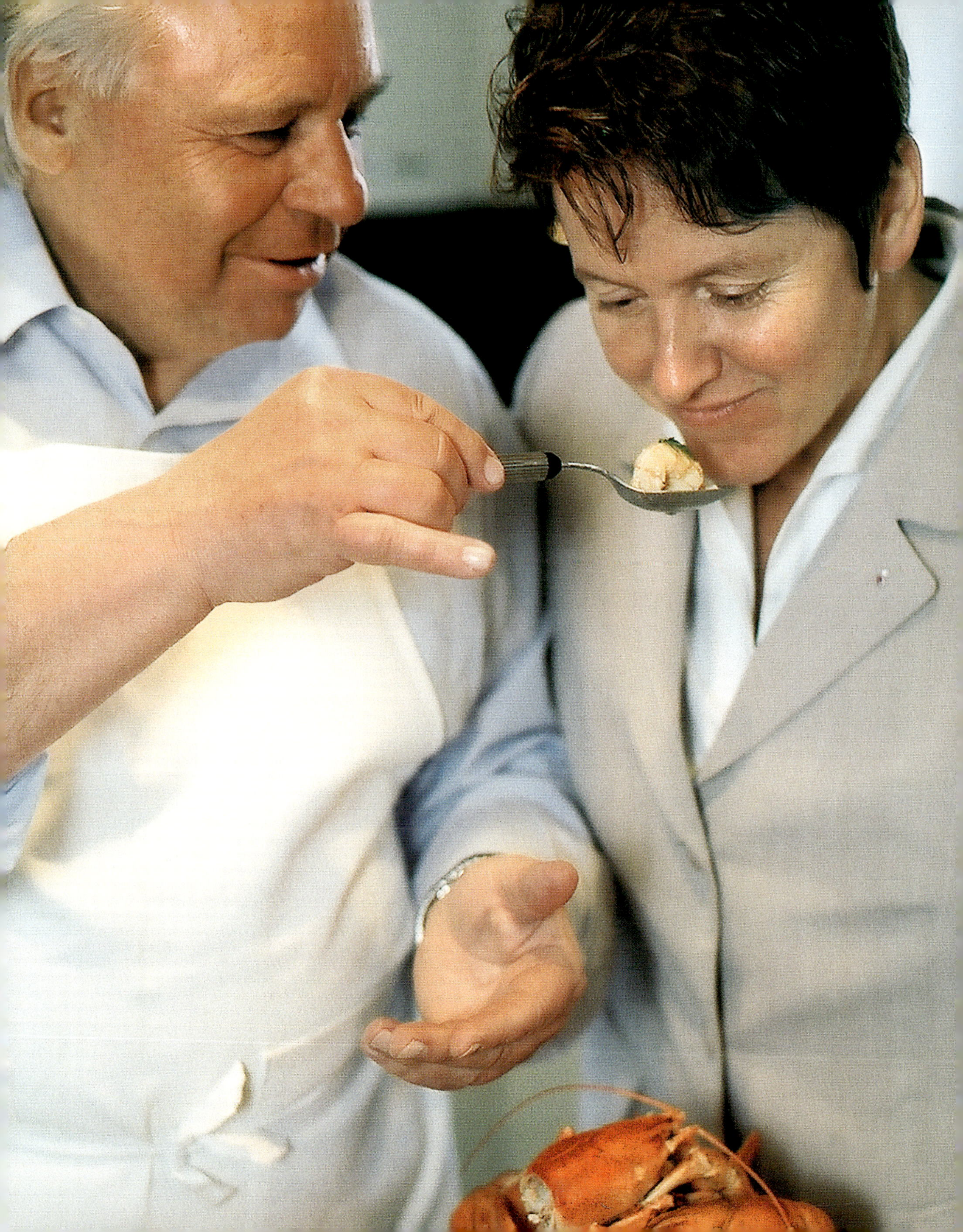

Tunfisch-Carpaccio

Der Trick Die Gewürzmischung und das Anbraten verleihen dem Tunfisch ein besonderes Aroma.

Zutaten für 4 Personen:
600 g Tunfisch (Sushi-Qualität)
etwas Sonnenblumen- und Olivenöl
Meersalz
schwarzer Pfeffer aus der Mühle

Gewürzmischung:
1/2 TL geriebener Ingwer
1 Msp. Cayennepfeffer
1/2 TL gemahlene Korianderkörner
1/2 TL Currypulver

Tunfisch-Vinaigrette:
1 EL feinst geschnittener Ingwer
2 EL feinst geschnittene Schalotten
1 EL Oystersauce
2 EL Sherryessig
6 EL Sonnenblumenöl
1 EL Sojasauce
1 TL Limettensaft
etwas Cayennepfeffer

Salat:
je 1 kleine Hand voll zerkleinerter Rucola-, Frisée- und Eichblattsalat
1 EL frischer, fein gezupfter Koriander (Thaikoriander ist noch stärker im Aroma)
12 gehackte Erdnüsse
1 fein gehackte Schalotte

Salat-Vinaigrette:
jeweils etwas Sherry-, Rotweinessig, Pflanzenöl und Dijonsenf
1 EL Sojasauce
1/2 TL rote Currypaste
Salz
Pfeffer

Salatgarnitur:
4 kleine Maiskolben
Sesamkörner
1 kleine Hand voll Sojasprossen
1 TL fein geschnittene Minze
etwas Öl

Zubereitung:

1. Tunfisch mit der Gewürzmischung einreiben und vor dem Schneiden in rauchend heißem Öl von allen Seiten ganz kurz scharf anbraten. In Klarsichtfolie einwickeln und mindestens 2 Stunden kalt stellen. Dann in feine Scheiben schneiden.
2. Kalte Teller mit Olivenöl auspinseln, mit Meersalz und Pfeffer ausstreuen, darauf die Scheiben platzieren.
3. Die Zutaten für die Tunfisch-Vinaigrette vermengen und erst kurz vor dem Servieren über dem Fisch verteilen.
4. Für die Salatgarnitur die Maiskolben langsam in Öl anbraten, die Sesamkörner rösten und die Sojasprossen kurz in Öl ansautieren.
5. Salatzutaten mischen. Eine Basis-Vinaigrette aus Essig, Öl und Senf anrühren, dann die restlichen Vinaigrette-Zutaten untermischen und im letzten Moment den Salat damit anmachen. Mit den Maiskolben, Sojasprossen, Sesamkörnern und der Minze garnieren.

Schloss Lieser

Riesling, Spätlese, trocken
Weingut Schloss Lieser, Mosel-Saar-Ruwer
2001

Das Weingut Schloss Lieser an der Mittelmosel hat eine bewegte Vergangenheit. Das unmittelbar anliegende, prachtvolle, aus Grauschiefer erbaute Schloss ist nicht nur das Wahrzeichen des Weinortes Lieser, es war auch einst Sitz des Freiherrn von Schorlemer. Durch mehrmaligen Besitzerwechsel bis in die achtziger Jahre wurde sein Ruf geschädigt und die Qualität der Weine ruiniert. Thomas Haag, Sohn des berühmten Winzers Wilhelm Haag aus Brauneberg, erwartete da ein hartes Stück Arbeit, als er vor zehn Jahren, kurz vor der Traubenernte als Betriebsleiter und Kellermeister in den Betrieb einstieg. 1997 konnte er das Weingut kaufen. Auf sieben Hektar Rebfläche erzeugt er ausschließlich Rieslingweine in besten Lagen, die mittlerweile zur Spitze in Deutschland und somit zur Weltelite gezählt werden können. Im Weinberg wie im Keller ist Qualität seine höchste Maxime. So wenig wie möglich, so viel wie nötig ist Haags oberstes Gebot: Naturnahe Bearbeitung der Weinberge, konsequente Mengenreduzierung, selektive Handlese in mehreren Durchgängen, schonende Verarbeitung des Leseguts im Keller sind für ihn selbstverständlich. Das Resultat: glasklare Weine mit einer Reintönigkeit, die großes Trinkvergnügen bereitet. 2001 hat Haag eine trockene Spätlese geerntet, die kein Rieslingfan versäumen sollte. Opulente Rieslingfrucht mit einem Hauch Exotik in der Nase, ausgeprägte Säure, die durch Stoffigkeit und Fülle gebändigt wird. Ausgeglichen, frisch im Gaumen. Einfach probieren und genießen, und das alles für einen ganz fairen Preis.
7,90 Euro

2002 Nachlese
Der erste Eindruck in der Nase lässt einen noch besseren Wein erwarten als aus dem Jahr davor. Reiche, glasklare Frucht mit einem mineralbetonten, kristallinen Charakter. Im Mund reichhaltig, viel Stoff, lebendiges Säurespiel mit fetzigem Nachklang, der nach weiteren Schlückchen verlangt. Vielleicht doch besser als 2001!
8,– Euro
Bezug über: Weingut Schloss Lieser

Geräucherter Saibling auf Dill-Sauerrahmsauce

Der Trick Beim Räuchern mit Räuchermehl den Deckel des Räuchergefäßes möglichst nur im Freien öffnen. Diese Garmethode ergibt einen hervorragenden Geschmack, ist aber leider auch sehr geruchsintensiv.

Zutaten für 4 Personen:
4 küchenfertige Saiblinge à 350 g, gut gewaschen und trockengetupft
Salz
Pfeffer aus der Mühle

Beize:
je 1/2 Bund grob gehackter Dill, Kerbel, glatte Petersilie (hier können Sie auch die Stiele verwenden)
je 16 schwarze und weiße grob zerstoßene Pfefferkörner
je 4 grob zerstoßene Pimentkörner und Wacholderbeeren
1 EL Zucker
2 EL Salz
4 EL Pflanzenöl
Saft von 1 1/2 Zitronen
2 zerkrümelte Lorbeerblätter
Pflanzenöl zum Einreiben

Zum Räuchern:
je 1/2 Bund grob gehackte glatte Petersilie und Dill
2 zerkrümelte Lorbeerblätter
3 grob zerstoßene Wacholderbeeren
Pflanzenöl

Salat:
500 g Sauerrahm
1 kleine Gartengurke, geschält, halbiert, entkernt, grob gewürfelt, blanchiert, kalt abgeschreckt und trockengetupft (man kann sie auch roh belassen)
12 kleine Grenaillekartoffeln, gekocht, geschält und in dünne Scheiben geschnitten
Saft von 1/2 Zitrone
Cayennepfeffer
etwas Dill, fein geschnitten
je 1 Bund Petersilie und Dill, gezupft (die Kräuter für den Salat in ein heißes Tuch einwickeln)
grobes Meersalz
4 EL junge gelbe Sellerieblätter (wenn vorhanden)
1 EL Rotweinessig
2 EL Pflanzenöl
Salz
Pfeffer

Außerdem:
Klarsichtfolie
Räuchermehl
Alufolie
Wok-Gerät

Zubereitung:

1. Beizzutaten vermengen, 1/3 davon auf ein Blech geben. Fische innen und außen salzen, pfeffern, mit Beize füllen, auf das Blech legen und mit der restlichen Beize bedecken. Mit Klarsichtfolie abdecken, 24 Stunden kühl stellen. Wenden, weitere 24 Stunden beizen.
2. Beize entfernen, Fische gut waschen, trocknen, innen und außen mit Öl einreiben. Mit den vermischten Aromaten der Räucherzutaten füllen.
3. Auf den Boden eines großen Topfes mit Rost (z. B. Wok) 1-2 Hände voll Räuchermehl streuen. Rost mit Alufolie abdecken und Löcher hineinstechen. Stark erhitzen, bis sich leichter Rauch entwickelt.
4. Fische auf den Rost legen und diesen über das Räuchermehl stellen. Fische 3-4 Minuten zugedeckt räuchern. Auf den Balkon stellen, Deckel abnehmen, Fische herausnehmen und im auf 170 Grad vorgeheizten Ofen 10 Minuten garen.
5. Sauerrahm mit Salz, Pfeffer, Zitronensaft, Cayennepfeffer und gehacktem Dill würzen, Gurkenstücke und Kartoffelscheiben in den Sauerrahm geben und auf Tellern anrichten. Fische von der Haut befreien, filetieren, auf die Teller geben, mit etwas Meersalz bestreuen. Petersilie, Dill und Sellerieblätter kurz durch eine Marinade aus Rotweinessig, Öl, Salz und Pfeffer ziehen, dekorativ auf dem Salat verteilen.

Extratipp:
Frisch geschabter Meerrettich gibt dem etwas aufwändigen Gericht einen Pfiff.

Heitersheimer Maltesergarten

Gutedel, Kabinett, trocken
Weingut Walz, Markgräflerland, Baden
2000

Das Markgräflerland ist laut Johann Peter Hebel, dem alemannischen Heimatdichter, ein Paradiesgärtlein zwischen Freiburg und Basel. Die idyllisch gepflegten Weindörfer liegen inmitten einer sanften Hügellandschaft mit Obstgärten, Wiesen, Wald und Weiden, im Hintergrund die imposanten Schwarzwaldberge. Die Rebanlagen reichen von der Ebene bis 480 Meter Höhe. Der Weinbau ist eine Haupteinnahmequelle der Bewohner, wenn auch immer mehr Betriebe als Nebenerwerb geführt werden. Wichtigste Rebsorte ist der weiße Gutedel, in der grenznahen Schweiz als Chasselas bekannt. Seit ich den Gutedel kenne, ist er ein willkommener Durstlöscher für mich. Von ihm darf es auch schon mal zur Brotzeit oder nach durchzechter Nacht ein Gläschen mehr sein. Seine Stärke ist der dezente Auftritt. Böse Zungen behaupten, Wasser schmecke nach mehr, zeige nur weniger Wirkung. Aber echte Gutedelfans schätzen seine geringe Säure und seinen milden Geschmack. Auf dem alljährlichen Erntedankfest in Freiburg entdeckte ich den 2000er Maltesergarten von der Familie Walz in Heitersheim. Er ist nicht nur köstlich, sondern ein idealer Begleiter zu geräuchertem Saibling.
4,60 Euro

2002 Nachlese
Sehr viel reifere Aromen in der Nase: Toast, Brot, Mandeln, blaue Feigen. Weniger Frucht mit kräftiger, kerniger Äpfelsäure. Im Geschmack ein ganz neuer Stil für die Rebsorte, denn hier ist die Säure untypisch, vordergründig, nicht schlecht, aber fremd.
4,60 Euro
Bezug über: Weingut Josef Walz

Gambasalat mit Avocados

Der Trick Durch das sofortige Marinieren der Avocado läuft sie nicht an und behält ihre hellgrüne Farbe.

Zutaten für 4 Personen:
16 mittelgroße Gambas
1/2 Zwiebel, fein gewürfelt
1/2 Knoblauchzehe
2 EL grüne Paprika (scharf), geschält und fein gewürfelt
2 EL Olivenöl
2 EL Nussöl
100 ml Weißwein
50 ml Geflügelfond
2 Avocados
2 Tomaten, geschält und gewürfelt
Saft von 1 Limette
Salz
Pfeffer
frischer Koriander
3 EL Olivenöl
2 Knoblauchzehen
etwas Thymian
Baguette

Zubereitung:

1. Die Zwiebel mit Knoblauch und Paprikawürfeln in Oliven- und Nussöl anschwitzen, mit Weißwein und Geflügelfond ablöschen, aufkochen und mixen. Abkühlen lassen.
2. Avocados schälen, in Würfel schneiden und sofort mit dem Fond übergießen. Tomatenwürfel und Limettensaft zugeben und mit Salz und Pfeffer abschmecken. 30 Minuten ziehen lassen und mit dem frisch gehackten Koriander abschmecken.
3. Gambas ausbrechen, den Darm entfernen, mit Salz und etwas Pfeffer würzen und in einer Pfanne mit Olivenöl, den angedrückten Knoblauchzehen und dem Thymian saftig braten. Mit der Guacamole und frisch getoastetem Knoblauchbaguette servieren.

Knipser Rosé

Q. b. A., trocken
Weingut Knipser Johannishof, Laumersheim, Pfalz
2000

Die Rotweinspezialisten Werner und Volker Knipser haben mit ihren großartigen Qualitäten der Weinregion Pfalz zu einem ganz neuen Stellenwert verholfen. Kenner und Liebhaber deutschen Weins wissen die raren Flaschen der Gebrüder Knipser sehr zu schätzen. Umso mehr werden sie sich wundern, dass ausgerechnet hier ein guter Rosé gekeltert wird. Roséweine sind Lückenbüßer in der schillernden Szene, nicht Fisch, nicht Fleisch, ganz einfach ungeliebte Weine. Als Terrassenwein fristen sie im Sommer ein kurzes Dasein, um dann wieder bis zur nächsten Saison im dunklen Keller zu verschwinden. Völlig zu Unrecht, denn unter den Rosaroten gibt es herrliche Exemplare, deren Genuss alles andere als ein Opfergang ist. Dazu zähle ich auch die 2000er Cuvée der Gebrüder Knipser aus den Sorten Cabernet Sauvignon, Cabernet Franc, St. Laurent und Merlot. Lachsfarben schillert sie im Glas. Walderdbeer- und Himbeernoten sind nur zwei Aromen aus dem bunten Duftstrauß von roten Früchten und Blüten. Im Mund kein Feuerwerk, aber ein köstlicher Trunk, der den stärksten Durst löschen kann. Feine, beinahe zartgliedrige Säure, geschmeidig, saftig leichtfüßiger Stoff mit so viel Charme, dass es ruhig auch mal ein Gläschen mehr sein darf.
13,– Mark

2002 Nachlese
Auch wenn sich an der herrlichen rosaroten Lachsfarbe nichts geändert hat, der Duft scheint mir dieses Jahr doch etwas Rebsorten-typischer: grüner und schwarzer Pfeffer, Geranien, Cassis, Lorbeer. Die Früchte kommen etwas stärker im Gaumen zum Ausdruck. Der zartgliedrigen Säure, Geschmeidigkeit und dem Charme des 2000er steht dieser Jahrgang in nichts nach.
7,30 Euro
Bezug über: Weingut Knipser Johannishof

Spicy Rührei mit Langustinen und Blumenkohlröschen

Der Trick Die geschlagene Sahne macht das Rührei schön luftig. Achtung: Frühzeitig von der Herdplatte nehmen, sonst wird es zu fest.

Zutaten für 4 Personen:
12 mittelgroße Langustinen
1 kleiner Blumenkohl
8 mittelgroße Landeier
grobes Meersalz
Cayennepfeffer
4 EL geschlagene Sahne
80 g Butter
1 Msp. Currypulver
Basilikumblätter zum Garnieren (wenn möglich Thaibasilikum)

Zubereitung:
1. Langustinen von Kopf und Schale befreien (Darm vorsichtig herausziehen) und in 1/2 cm große Würfel schneiden.
2. Blumenkohl waschen, in kleine gleichgroße Röschen teilen und in kochendem Salzwasser al dente kochen. Durch ein Sieb abgießen, mit kaltem Wasser abbrausen und zum Abtrocknen auf ein Küchentuch legen.
3. Anschließend die Eier in eine Schüssel aufschlagen, salzen, pfeffern und mit einer Gabel kurz durchschlagen, dann die geschlagene Sahne unterziehen.
4. In der Zwischenzeit die Butter in einer Teflonpfanne hell aufschäumen lassen, Blumenkohlröschen hineingeben und mit Currypulver bestreuen. Langustinen dazugeben, kurz anbraten und nach Geschmack mit Salz und Cayennepfeffer würzen.
5. Nun die geschlagenen Eier zugeben und mit einem Kochlöffel vorsichtig verrühren. Das fertige Rührei auf vorgewärmte Teller geben und mit geschnittenem Basilikum servieren. Dazu empfehle ich ein mit reichlich Butter bestrichenes Landbrot.

Extratipp:
Scheren und Schalen ergeben eine köstliche Suppe oder eine Sauce zu Spaghetti.

Würzburger Pfaffenberg

Weißer Burgunder, Spätlese, trocken
Bürgerspital zum Heiligen Geist, Würzburg, Franken
2000

Außer einigen edelsüßen Beeren- und Trockenbeerenauslesen habe ich aus dem Haus Bürgerspital zum Heiligen Geist seit dem Jahrgang 1990 nicht viel verkostet, das mich begeistert hätte. Woran fehlt es? An Entschlossenheit, an Selbstkritik, an Genauigkeit? Stuart Pigott, Autor von dem Buch »Die führenden Winzer und Spitzenweine Deutschlands«, meint Ja. Ich stimme Mr. Pigott zu und möchte ergänzen: Es fehlte bisweilen an der nötigen Konsequenz. Denn nur mit ihr kann Qualität erreicht werden. Mit dem neuen Kellermeister Helmut Plunien, der hier seit 1999 tätig ist, hat sich das geändert. Seit März 2001 überwacht er als technischer Direktor Weinbau und Kellerwirtschaft. Unterstützt wird er von Sonja Höferlin, die Anfang des Jahres die Führung des Traditionsbetriebs übernommen hat. Meine Erwartungen wurden mit den Fassproben des schwierigen Jahrgangs 2000 teilweise erfüllt, begeistert war ich vom Pfaffenberg Weißburgunder. Ein harmonischer Wein, reif, frisch mit Frucht, Kraft und Saft, den ich ohne große Worte genieße, verbunden mit der Bitte, die für die Qualität nötige Konsequenz auch in Zukunft aufzubringen.
22,10 Mark

2002 Nachlese

Dass hier ein frischer Wind im Keller weht, zeigt der zweite Jahrgang von Kellermeister Helmut Plunien. Klare, delikate Frucht steigt aus dem Glas. Melone, Mirabelle, Weißdorn und Akazienblüten. Feiner, stoffiger Gaumen, der von einer lebendigen Säure getragen wird. Prima!
10,75 Euro
Bezug über: Weingut Bürgerspital zum Heiligen Geist

Jakobsmuscheln mit Walnusskruste

Der Trick Um den bitteren Geschmack des Radicchios zu mildern, legt man die Blätter 1/2 Stunde in leicht gezuckertes, lauwarmes Wasser ein.

Zutaten für 4 Personen:
16 Jakobsmuscheln aus der Schale
2 EL Olivenöl

Walnusskruste:
40 g einen Tag altes Toastbrot
100 g Walnüsse
70 g Butter
Salz
Pfeffer
1 EL gehackte Petersilie

Salat:
2 Köpfe Radicchio Trevisano
300 g Topinamburs (200 g gebratene Scheiben oder 100 g Chips)
Olivenöl zum Ausbraten
neutrales Öl zum Frittieren
1 EL Rotweinessig
1/2 EL Himbeeressig
Salz
Zucker
1 Msp. Senf (wenn vorhanden Feigen- oder Honigsenf)
Pfeffer
4 EL Olivenöl
100 g kernlose Trauben, halbiert
20 ausgebrochene Walnüsse (frische Schälnüsse wären optimal)

Zubereitung:
1. Für die Walnusskruste Toastbrot von der Rinde befreien, in Stücke schneiden. Mit den Walnüssen fein mixen. Butter schaumig schlagen und mit der Walnuss-Weißbrot-Mischung vermengen. Salzen, pfeffern und mit Petersilie verfeinern.
2. Blätter des Radicchios waschen.
3. 200 g der Topinamburs in 5 mm dicke Scheiben schneiden und in einer Pfanne mit Olivenöl ausbraten. Salzen und pfeffern. Die restlichen Topinamburs in 1 mm dünne Scheiben schneiden und in neutralem Öl frittieren.
4. Rotweinessig und Himbeeressig in eine Schüssel geben, leicht salzen und zuckern, Senf zugeben. Olivenöl mit einem Schneebesen einrühren. Pfeffern und mit dem trockenen Radicchio, den gebratenen Topinamburs, den Trauben und Walnüssen vermengen.
5. Jakobsmuscheln salzen und in einer Pfanne mit Öl scharf anbraten. Wenden und eine dünne Schicht Walnussmasse auf die Muscheln geben. Im Ofen bei starker Oberhitze 1 Minute gratinieren.
6. Den Salat auf Teller verteilen, die Jakobsmuscheln auf den Salat geben und die Topinamburchips darüber streuen.

Extratipp:
Sie können den Salat mit einigen belgischen Chicorée- und Kerbelblättern attraktiver gestalten.

Il Fiore

Langhe Bianco
Az. Agr. Serra dei Fiori, Piemont
2000

Die Weinkellerei Serra dei Fiori hat ihren Namen von der malerischen Hügellandschaft im südlichen Piemont bei Trezzo Tinella, gleich neben den berühmten Weingärten von Giacomo Bologna und den Giacosa-Brüdern. 1988 entschloss sich der rührige, weitsichtige Bologna gemeinsam mit Valerio und Renzo Giacosa (beide Weinmacher in Neive) und Roberto Macaluso, einem Experten für Bodenkultur, das damals zum Verkauf stehende Land zu kaufen. Macaluso machte zahlreiche Bodenanalysen, bevor er sich bei den roten Reben für Dolcetto entschied. Für die zwei Weißweine Asso di Fiori und Il Fiore, die seit 1994 von der Braida Bologna vertrieben werden, wurden Chardonnay, Riesling und lokale Sorten wie Liseiret, Nascetta und Rossese Bianco gepflanzt. Bemerkenswert finde ich die Cuvée Il Fiore. Überraschend eindeutig kommen hier für mich die Geschmackskomponenten der verschiedenen regionalen Rebsorten zum Vorschein. Sie ergänzen vortrefflich die Neutralität des Chardonnay und machen den Wein so zu einem idealen Begleiter für Speisen mit bitteren (Radicchio) und süßlichen Komponenten (Jakobsmuschel). Ein Strauß weißer Blüten verbindet sich mit Aromen von Frühlingsgemüse. Feine Würze, fester Charakter, mit gelungener Harmonie zwischen weicher Frucht, zarter Säure und sattem Körper.
13,50 Euro

2001 Nachlese
Das Bouquet gleicht dem 2000er. Weiße Blüten ohne Ende, Jasmin, Fresien, Rosen, Levkojen. Perfektes Spiel von Frucht, Säure und Stoffigkeit. Mittelkräftiger Körperbau mit angemessener Länge.
13,50 Euro
Bezug über: Sigrid Brantl

Meeresfrüchtesalat mit Linguine

Der Trick Die Muscheln erst im letzten Moment garen beziehungsweise aufspringen lassen.

Zutaten für 4 Personen:
1 küchenfertiger Oktopus (ca. 500 g) oder 350 g küchenfertige Calamaretti
1 kg Venusmuscheln oder Miesmuscheln
300 - 400 g Linguine
Meersalz
Pfeffer aus der Mühle
kalt gepresstes Olivenöl (beste Qualität)
Zitronensaft
100 ml trockener italienischer Weißwein
1 kleiner Thymianzweig
1 kleine, feinst gehackte Chilischote ohne Kerne
1 kleines Bund gewaschene, gezupfte, glatte Petersilie
1 EL gewaschene, grob gehackte, gelbe Herzblätter von englischem Sellerie (wenn vorhanden)
20 kleine (schwarze) Oliven Taggiasche (mit etwas fein gehacktem Knoblauch und 1 EL grob gehackter Petersilie angemacht)
20 kleine Cocktailtomaten, halbiert, gesalzen
16 Kapern mit Stiel
je nach Geschmack: kurz blanchierte Meeresalgen

Zubereitung:

1. Gewaschenen Octopus in kochendes Salzwasser geben und – ohne weiter kochen zu lassen – 30 Minuten gar ziehen lassen (stets am Siedepunkt). Im Wasser auskühlen lassen bis er nur noch lauwarm ist, herausnehmen und in mundgerechte Stücke schneiden. Mit Meersalz, Pfeffer, Olivenöl sowie etwas Zitronensaft benetzen.
2. In der Zwischenzeit Venusmuscheln kräftig waschen und bürsten (geöffnete Muscheln wegwerfen). Einige EL Olivenöl erhitzen, Thymian, Muscheln und Weißwein zugeben. Rasch verdunsten lassen, Deckel darauf setzen bis Muscheln aufspringen. Gegarte Muscheln auslösen, zum Oktopus geben, einige zum Anrichten in der Schale lassen.
3. Währenddessen Linguine al dente kochen, Wasser abschütten, kalt abschrecken, abtropfen lassen und sofort zu Oktopus und Venusmuscheln geben. Mit 1 EL Olivenöl, Chilischote, gezupfter Petersilie und gehackten Sellerieblättern vorsichtig vermengen. Etwas heißen Muschelsud beifügen und auf einer ovalen Platte anrichten, dazu Oliven, Cocktailtomaten, Muscheln in der Schale und Kapern schön anordnen und mit den Meeresalgen bestreuen.

Verdicchio dei Castelli di Jesi

»Le Vaglie« Classico
Santa Barbara, Marken
2001

Verdicchio ist der bedeutendste Wein aus der gleichnamigen Rebsorte in der mittelitalienischen Region Marken. Bekannt ist er durch die grünen Amphorenflaschen, die in zahlreichen Badeorten der Adria serviert werden. Es gibt zwei geschützte Herkunftsbezeichnungen, die größere Castelli di Jesi und Matelica mit erstaunlichen Hügellagen. Stefano Antonucci, Inhaber des Weinguts Santa Barbara, war ehemals Banker, bevor er 1987 den Familienbetrieb übernahm. Die Kellergewölbe des dreißig Hektar großen Anwesens Santa Barbara liegen unter einem ehemaligen Kloster und wurden mit sehr viel Liebe zum Detail seit 1995 restauriert. Wichtigster Wein des Hauses ist natürlich der Verdicchio in unterschiedlichsten Qualitätsstufen. Stefanos Herzstück »Le Vaglie« schmeckt mir am besten. Die Trauben stammen aus einem hervorragenden Weinberg und werden sehr spät gelesen. Der Wein wird zum Teil in Edelstahl, teils in großen Holzfässern ausgebaut. Das Ergebnis ist ein aromenreicher, dichter Wein, der Spaß macht: mit sehr viel Charakter zu einem ganz kleinen Preis. Wiesenblumen, frisches Heu, vegetale Noten, aber auch Grapefruit, Limetten, Pfirsich. Saftiger, frischer Körper mit lebendiger Säure, mundfüllend mit viel Nachklang. Einfach gut!
7,80 Euro

2002 Nachlese
Schon der Duft animiert zum Trinken – blumig, fruchtige Noten, die dezent in die Nase steigen. Begleitet werden sie von Ananas, Mandarine und Apfelaromen. Frisch im Geschmack, fülliger, aber kein schwerer Körper, mit feinem Nachspiel. Ein gelungener Nachfolger.
7,80 Euro
Bezug über: Garibaldi

Herbstlicher Salat mit geräucherter Entenbrust

Der Trick Der reduzierte Orangensaft in Verbindung mit Minze verleiht dem Salat einen frischen Geschmack.

Zutaten für 4 Personen:
1 Bund Rucola
verschiedene Blattsalate je nach Angebot und Geschmack (Kopfsalat, Eichblatt, Frisée und runder Radicchio)
fein gezupfte Petersilie
Basilikum
Estragon
Pfefferminze

Dressing:
330 ml Orangensaft auf 150 ml reduziert
2 TL Dijonsenf
2 EL Estragonessig
6 EL feinstes Olivenöl
2 TL gehackter Estragon
1 Spritzer Zitrone
Salz
Cayennepfeffer

Garnitur:
2 vollreife Pfirsiche oder Nektarinen (wenn schwer zu schälen, kurz in heißes Wasser tauchen, in Eiswasser abschrecken)
1 Zitrone
frisch gemahlener rosa Pfeffer
2 Frühlingszwiebeln
2 EL Pinienkerne oder frische, geschälte Mandeln
120 g junger Parmesan
24 Scheiben geräucherte Entenbrust
Kresse oder Zierkresse

Zubereitung:

1. Salate und Kräuter putzen, waschen, schleudern und in einem feuchten Tuch in den Kühlschrank legen.
2. Dressing-Zutaten verrühren und mit Salz und Cayennepfeffer abschmecken.
3. Pfirsiche vorsichtig vom Stielansatz her schälen und in mundgerechte Stücke schneiden; anschließend Zitronensaft und etwas rosa Pfeffer darübergeben.
4. Frühlingszwiebeln putzen, waschen und in feine Streifen schneiden. Pinienkerne hellbraun rösten.
5. Salate und Kräuter in einer Schüssel mit Dressing marinieren und anrichten. Mit den marinierten Pfirsichstücken, gehobeltem Parmesan, Entenbrustscheiben, Pinienkernen und der Kresse garnieren.

Extratipp:
Anstatt geräucherter Entenbrust eignet sich auch kross gebratene Masthuhnbrust oder Langustinen. Auch lässt sich der Salat verfeinern, wenn Sie rohe, kleine Steinpilze oder weißen Trüffel darüber hobeln.

Durbacher Plauelrain

Klingelberger/Riesling, Spätlese, trocken
Weingut Andreas Laible, Durbach, Baden
2001

Sehr lange habe ich darüber nachgedacht, ob ich an dieser Stelle überhaupt einen Wein aus einem mir seit vielen Jahren geschätzten Weingut vorstellen soll. Die Überlegung war rein egoistischer Natur, denn das Angebot ist meistens ausverkauft. Verständlich bei den Qualitäten, die der Rieslingspezialist Andreas Laible Jahr für Jahr von seiner Spitzenlage Durbacher Plauelrain produziert. Der steile Hang, felsiger Granit-Verwitterungsboden, kann nur manuell bearbeitet werden. Für die Laibles ist das nichts Ungewöhnliches. Hier ist alles bis ins Detail von eigener Hand entstanden, sogar das Wohnhaus der Familie. Die alten Reben seines Klingelbergers (so nennt man hier den Riesling) stammen von über zwanzig bis vierzig Jahre alten Rebstöcken. Die Weine aus dieser Anlage sind regelmäßig von einer Finesse, die nur von den hauseigenen Rieslingen »SL« und »Achat« übertroffen wird. Vollreife Früchte: Ananas, Aprikose, Mango, Granny Smith prägen den duftigen Charakter. Sehr verhalten: Kamillenblüten und Kaktusfeigen. Eine stramme Säure sorgt für Feinschliff und Struktur, die mit der reifen Frucht einen saftigen Abgang hinterlässt. Die leichte Restsüße, von der ich ansonsten weniger bevorzuge, steht dem Wein sehr gut.
18,50 Mark

2002 Nachlese

Der neue Jahrgang ist seinem Vorgänger ebenbürtig. Die Früchte sind etwas weniger exotisch, zeigen mehr Apfelnoten, knackige Banane und eine Spur mehr frische Säuren, was sich aber mit der Flaschenreife bald ausgleichen wird.
9,50 Euro
Bezug über: Weingut Andreas Laible

Linsensalat mit Kalbszunge

Der Trick Linsen erst salzen, kurz bevor sie gar sind – sonst werden sie hart.

Zutaten für 4 Personen:
1 gepökelte, angeräucherte Kalbszunge (500 g)
30 g geschälte Karotte
30 g Knollensellerie
30 g Lauch
1 Petersilienstängel, 1 Thymianzweig – mit Bindfaden zusammengebunden
1/2 weiße Zwiebel, mit Lorbeerblatt und 3 Nelken gespickt
einige Pfeffer- und Gewürzkörner, zerdrückt
100 g kleine Berglinsen
20 g geschälte Karotte
20 g Knollensellerie
20 g Lauch
1 Petersilienstängel
1 Thymianzweig – mit Bindfaden zusammengebunden
1/2 weiße Zwiebel, mit Lorbeerblatt und 2 Nelken gespickt

Marinade:
1 1/2 EL milder Rotweinessig
1 EL Aceto Balsamico
1 TL mittelscharfer Essig
1 Prise Zucker
Salz
Pfeffer
4-5 EL Sonnenblumenöl
1/2 rote Zwiebel, fein gewürfelt
12 halbierte Kapern
1 fein geschnittenes Sardellenfilet
1 Msp. Zitronenpfeffer (im Asialaden erhältlich)

Außerdem:
80 g Karotten
60 g Knollensellerien
1 EL gelbe Sellerieblätter (ersatzweise Staudensellerie)
1 EL glatte Petersilie
2 kleine Gewürzgurken
etwas frischer Meerrettich

Zubereitung:
1. Zunge in reichlich Wasser geben (ohne Salz!), Wasser zum Kochen bringen, Schaum abschöpfen, nach etwa 1 Stunde Gemüsebund, Zwiebel und Gewürze beigeben und langsam 1 weitere Stunde weich köcheln – die Zunge ist zart, wenn sie sich an der Spitze leicht zwischen zwei Fingern zusammendrücken lässt oder von der Fleischgabel gleitet.
2. Inzwischen Linsen unter kaltem Wasser in einem Sieb sauber waschen. Mit kaltem Wasser reichlich bedecken, zum Kochen bringen, Schaum abschöpfen, Gemüsebund und gespickte Zwiebel beigeben; dann Linsen weich kochen.
3. Währenddessen die einzelnen Zutaten für die Marinade vermengen.
4. Linsen in ein Sieb abschütten, abspülen, abtropfen lassen und noch warm mit der Marinade vermengen.
5. Karotte und Sellerie in 1/2 cm kleine Würfel schneiden, in Salzwasser al dente kochen, abschütten und dann noch heiß unter die Linsen mischen. Linsensalat mit einem Teller abdecken und mindestens 1 Stunde ziehen lassen.

Extratipp:
Linsen müssen nicht über Nacht eingeweicht werden. Knusprige Scheiben von Entenbrust oder Spanferkel passen ebenfalls dazu.

6. Weiche Zunge aus dem Sud nehmen, kurz im Eiswasser abschrecken und noch im heißen Zustand die Haut abziehen. Alles Überflüssige von der Zunge wegschneiden, Zunge wieder in den Kochsud legen. Nicht mehr kochen lassen, nur abdecken, damit sie schön warm bleibt.
7. Linsensalat nochmals abschmecken. Zum Schluss die gewaschenen gelben Sellerieblätter, die Petersilie und die Gewürzgurken klein hacken und unter den Salat mengen. Salat auf ovale Teller verteilen, mit 1 cm dick geschnittenen Zungenscheiben belegen, etwas frischen Meerrettich darüber raspeln und mit Bratkartoffeln servieren.

Inkawu Chenin Blanc

Laibach, Stellenbosch
2002

Meine Vorliebe, auch einfache Basisweine einer hoch gelobten Kellerei zu verkosten, hat mir schon oft köstliche Weine zu vernünftigen Preisen beschert. Jüngstes Ergebnis: Inkawu Chenin Blanc von Laibach in Südafrika. Die Geschichte der hochmodernen Winery lässt sich bis zum Gründungsjahr 1818 zurückverfolgen. Friedrich Laibach, ein deutscher Industrieller, erfüllte sich im Alter von 77 Jahren seinen Lebenstraum und kaufte 1994 das Weingut »Good Success«. Inzwischen trägt es seinen Namen, wurde komplett neu konzipiert, umgebaut, die Weinberge wurden neu bepflanzt und weitere zugekauft. Verwaltet wird es von seiner Tochter Petra Laibach und ihrem Ehemann Rudolf Kuehner. Das Management der Farm liegt in den Händen von Anèl und Michael Malherbe, die für die Weinberge zuständig sind. Kellermeister Stefan Dorst vom Weingut Friedrich Becker in der Pfalz garantiert beste Qualität, sein Steckenpferd sind Rotweine, die nicht nur in Südafrika für großes Aufsehen sorgen. Mit dem neuen Etikett der Inkawu-Linie – fröhlich tanzende Affen bei unbeschwertem Weingenuss – symbolisiert Laibach etwas vom Geist des neuen Südafrika. Das glasklare Aroma des Chenin Blanc präsentiert Noten von Limetten, Grapefruit, Fenchel, Sellerie, Kamille, Lindenblüten. Im Mund saftiger, leichter Charakter mit erstaunlicher Konzentration, Säure, Frische und Harmonie.
7,40 Euro

2003 Nachlese
Blumiger Duft: Akazien-, Apfel-, Kamillen- und Kirschblüten. Weiche Textur, relativ wenig Säure, schöne Balance und harmonisch im Gaumen. Leichter, frischer Sommerwein.
7,40 Euro
Bezug über: Konrad Hosp

Wurstsalat mit Tilsiter

Der Trick Wurst und übrige Zutaten separat marinieren!

Zutaten für 2 Personen:
70 g Regensburger Wurst
70 g Thüringer Wurst
2 EL Schnittlauchröllchen
1 kleine Gartengurke
1 Fleischtomate
1 längliche rotgrüne Paprika
50 g Tilsiter Käse
90 g geschälte weiße Zwiebel
2 Eier
50 g Pflanzenöl
35 g Weißweinessig
1 TL kaltes Wasser
1 TL mittelscharfer Senf
Salz
Pfeffer aus der Mühle

Zubereitung:

1. Würste pellen, in dünne Scheiben schneiden und in zwei tiefen Tellern anrichten. Mit Schnittlauch bestreuen und abgedeckt in den Kühlschrank stellen.
2. Tomate überbrühen, abziehen, Strunk entfernen, entkernen und in 3 mm dünne Streifen schneiden. Gurke schälen, Kerne entfernen und in dünne Streifen schneiden. Paprika entkernen und in feine Ringe schneiden. Eier 9 Minuten kochen, abschrecken, schälen, vierteln. Den Käse von der Rinde befreien und in 3 mm dünne Streifen schneiden. Zwiebel am besten mit einer Aufschnittmaschine in sehr feine Ringe schneiden.
3. Essig, Wasser, Senf, Öl zu einer Marinade verrühren, mit Salz und Pfeffer abschmecken, Tomate, Gurke, Paprika, Zwiebeln und Käse mit der Marinade vermischen. Marinierte Zutaten auf die Wurstteller aufteilen und mit den Wurstscheiben vermengen. Nochmals mit Salz und Pfeffer kräftig abschmecken und die Eier auf dem Salat garnieren.

Ihringer Winklerberg

Silvaner, Spätlese, trocken
WG-Ihringen, Baden
1999

Mit dem Jahrgang 1999 feierte die Ihringer Winzergenossenschaft ihren 75. Geburtstag. Besonders stolz ist man hier auf den Holzfasskeller, wahrscheinlich den größten, der in Deutschland noch in Betrieb ist. Im breit gefächerten Sortiment der Genossenschaft spielt der Silvaner die Hauptrolle. Die einst bedeutendste deutsche Rebsorte fühlt sich am Kaiserstuhl wohl, besonders in den steil terrassierten Bestlagen Winklerberg und Fohrenberg. Die Trauben kommen hier zur vollen Reife und ergeben saftige, weiche und dennoch ausdrucksvolle Weine, denen indes oft ein wenig frische Säure fehlt. Dieses Problem stellt sich der Genossenschaft aus Ihringen nicht mehr. Der neue, talentierte Kellermeister Rolf Zeitvogel sorgt für einen etwas anderen Weinstil. Sein erster Jahrgang in Ihringen ist ihm gut gelungen. Die Silvaner Spätlese hat viel Kraft, ohne opulent zu sein. Wiesenblüten, Gräser und frisches Heu im Duft. Balanciert im Gaumen, saftig tief, dicht mit dezentem Nachdruck. Das ist Wein zu einem super Preis!
8,40 Mark

2002 Nachlese
Kastanien-, Klee- und Apfelblüten, frische Mandeln, Stachelbeere, weiße Johannisbeere. Ausgewogene, harmonische Struktur, fein und rund am Gaumen. Macht nicht nur zumWurstsalat Vergnügen. P.S. Zeitvogel hat die Kellerei leider wieder verlassen
4,50 Euro
Bezug über: WG-Ihringen

Melonensalat mit Parmaschinken

Der Trick Nur die Hälfte der Melonenstücke marinieren, damit der Salat nicht zu weich wird.

Zutaten für 2 Personen:
1 rote Zwiebel
1 TL Butter
100 ml roter Portwein
1/4 Wassermelone
1/2 Honigmelone
2 EL Rotweinessig
4 EL Olivenöl
2 EL Melonenwasser
Salz
schwarzer Pfeffer aus der Mühle oder frisch im Mörser zerstoßen
Saft von 1/2 Orange
200 g dünn geschnittener Parmaschinken
Minze

Zubereitung:

1. Für den Salat die geschälte Zwiebel längs in Streifen schneiden, in der Butter glasig anschwitzen, mit dem Portwein ablöschen und einreduzieren.
2. Wassermelone und die Honigmelone teilen, das Kerngehäuse entfernen. Die Hälfte des Fruchtfleischs in dünne Scheiben schneiden, die andere als Kugeln ausstechen. Einen Teil der Melonenstücke zu der Zwiebel geben und mit Rotweinessig, etwas Olivenöl, Melonenwasser, Salz und Pfeffer etwa 30 Minuten marinieren.
3. Für die Marinade Orangensaft zur Hälfte einkochen, übriges Olivenöl einrühren, mit Salz abschmecken.
4. Die dünnen Parmaschinkenscheiben locker auf den Salat platzieren. Mit restlichen Melonenstücken und Zwiebelmix anrichten, mit der Marinade begießen und zum Schluss mit etwas Minze garnieren.

Portwein »Niepoort Dry White«

Niepoort Vinhos S. A., Porto, Douro

Porto, die Stadt am Rio Douro, zeigt sich trotz höchster Ehren ungeschminkt natürlich. 1996 wurde die Altstadt von der UNESCO zum Weltkulturerbe erklärt und 2001 bestimmte die EU Porto zur Kulturhauptstadt Europas. Die geschäftige Stadt zu erkunden, ist ein herrliches Abenteuer für Individualisten. Für genussreiche Erholung sorgt zwischendurch ein Gläschen Portwein, der hier seine Heimat hat. Neben den zahlreichen roten Varianten wie Ruby, Vintage, LBV, Garrafeira, Colheita gibt es den wieder in Mode gekommenen weißen Port von süß bis völlig trocken. Dirk van der Niepoort macht für meinen Geschmack derzeit den besten trockenen weißen Port. Von modischen Trends hält er nicht viel. Seine weißen Trauben aus alten Weinbergen werden deshalb mit den Schalen vergoren, in Lagares (Steintrögen) mit den Füßen getreten und danach vinifiziert. Nach dreijähriger Fasslagerung in alten Pipes kommt »Niepoorts Dry White« in die Flasche. Ein frischer Duft nach Feigen, Datteln, Brioche, Cavallionmelonen beflügelt die Nase, während sein fleischiger Geschmack dem Gaumen schmeichelt. Gekühlt oder auch on the rocks ein Genuss.

22,– Mark

Nachlese

Weißer Portwein darf nicht als Vintage-Port in den Handel gebracht werden. Daher versucht man jedes Jahr bei der Herstellung durch viele Verkostungen eine gleich bleibende Qualität und Geschmacksrichtung zu erzielen.

11,70 Euro

Bezug über: Pinard de Picard

Spaghetti mit frischem Tunfisch

Der Trick Wenn die Spaghetti mit dem Tunfisch vermischt werden, müssen sie sehr heiß sein, damit sich der Fisch gut erwärmt!

Zutaten für 4 Personen:
400 g Spaghetti
300 g frisches Tunfischfilet
120 ml Olivenöl
Meerssalz
weißer Pfeffer (möglichst Szechuan)
2 Knoblauchzehen
100 g kleine grüne Paprika, in feine Streifen geschnitten)
40 g Pinienkerne
1 kleine Chilischote
10 fein geschnittene Basilikumblätter

Tomaten-Paprika-Sauce:
60 g scharfe Chorizo (rote Paprikawurst; alternativ 30 ml Olivenöl)
20 g Knoblauchzehen
70 g milde weiße oder rote Zwiebel
30 g Herzen von englischem Sellerie (wenn vorhanden)
100 g sizilianischer roter Paprika
1 EL Olivenöl
400 g Dosentomaten in Stücken
Salz
1 Prise Zucker
Pfeffer aus der Mühle
1 Bouquet garni (gebunden aus Petersilie- und Basilikumstängel, Thymianzweig, Lorbeerblatt)

Außerdem:
Alufolie

Zubereitung:

1. Tunfisch in 1/2 cm kleine Würfel schneiden, mit 30 ml Olivenöl, Meersalz und Pfeffer würzen, mit Folie abdecken und mindestens 30 Minuten bei Zimmertemperatur ziehen lassen.
2. Für die Tomaten-Paprika-Sauce Chorizo in kleine Würfel und Knoblauch in feine Scheiben schneiden. Zwiebel, Sellerie, Paprika in feine Würfel schneiden. 1 EL Olivenöl erwärmen, Chorizo langsam kross ausbraten, auf ein Saugpapier geben. Im selben Fett Knoblauchscheiben goldgelb braten, ebenfalls auf Küchenkrepp legen. Im Fett jetzt Zwiebelwürfel hell anschwitzen, Paprikawürfel und Dosentomaten beigeben. Salzen, zuckern, pfeffern, Bouquet garni zugeben, langsam etwa 30 Minuten köcheln lassen. Danach das Bouquet garni entnehmen.
3. 5 Liter Wasser zum Kochen bringen, kurz vor dem Sieden gut salzen – so, dass es schon versalzen schmeckt. Kein Öl ins Pastawasser geben – es verstopft die Nudelporen, die dann keine Sauce mehr aufsaugen können. Die Spaghetti ins kochende Wasser geben und ab und zu mit einer Gabel durchrühren.

Extratipp:
Wer den asiatischen Geschmack sucht: Den Tunfisch mit einer Msp. Currypulver marinieren und ganz zum Schluss die Spaghetti mit feinsten Ingwerstreifen und frischem Koriander garnieren.

4. In der Zwischenzeit restliches Olivenöl in einer Pfanne erwärmen. Knoblauch fein hacken und im Öl kurz ohne Farbe anziehen lassen, dann Paprikastreifen und Pinienkerne zugeben, ebenfalls kurz anziehen lassen. Mit Salz, Pfeffer, gehackter Chilischote würzen. 100 ml vom Nudelwasser beigeben und alles dickflüssig einkochen lassen.
5. Die Spaghetti al dente fertig kochen, abseihen und in die Pfanne geben. Alles schön durchschwenken, die Tunfischwürfel und 2-3 EL von der Tomaten-Paprika-Sauce unter die sehr heißen Nudeln mischen und auf die Teller verteilen. Die Chorizo-Würfel, einige gut geröstete Knoblauchscheiben und Basilikum darüber geben. Die restliche Sauce hält sich in einem Schraubglas im Kühlschrank etwa eine Woche.

Pinot Bianco »Schulthauser«

KG St. Michael Eppan, Alto Adige, Südtirol
2001

Zweifelsohne gehört die Kellereigenossenschaft St. Michael in Eppan zu den besten in ganz Italien. Seit Hans Terzer für diesen Betrieb verantwortlich ist, geht es mit der Qualität der Weine ständig bergauf. Inzwischen ist er an dem Punkt angekommen, wo er sich über seine Verdienste, die mit höchsten Auszeichnungen beehrt wurden, von Herzen freuen kann. Dennoch gehen seine Bemühungen weiter. Seit Jahren stürmt ihm die Kundschaft seinen Keller, um wenigstens einen Karton des begehrten Sauvignon St. Valentin zu bekommen. Wenn man viel Glück hat, erhält man letztlich eine Flasche. Dabei macht er viele andere Weißweine, die sehr gut sind. Ich bevorzuge in guten Jahren den Pinot »Bianco Schulthauser« von bis zu vierzig Jahre alten Reben der gleichnamigen Lage, oberhalb von Schloss Moos. Die in 480 Meter Höhe liegenden Südosthänge sind aus lehmigen Kalkschotterböden, die für fruchtig frische Weißburgunder bestens geeignet sind. Weinbergpfirsich, Williamsbirne, Ananas, Apfel, Drops, Weingummi und frische Waldpilze prägen das vielschichtige Bouquet. Der Gaumen ist ausgewogen, weich, mit einer fetzigen Säure. Ein perfekter Jahrgang.
14,50 Euro

2002 Nachlese
Vordergründige Röst-, Nuss- und Toastnoten, Akazienblüten, frische Feigen und Heu. Saftig, geschmeidig, ausgewogen in seiner Balance von Frucht, Säure, Extrakt und Alkohol.
10,15 Euro
Bezug über: Piero Massi

Spaghetti Vongole

Der Trick Das Kochen der Spaghetti im Muschelsud verleiht dem Gericht seine Finesse.

Zutaten für 2 Personen:
200 g Spaghetti
ca. 600 g kräftig gewaschene Palourdes (ich bevorzuge die kleinen Palourdes, die auch unter dem Namen Vongole bekannt sind, weil sie ein delikateres Fleisch haben. Sollten sie sandig sein, ca. 1 Stunde mit 1 Prise Meersalz und 1 frischen, halbierten Chili in kaltes Wasser legen, dann spucken die Muscheln den Sand aus, so Gott will; Teller auf den Boden stellen!)
20 g Meersalz
4 EL Olivenöl
1 geschälte Knoblauchzehe (halbiert, ohne Keime, in dünne Scheiben geschnitten; je nach Geschmack auch gern mehr)
100 ml Weißwein (Sauvignon aus dem Piemont)
1 kleiner, roter Piment (halbiert, ohne Kerne)
1 großer EL nicht zu fein gehackte, glatte Petersilie
Pfeffer
Salz
Olivenöl von feinster Qualität

Zubereitung:

1. 2 Liter Wasser zum Kochen bringen, Meersalz und Spaghetti hineingeben, umrühren und 7-8 Minuten al dente kochen. Spaghetti nicht abschrecken!
2. In der Zwischenzeit 2 EL Olivenöl erhitzen, Knoblauchscheiben kurz darin anschwitzen (ohne Farbe), die gewaschenen Palourdes sowie Weißwein beigeben. Rasch verdunsten lassen, Deckel daraufsetzen und die Muscheln aufspringen lassen. Topf bei stets geschlossenem Deckel etwa 3 Minuten schütteln.
3. Nun den roten Piment und die gehackte Petersilie beigeben.
4. Die Molto-al-dente-Spaghetti in einem Sieb abtropfen lassen und mit dem restlichen Olivenöl, 1 Prise Pfeffer und – falls nötig – Salz zu den Palourdes geben. Spaghetti unter regelmäßigem Schwenken in 1-2 Minuten al dente kochen lassen. Zum Schluss etwas Olivenöl von feinster Qualität darüber netzen. Auf heiße, tiefe Teller verteilen und sofort servieren.

Extratipp:
Immer etwas Nudelwasser aufheben, falls es noch für den Sud gebraucht wird.

Costamolino

Vermentino di Sardegna
Argiolas, Serdiana, Sardinien
2001

Sardiniens Weinbau lässt Spezialisten und Genießer seit ein paar Jahren optimistisch in die Zukunft blicken. Neue Kellereien machen mit vernünftigen Preisen und erstaunlichen Qualitäten den alteingesessenen Betrieben Konkurrenz. Das belebt das Geschäft und hebt zugleich den durchschnittlichen Qualitätsanspruch einzelner Weingüter. Die Cantina Argiolas ist ein traditionsreicher, 1938 gegründeter Familienbetrieb, der für seine Weine nur beste Trauben aus seinem über 200 Hektar großen Grundbesitz verarbeitet. Die vor wenigen Jahren neu gebauten Kelleranlagen ermöglichen mit ihren Hightech-Gerätschaften beste Qualitäten vom einfachen Weißen bis zum hoch anspruchsvollen Roten, Turriga, welcher immer noch als einer der besten der Insel gilt. Zu den Spaghetti mit Vongole begeisterte mich der glasklare Costamolino. Die frischen und mineralischen Noten schmecken vorzüglich zu diesem leichten Nudelgericht. Durch den hundertprozentigen Ausbau im Edelstahl behält der Wein seine ganze Fruchtigkeit und Aromatik. Birne, Akazien, Weißdorn, Kastanien, aber auch Pfirsich, Melonen und Limette. Saftig, feingliedrig, bereits trinkreif – macht richtig Spaß.
7,90 Euro

2002 Nachlese
Der Jahrgangsunterschied zeigt sich schon im etwas reiferen, gelben Farbton. Die Aromatik geht in die exotische Richtung von saftiger Ananas, Papaya, Mango, getrockneten Aprikosen und grünen Mandeln. Erstaunlich kernige Säure, voll im Gaumen, mit anhaltendem Nachklang.
7,90 Euro
Bezug über: Garibaldi

Spaghetti mit Tomaten, Basilikumöl und Mozzarella

Der Trick Kein Öl ins Wasser geben!

Zutaten für 2-3 Personen:
200 g Spaghetti
2-3 Eiertomaten (ohne Haut und Kerne, in kleine Würfel geschnitten)
20 g Basilikumblätter (einige in Streifen schneiden, den Rest mit ca. 50 ml Olivenöl und 5 g gezupfter, glatter Petersilie mixen; die Petersilie bewirkt eine schönere, grüne Farbe)
1-2 fein geschnittene Knoblauchzehen
120 g frischer Büffelmozzarella (in 1 cm große Stücke schneiden)
Salz
Pfeffer
etwas Zitronensaft
1 Msp. Zucker

Zubereitung:

1. Tomatenwürfel salzen, pfeffern, 1 Prise Zucker und 1 Spritzer Zitrone beimischen, mit den Mozzarellawürfeln in einer Schüssel vorsichtig vermengen.
2. 4 Liter Wasser in einem großen Topf zum Kochen bringen, anschließend 50 g grobes Salz beigeben. Auf keinen Fall Öl hinzugießen, da dann die Nudeln ihre Poren verschließen und später die Sauce nicht mehr so gut aufnehmen können. Die Spaghetti nach angegebener Kochzeit kochen, vom Herd nehmen, 1 Minute stehen lassen, dann Wasser abschütten.
3. Um den idealen Heiß-kalt-Effekt zu erzielen, die Spaghetti rasch mit dem Tomaten-Mozzarella-Gemisch und dem Basilikumöl vermengen, das man nicht zu lange im Voraus zubereiten sollte; pfeffern, mit Knoblauch und Basilikum bestreuen und sofort servieren.

Weisser Burgunder & Chardonnay

Deutscher Tafelwein, Oberrhein
Karl Heinz Johner, Vogtsburg, Baden
1997

Als ich Karl Heinz Johner vor einigen Jahren in Begleitung seines Kollegen Ernst Dautel zum ersten Mal persönlich kennen lernte, haben wir stundenlang gelacht und über alles Mögliche geredet, nur nicht über seine Weine. Die Zeit verging im Flug und die beiden mussten weiter. Fröhlich sagte Johner beim Abschied, dass es da auch nicht viel zu erzählen gibt, der Betrieb befindet sich mitten in der Entwicklung, ich soll einfach probieren. Mittlerweile sind die schweren Jahre des Anfangs, als die Johners ihre Weine in der Garage oder bei Freunden im Keller ausbauten, vorbei. In der neuen, modernen Kellerei scheint nichts spektakulär. Die Weine dagegen, Weißer Burgunder, Chardonnay und Spätburgunder, sind Paradebeispiele für den Ausbau im Barrique (französisches Eichenfass). Erster Eindruck im Duft: ein Hauch exotischer Früchte mit Frühlingsblüten, Toast, Vanille, Karamell. Körperreich, sahnig mit Schmelz und leichter Butternote im Gaumen. Langer frischer Abgang.
29,– Mark

2001 Nachlese
Reifes Zitronengelb. Entwickeltes, weit geöffnetes Bouquet von sonnenverwöhnten Früchten wie Apfel, Banane, Mandarine und Williamsbirne; getrocknete Feigen, Mandeln, ausgeprägte Würze des neuen Holzes, Karamellnoten, Toast, Vanille, Nüsse. Beim ersten Schluck süßlich, kraftvoll, buttrig, geschmeidig mit erfrischendem, zitrusartigem Säureton im langen Nachhall.
15,– Euro
Bezug über: Weingut Karl Heinz Johner

Makkaroniauflauf mit Prager Schinken und Champignons

Der Trick Zum Auflockern Eischnee unter die Auflaufmasse ziehen!

Zutaten für 4 Personen:
250 g Makkaroni
300 g geschälte und geviertelte Champignons
100 ml Prosecco
4 EL Wasser
1 Spritzer Zitronensaft
40 g Mehl
60 g Butter
1/2 l Milch
1 Spickzwiebel
2 Nelken
1 Msp. Cayennepfeffer
Salz
Pfeffer
frisch geriebener Muskat
5 Eigelb
250 g geschnittener Prager Schinken
6 EL Crème fraîche
5 Eiweiß
50 g geriebener Gruyère
70 g geriebener Parmesan
2 EL frisch geriebenes Weißbrot

Zubereitung:

1. Butter hell aufschäumen, Mehl zugeben und etwa 10 Minuten (ohne Farbe!) anschwitzen lassen. Nach und nach kalte Milch zugeben, Sauce mit einem kleinen Schneebesen glatt rühren und würzen. Spickzwiebel zugeben und 20 Minuten köcheln lassen.
2. Champignons mit Prosecco, 1 EL Butter, Wasser und Zitronensaft 3-4 Minuten dünsten; salzen, pfeffern, mit Muskat würzen, beiseite stellen und ziehen lassen. Sud abgießen und in die Béchamel rühren. Diese noch heiß passieren und sofort Eigelb einrühren.
3. Makkaroni in kochendem Salzwasser bissfest kochen, Wasser abschütten und abtropfen lassen.
4. Béchamel in eine Schüssel geben, Nudeln, Schinken, Champignons und Crème fraîche beigeben, gut vermengen, salzen, pfeffern, mit Muskat und Cayennepfeffer abschmecken und 1/4 des Käses untermischen.
5. Feuerfeste Form ausbuttern, mit Weißbrot ausstreuen. Eiweiß mit 1 Prise Salz nicht zu steif schlagen und unter die Masse ziehen.
6. Masse in die Form füllen, mit restlichem Käse und mit Butterflöckchen bestreuen und bei 150 Grad (im vorgeheizten Backofen) etwa 35 Minuten backen.

Tokay-Pinot Gris »Réserve«

»Réserve«, Trimbach, Ribeauvillé, Elsass
1999

Im Elsass hatte Pinot Gris ursprünglich die Bezeichnung Tokay d'Alsace. Um Verwechslungen mit dem ungarischen Süßwein Tokajer zu vermeiden, beschloss die EU kurzerhand eine Namensänderung. Sehr zum Segen der Winzer, denn der Pinot Gris ist nichts anderes als der bekannte Grauburgunder oder sein berühmter Kollege Pinot Grigio. Aber im Elsass haben die Weine viel mehr Charakter, Kraft und Potenzial als die dünnen Pinots Grigii aus Italien. Und mit dem ungarischen Tokajer haben sie tatsächlich nur den ursprünglichen Namen gemein. Der stattliche Familienbetrieb der Trimbachs in Ribeauville ist eigentlich auf Riesling spezialisiert, von hier stammen etwa die Cuvée Frédéric Emile sowie der legendäre Clos Saint Hune; die Trimbachs produzieren aber auch Gewürztraminer und sehr feine Pinots Gris, die ideale Speisenbegleiter sind. Die cremige Sauce mit dem säuerlichen Touch der Kapern lechzt geradezu nach einem solchen Kraftpaket. Fragiler Blütenduft: Apfel, Weißdorn und Kamille. Im Gaumen ein stark sahnig-cremiger Geschmack, der Champignon-, Haselnuss- und Honignoten hinterlässt. Kein Pinot Grigio üblicher Herkunft, sondern ein wahrer Tokay-Pinot Gris.
28,50 Mark

2001 Nachlese
Nussige, leicht erdige Aromatik, frischer Champignon, Toastbrot, Walnuss und Rettich. Opulenter Körper, stoffige Struktur, weicher, gehaltvoller Charakter mit Länge und Nachdruck.
15,90 Euro
Bezug über: Wein-Blüte

Pappardelle mit Fonduta und weissem Trüffel

Der Trick Den Käse wegen der besseren Saucenbindung mit Eigelb abziehen!

Zutaten für 8 Personen:

Pappardelle:
550 g Hartweizengrieß
Salz
Muskat
1 TL Öl

Fonduta (Käsesauce):
400 g Fontina Valdostana (Rohmilchkäse aus dem Aosta-Tal)
200 g Milch
20 g Butter
4 Eigelb

Außerdem:
3 EL Olivenöl
50 - 60 g weiße Trüffeln

Zubereitung:

1. Salz, Muskat und Öl gut verrühren und mit Wasser auf 240 ml Gesamtflüssigkeit auffüllen. Hartweizengrieß einstreuen und alles zu einem glatten Teig kneten. 30 Minuten zugedeckt ruhen lassen. Den Teig ausrollen und daraus Pappardelle schneiden.
2. Den Fontina in feine Streifen schneiden, mit der Milch bedecken und 2 Stunden marinieren. Butter in einem Schneekessel zerlaufen lassen, den Käse mit der Milch beigeben und im Wasserbad langsam unter ständigem Rühren erwärmen, bis er Fäden zieht. Nach und nach die Eigelb einrühren und zur Rose abziehen (bis zur sämigen Konsistenz).
3. Die Pappardelle in Salzwasser kochen, abseihen und mit dem Olivenöl vermischen.
4. Die Trüffel in feine Scheiben hobeln. Die Fonduta auf Teller verteilen, die Pappardelle darauf setzen und mit den Trüffelscheiben bestreuen.

Extratipp:
Eine kostengünstigere Variante zu Trüffeln sind frische kleine Steinpilze oder Egerlinge – jeweils über die Pappardelle gehobelt.

KIRCHENSTÜCK ELLERSTADT

Riesling, Q.b.a, trocken
Weingut Schneider, Ellerstadt, Pfalz
2001

Ein Viertel aller deutschen Weine wächst in der Pfalz, die jahrelang als Schoppenweingebiet mit einfachen, ordentlichen Qualitäten in den Köpfen der Weintrinker umhergeisterte. Mit den großen, namhaften Traditionsweingütern bemühten sich einige kleine Familienbetriebe um ein neues Qualitätsimage der Pfälzer Weine. Für zusätzlich neuen Schwung sorgten junge Winzer, in Fachkreisen werden sie »die jungen Wilden« genannt. Zu dieser Clique zählt Markus Schneider. Gemeinsam mit den Eltern gründete er nach seinen Lehrjahren 1994 das Schneider'sche Weingut. Ein Kaltstart bei null. Mittlerweile ist die Betriebsfläche auf zwanzig Hektar mit einer jährlichen Produktion von 140 000 Flaschen gewachsen. Der Rotweinanteil dominiert derzeit mit sechzig Prozent, teils mit der außergewöhnlichen Qualität des Jahrgangs 2001, der längst ausverkauft ist. Keineswegs kleiner empfand ich seine Weißweine. Der trockene Riesling von der Hochterrasse Kirchenstück ist exzellent. Hoch konzentriertes Bouquet, reife Ananas, Quitte, Granny Smith, Mango, Nektarine. Reintöniger Geschmack, saftig, runde Säure mit Schmelz und langatmigem Finale.
7,40 Euro

2002 Nachlese
Das Bouquet ist bei diesem Jahrgang nicht ganz so opulent. Die Frucht wirkt im Moment noch verschlossen. Ich rieche Limetten, Passionsfrucht, grüne Birne, Mineralien. Weicher Säurebeginn, reintöniger Gaumen mit lieblichem Abgang.
8,40 Euro
Bezug über: Weingut Schneider

Grünes Risotto

Der Trick Frische Erbsenschalen nicht wegwerfen, sondern ein Püree daraus machen, das dem Risotto Geschmack und eine schöne Farbe verleiht!

Zutaten für 4-6 Personen:
250 g Arborio semifino Risottoreis
300 g Zuckererbsen (100 g ausgelöst)
600 g Saubohnen (160 g ausgelöst)
500 g grüner Spargel
2 Stangen junger Lauch
100 g milde weiße Zwiebel
3 EL feinstes Olivenöl
1 l Geflügel- oder Gemüsebrühe
1 Prise Meersalz
40 g kalte Butter
80 g frisch geriebener Parmesan
1 EL leicht angeschlagene Sahne
Salz
etwas weißer Pfeffer
10 g gezupfter Kerbel oder fein geschnittener Schnittlauch

Zubereitung:

1. Erbsen ausbrechen. Nur die geputzten Erbsenschalen waschen und 5 Minuten in kräftigem Salzwasser weich kochen, in Eiswasser abkühlen, abschütten, mixen und durch ein Sieb streichen.
2. Saubohnen ausbrechen. Sollten sie groß sein, 2 Minuten im Salzwasser blanchieren, im Eiswasser abschrecken, abschütten und die Haut abziehen.
3. Spargel waschen, unteren Teil schälen, Spitzen abbrechen und Stiele (ohne Holz) in 1/2 cm große Stücke schneiden.
4. Lauch putzen, das Grüne der Länge nach einschneiden und waschen, in 3 cm große Stücke schneiden.
5. Weiße Zwiebel schälen, in feine Würfel schneiden und in Olivenöl hell anschwitzen. Reis beigeben, 2-3 Minuten mit angehen lassen (auf keinen Fall Farbe annehmen lassen). Klein geschnittene Spargelstücke zugeben, mit 1/2 Liter kochend heißer Geflügel- oder Gemüsebrühe bedecken, Meeressalz beigeben und köcheln lassen. Nach 10 Minuten die rohen Erbsen und Saubohnen sowie nach und nach die restliche Brühe beigeben.
6. In der Zwischenzeit Spargelspitzen und Lauchstücke in Salzwasser al dente kochen oder dämpfen. Im Eiswasser abschrecken. Nach insgesamt etwa 18 Minuten dem Risotto (Reis muss noch Biss haben) Spargelspitzen und Lauch sowie 3-4 EL Erbsenpüree, Butterstücke, Parmesan und Sahne beigeben. Mit Salz und Pfeffer abschmecken und durchschwenken. Falls nötig noch etwas Brühe beigeben. Auf Teller verteilen und mit Kerbel oder Schnittlauch garnieren.

Extratipp:
Für das Püree kann man statt der Schalen auch 100 g Tiefkühlerbsen weich kochen und mit 1 EL Butter und 50 ml Geflügelbrühe mixen.

Verdelho

Fox Creek, McLaren Vale, South Australia

2001

2003Außerhalb Europas ist Australien derzeit das Weinbaugebiet schlechthin. Schier unermessliche Flächenressourcen ermöglichen der Weinwirtschaft scheinbar unbegrenztes Wachstum. Dazu tragen aber nicht nur bekannte Großbetriebe bei, sondern auch vermögende Quereinsteiger wie Jim und Helen Watts, die sich 1984 in geeigneten Lagen ursprüngliches Schafweideland zwischen McLaren Vale und Willunga gekauft haben. Jim, ehemaliger Chirurg einer Klinik in Adelaide, wusste, dass Land und Klima hier wie geschaffen sind für die Produktion erstklassiger Weine. Ein Jahr später pflanzte sein Sohn, der nach wie vor für die Weingärten zuständig ist, die ersten Reben. Seine Schwester Sahra, studierte Önologin, ist mit ihrem Ehemann Sparky Marquis für die Qualität der Weine verantwortlich. Die Liste der Rebsorten reicht von Chardonnay, Cabernet über Sauvignon Blanc, Semillon und Shiraz bis hin zum exotisch wirkenden Verdelho, der mir zum Risotto sehr gut geschmeckt hat. Sehr vielschichtig im Bouquet – Akazien, Jasmintee, Mirabellen, Zitrusfrüchte, Schalotten, Kerbel. Delikater, cremiger Gaumen, perfekte Balance, frisches, saftiges Endspiel, wie ich es bei Weißweinen der Neuen Welt viel zu selten schmecke.
13,80 Euro

2002 Nachlese

Zwischen Chardonnay und Sauvignon ist Verdelho eine willkommene Abwechslung. Offenes Bouquet mit feinen Röstaromen, Toastbrot, Mandelgebäck, Nusskuchen, Vanille im Ansatz. Die verdeckten exotischen Früchte müssen sich noch entwickeln. Der gehaltvolle Körper verlangt ein Gegengewicht. Die Holznoten brauchen mehr Zeit zur Entfaltung, was um die Jahreswende 2003 erreicht sein wird.
11,50 Euro
Bezug über: Martin Apell

Käsesuppe

Der Trick Um die Suppe zu verfeinern und cremiger zu machen, zwei Eigelb mit 100 ml Sahne und 2 EL des empfohlenen Weißweins mischen und langsam unter ständigem Rühren in die Suppe einlaufen lassen. Nicht mehr kochen!

Zutaten für 4 Personen:
50 g Butter
50 g Mehl
1/2 l Milch
1/2 l Rinderbrühe
100 g geriebener Comté
100 g geriebener Gruyère
Salz
Pfeffer
Muskat
50 ml geschlagene Sahne
2 mittelgroße weiße Zwiebeln
etwas Mehl
1/2 l Öl
1/2 Bund Schnittlauch, klein gehackt

Zubereitung:

1. Butter in einer Sauteuse schmelzen lassen. Nach und nach Mehl einrühren. Die Roux (Mehlschwitze) vollständig abkühlen lassen.
2. Währenddessen Milch und Brühe in einer zweiten Sauteuse erhitzen. Die Flüssigkeit vorsichtig in die kalte Roux einrühren und alles bei kleiner Flamme unter ständigem Rühren 5 Minuten köcheln lassen. Den Topf an den Herdrand stellen und den geriebenen Käse unterrühren. Mit Salz, Pfeffer, Muskat würzen und die geschlagene Sahne vorsichtig unterheben.
3. Zwiebeln schälen und in Würfel schneiden. Salzen und mit Mehl bestäuben. Die Zwiebelwürfel im heißen Öl hellbraun frittieren. Auf Küchenpapier das Fett abtropfen lassen.
4. Die Suppe auf vier Teller verteilen und mit Röstzwiebeln und Schnittlauch bestreuen.

Dézaley »Médinette«

Louis Bovard, Cully, Waadt

2001

Eingebettet ins Herz des Waadtlandes, zwischen Montreux und Lausanne, direkt am und über dem Genfer See, liegt das Paradies des Schweizer Chasselas (Gutedel). Der zweitgrößte Weinbaukanton und Aushängeschild der Schweizer Weinwirtschaft hat hier mehr als anderswo eine fest verwurzelte Tradition. Zisterziensermönche legten bereits im Mittelalter den Grundstein für den schönsten, teuersten und vielleicht berühmtesten Weinberg des Landes, den Dézaley, mit atemberaubend steilen Terrassen. Renommierte Namen wie St-Saphorin, Epesses oder Vevey-Montreux schmücken die Weinetiketten aus der Nachbarschaft. Im Dézaley teilen sich etwas mehr als hundert Besitzer die kostbaren Lagen. Louis-Philippe Bovard ist für mich der Grandseigneur des Dézaley und zählt hier mit seinem »Médinette« zu den berühmtesten Winzern überhaupt. Das Familienunternehmen hat seinen Firmensitz in Cully, direkt am Ufer des Sees. Seine 16 Hektar Reblage befinden sich hauptsächlich in den Gemeinden Dézaley, St-Saphorin und Epesses. Monsieur Bovard empfiehlt Dézaley zu Hartkäse; zur Käsesuppe wähle ich deshalb seinen Médinette 2001. Offene Aromen, an Aprikose, Banane, Birne, Quitte und Muskatblüte erinnernd. Cremig, buttriger, beinahe seidiger Gaumen. Weiche, harmonische Textur. Kräftig im Finale.

27,50 Euro

2002 Nachlese

Schade! Der Folge-Jahrgang wurde noch nicht zur Vorkostung vorgestellt, da 2001 weiter geliefert werden kann.

27,50 Euro

Bezug über: Fegers und Berts

Bunter Fleischeintopf

Der Trick Das Rindfleisch zuerst (mit den leeren Markknochen und nur wenig Salz) zur Hälfte gar kochen, da es länger als das übrige Fleisch braucht.

Zutaten für 6 - 8 Personen:
400 g nicht zu fettes Beinfleisch (oder, wer es besonders mager will, flache Rinderschulter)
400 g Schweineschulter
400 g Lammschulter
250 g mild geräuchertes Wammerl (kann man auch weglassen; falls zu kräftig geräuchert, kurz blanchieren)
250 g Karotten
250 g Knollensellerie (eventuell auch einige Petersilienwurzeln)
500 g fest kochende Kartoffeln
1 kleiner Kopf Weißkohl oder Wirsing
300 g Zwiebel
50 g ungeräucherter frischer Speck oder Ochsenmark
4 Markknochen
Meersalz
Pfeffer aus der Mühle
ca. 3/4 l Rinderbrühe
1 Prise Paprikasalz (etwas grobes Salz mit Paprikapulver vermengen)
1 Prise Muskat
1 Bund glatte Petersilie

Außerdem:
Alufolie
ca. 200 g fester Teig, aus Mehl und Wasser angerührt

Zubereitung:

1. Fleisch in etwa 3 cm große Stücke schneiden.
2. Wurzelgemüse und Kartoffeln schälen, waschen und in 1 1/2 cm dünne Scheiben schneiden. Die äußeren Blätter des Weißkohls entfernen, Kohlkopf in einzelne Blätter reißen. Strunk entfernen, Blätter in etwa 4 cm große Quadrate schneiden. Zwiebeln schälen, halbieren und in dünne Scheiben schneiden.
3. Den fetten Speck fein schneiden bzw. hacken. Das Mark aus den Knochen schieben, wässern und in 1/2 cm dicke Scheiben schneiden (kann auch einfach weglassen werden). In einem gusseisernen Topf oder Tongeschirr mit Deckel den fein gehackten Speck zerlaufen lassen und die Fleischstücke darin rasch anbraten, herausnehmen, kurz Karotten und Sellerie anschwenken, ebenfalls herausnehmen. Fett nicht abschütten!

4. Darin jetzt die Zwiebel hellbraun anschwitzen. Schichtweise Gemüse, Kartoffelscheiben, Fleisch (zuerst Rind), Zwiebelscheiben in den Topf legen, salzen (nicht zu viel, da auch Salz im Wammerl ist), pfeffern und so fortfahren. Das geräucherte Wammerl kommt in die Mitte. Nun mit der gewonnenen, abgeschmeckten Rinderbrühe (siehe Trick) auffüllen. Mit einer Lage Kartoffeln abschließen, mit Markscheiben belegen und mit Paprika salz bestreuen. Zum Kochen bringen, mit Alufolie abdecken, Deckel darauf geben, fest verschließen und im vorgeheizten Ofen bei 180 Grad etwa 45 Minuten langsam vor sich hin köcheln lassen. Am besten dichtet man mit einem homogenen Teig ab, damit kein Dampf entweicht. 10 Minuten ruhen lassen, Teig entfernen, mit Salz, Pfeffer und Muskat abschmecken und mit viel frisch gehackter Petersilie bestreuen. Vorsichtig vermengen und servieren.

Kirrweiler Mandelberg

Weißburgunder, Spätlese, trocken
Weingut Bergdolt St. Lamprecht, Pfalz
2001

Die Bergdolt'schen Weißburgunder sind nicht nur im Weingut selbst die Paradestücke, sie zählen im ganzen Land zum Besten, was aus dieser Rebsorte produziert wird. Dementsprechend begeistert reagiert die Fachpresse. Stuart Pigott schreibt: »Sie waren und sind die größten Weine dieser Sorte in ganz Deutschland und gehören somit zu den besten ihrer Art weltweit.« Das Klostergut St. Lamprecht ist seit fast 250 Jahren im Besitz der Familie Bergdolt und wird heute in der achten Generation von den Brüdern Rainer und Günther sehr erfolgreich bewirtschaftet. Auf 23 Hektar Rebfläche stehen neben einem Drittel Weißburgunder in erster Linie Riesling, Silvaner und Spätburgunder. Die Sekte zählen zu den feinsten im Lande. Voraussetzungen für die authentischen Weine sind umweltschonender Anbau, geringe Erträge, strenge Selektion der Trauben und schonende Verarbeitung im Keller. Unser Beispiel: Duftiges Aroma von Akazien- und Weißdornblüten. Reife Äpfel, Williamsbirnen, Fenchel. Im Mund erfrischend, saftig, harmonisch mit feinem Spiel.
8,80 Euro

2002 Nachlese

»St. Lamprecht, Weißburgunder, Spätlese,trocken«: Hier spielt der Paragrafenteufel übel mit. Dieser 2002er kommt aus der selben Lage wie sein Vorgänger, darf aber nicht mehr so bezeichnet werden, weil der Lagenname jetzt zur Abfüllung des »Großen Gewächs« verwendet wird. Was für ein Schwachsinn! Egal, der Wein präsentiert sich mit ähnlichen Aromen und einer Geschmacksvielfalt. Er zählt wieder zum Besten!
9,– Euro
Bezug über: Weingut Bergdolt

Bohneneintopf

Der Trick Zum Schluss noch einige Spritzer Obstessig.

Zutaten für 2-4 Personen:
100 g gekochtes Wammerl (1 cm große Würfel)
1 EL Öl
160 g weiße Zwiebeln
2 Knoblauchzehen
350 g ausgelöste Lammschulter (2 cm große Würfel)
Brühe
1 Schalotte, gespickt mit 3 Nelken und einem Lorbeerblatt
Bouquet garni aus Bohnenkraut, Dill- und Petersilienstängel, in weißes Lauchblatt gewickelt
4 geviertelte Kartoffeln à 60 g
1 mittelgroße Karotte
60 g englisches Sellerieherz (je 1 cm große Würfel)
350 g frische Feuerbohnen (entkernt, 160 g netto)
150 g Bobbybohnen in 3 cm langen Stücke
15 schwarze Pfefferkörner (in einer Teflonpfanne angeröstet, dann im Mörser zerstoßen)
Dill
Bohnenkraut
Obstessig

Zubereitung:

1. Wammerlwürfel langsam in Öl anbraten, mit Zwiebeln und Knoblauch ohne Farbe anschwitzen.
2. Nach 5 Minuten Lammwürfel beigeben und 10 Minuten andünsten. Nun mit kochend heißer Brühe auffüllen, salzen, mit gespickter Schalotte sowie Bouquet garni köcheln lassen. Schaum abschöpfen.
3. Nach weiteren 15 Minuten Kartoffeln und Karotten- und Selleriewürfel beigeben, nach 30 Minuten Feuerbohnenkerne sowie die grünen Bohnen (zuvor in stark gesalzenem Wasser al dente gekocht). Nach einigen Minuten Köcheln zerstoßenen Pfeffer, Obstessig gezupften Dill und fein gehacktes Bohnenkraut beigeben.

Extratipp:
Wenn die Wammerlwürfel zu stark geräuchert sind, vor der Zubereitung kurz aufkochen, kalt abspülen und trockentupfen.

Stettener Mönchberg

Trollinger, trocken »S«
Weingut Karl Haidle, Stetten, Württemberg
2000

Zugegeben: Ich gehöre seit langer Zeit zu jenen Weintrinkern, die dem Trollinger als Rotwein, trotz meiner schwäbischen Herkunft, Jahr für Jahr mit Skepsis begegnen. Die Schwaben in meinem Freundeskreis, deren Nationalgetränk ich immer wieder heftig kritisierte, ließen nicht locker, bis auch ich davon überzeugt war, dass es doch ganz gute Trollis gibt. Der trockene Stettener Mönchberg »S« 1999 von Hans Haidle hat mir sogar so gut geschmeckt, dass ich Herrn Haidle seine letzten Flaschen abschwatzte. Jetzt gibt es den 2000er als Nachfolger. Sicher noch sehr jung und nicht ganz vollmundig. Etwas kühler temperiert, 12 bis 14 Grad, lässt er sich sehr angenehm trinken, besonders im Freien bei sommerlichen Temperaturen. Ich bin versöhnt mit dem schwäbischen Nationalgetränk. Kein Rotwein, den man mit irgendeinem anderen Roten vergleichen kann. Aufgrund seiner Farbe könnte er eher ein Roséwein sein. Kein Wein, der nur zur Vesper schmeckt. Sauerkirsch- und Mandelnoten im Vordergrund, rote Johannisbeere, kernige Säure, leichte Struktur, reif, saftig, unkompliziert.
13,90 Mark

2002 Nachlese
Der 2002er muss ein guter Jahrgang für Haidles Trollinger gewesen sein, denn auf dem Etikett stehen stolze 13 Volumenprozent Alkohol. Heftig, für die ansonsten als »leicht« bekannte Rebsorte. Hellrote Farbe, duftig, blumig im Bouquet. Erdbeere, Johannisbeere, Rote Bete, Tomate, lila Flieder. Rund am Gaumen, reife Säure, leicht strukturiert.
8,60 Euro
Bezug über: Weingut Karl Haidle

Hauptspeisen

Bachforellenfilet in Kräuter-Sahne-Sauce

Der Trick Das Garen in der Kräuter-Sahne-Sauce!

Zutaten für 2 Personen:
1 Bachforelle (ca. 400 g brutto; alternativ auch Lachsforelle, Saibling oder Renke)
Salz
etwas Zitronensaft
15 g Butter
1 fein geschnittene Schalotte (15 g)
4 Champignons (50 g), in feine Scheiben geschnitten
60 ml trockener Riesling
125 ml Sahne
Pfeffer
Cayennepfeffer
je 1 EL fein gezupfter Dill und Kerbel sowie fein gehackte Petersilie und Estragon

Außerdem:
Alufolie

Zubereitung:

1. Ofen auf 200 Grad vorwärmen. Die küchenfertigen Forellenfilets – ohne Haut – auf beiden Seiten mit Salz bestreuen und mit etwas Zitronensaft beträufeln, mit Alufolie abdecken und etwa 20 Minuten kalt stellen.

2. Butter hell aufschäumen lassen, fein geschnittene Schalotte beigeben und leicht anschwitzen. Champignonscheiben beigeben, mit Zitronensaft beträufeln und mit Riesling auffüllen. Zur Hälfte einkochen lassen, mit Sahne auffüllen, mit Salz, Pfeffer, Cayennepfeffer pikant abschmecken. Dill, Kerbel, Petersilie und Estragon beigeben und einmal aufkochen lassen.
3. Filets einlegen und etwa 5 Minuten unter ständigem Übergießen im vorgeheizten Ofen rosa gar ziehen lassen. Filets mit einer Palette umdrehen und weitere 5 Minuten ziehen lassen, mit der schönen Seite nach oben auf heißen Tellern platzieren und mit der heißen Kräuter-Riesling-Sauce übergießen. Dazu: mehlige Dampfkartoffeln und Blattspinat.

Ruppertsberger Linsenbusch

Riesling, Kabinett, trocken
Weingut A. Christmann, Gimmeldingen, Pfalz
2001

Die Pfalz, Deutschlands zweitgrößtes Weinanbaugebiet, erstreckt sich auf eine Länge von über achtzig Kilometern. Ihr Image als Schoppenweingebiet hat sie längst nicht mehr zu Recht, denn neben den großen Traditionsweingütern sind es vor allem kleine Familienbetriebe, die mit ihrer Qualitätspolitik den Anschluss an Deutschlands Spitzenweine geschafft haben. Die Region Mittelhardt, ein lang gestreckter Hügelrücken von Grünstadt bis Neustadt, ist traditionell eines der besten Riesling-Anbaugebiete Deutschlands. Einer der Spezialisten in dieser Region ist Steffen Christmann, der das Weingut A. Christmann seit 1994 gemeinsam mit seinem Vater leitet. Ohne jegliche Sensationslust führten sie mit ihren erstklassigen Rieslingen aus allerbesten Lagen das Weingut in die deutsche Spitzenklasse. Kommentare wie »die trockenen Rieslinge der Christmanns sind derzeit kaum zu überbieten« oder der 2000er Königsbach Idig sei »Deutschlands bester trockener Riesling« bestätigen der ganzen Familie, dass sie auf dem richtigen Weg ist. Zur Bachforelle begeisterte mich der trockene Ruppertsberg Linsenbusch mit viel mineralischen und feinfruchtigen Aromen. Ananas, Apfel, Pfirsich, Limetten. Weißdorn und Akazienblüten. Im Gaumen saftig frisch, glasklar mit viel spritziger Säure, Kraft und Länge im Abgang.
8,18 Euro

2002 Nachlese
Kann mit seinem begeisterungsfähigen Vorgänger sehr gut mithalten. Ein Hauch Exotik macht sich breit. Reife Früchte wie Mango, Stachelbeere, Banane, Feigen, Aprikosen springen aus dem Glas. Rassiger, frischer Körper, kristallin, mit einer Spur weniger Säure als 2001. Langatmig im Gesamteindruck.
9,00 Euro
Bezug über: Weingut A. Christmann

Fischpflanzerl exotisch

Der Trick Das Senfpulver und die Paprikawürfel geben dem Ganzen den richtigen Pfiff. Trockentupfen des Kabeljaus ist sehr wichtig, ansonsten wird die Masse zu weich. Deshalb bevorzuge ich es, den Fisch zu dämpfen.

Zutaten für 4 Personen:
250 g Kabeljau-Rückenfilet
1/2 l Milch
1/2 Lorbeerblatt
1/2 Thymianzweig
Salz
3 schwarze Pfefferkörner
etwas Zitronensaft
200 g ausgelöstes Fleisch von der Stein- oder Tiefseekrabbe (King Crab Meat) oder 250 g ausgelöstes Krebsfleisch
1 weiße Zwiebel
1 Frühlingszwiebel
1 EL Staudensellerieblätter (die inneren gelben)
15 g Butter
je 1/2 TL Currypulver und fein geriebene Ingwerwurzel
je 20 g rote und gelbe Paprika geschält und gewürfelt
1 TL Koriandergrün
1 EL gehackte Petersilie
150 g fertige Mayonnaise
1 Eigelb
40 g frisch geriebenes Weißbrot
1/2 TL englisches Senfpulver
1/2 EL Weißwein
etwas Tabasco, alternativ Cayennepfeffer bzw. Worcestersauce oder frisch gemahlener weißer Pfeffer

Panade:
1- 1 1/2 EL Mehl
1 EL Milch
1 Prise Salz
2 Eier
40 g frisch geriebenes Weißbrot
4 EL Öl
50 g Butter

Zubereitung:
1. Kabeljau waschen und trockentupfen. Milch mit Lorbeerblatt, Thymianzweig, Salz und Pfefferkörnern aufkochen und darin den Kabeljau kurz pochieren oder dämpfen. Herausheben, auf Küchenpapier legen und etwas abkühlen lassen. Das Fleisch zerpflücken, in eine Schüssel geben und mit Zitronensaft beträufeln. Das Krabbenfleisch (ohne Flüssigkeit) leicht ausdrücken und ebenfalls zerpflücken bzw. Krebsfleisch in kleine Stücke schneiden.
2. Zwiebel schälen, Frühlingszwiebel und Sellerieblätter putzen, waschen und alles kleinwürfeln bzw. schneiden. Butter aufschäumen lassen, Currypulver, Ingwer, Paprikawürfel, Zwiebeln und Sellerieblätter andünsten. Koriander und Petersilie zugeben, kurz dünsten, von der Kochplatte nehmen. Abkühlen lassen.
3. Krabben- oder Krebsfleisch und Kabeljau locker mischen, dann das Gemüse vorsichtig unter die Mischung heben. Mayonnaise, Eigelb und geriebenes Weißbrot zugeben und alles zu einer lockeren Masse verarbeiten, dabei auf keinen Fall zu stark kneten!
   Mit Tabasco, Salz, in Wein angerührtem Senfpulver und Pfeffer pikant würzen. Die Masse 1 Stunde kalt stellen.

4. Aus der Fischmasse Pflanzerl formen, mit Mehl bestäuben und dann in mit Milch und Salz verquirlten Eiern und zum Schluss in den frisch geriebenen Weißbrotbröseln wenden. Panade leicht festdrücken, da die Masse sehr locker und deshalb äußerst behutsam zu behandeln ist.
5. Öl und Butter in einer beschichteten Pfanne erhitzen, die Pflanzerl von beiden Seiten goldgelb braten und heiß servieren. Dazu passt ein Salat aus Kopfsalatherzen, Spargelspitzen, Orangenfilets, Brunnenkresse und Estragonblättern, angemacht mit mildem Obstessig und feinem Pflanzenöl.

Greco di Tufo

Pietracupa
Montefredane, Kampanien
2001

Die Region Kampanien ist immer noch ein Stiefkind in der italienischen Weinszene. Es ist jedoch deutlich zu spüren, dass sich etwas zum Positiven verändert. Bleibt zu hoffen, dass es sich nicht allzu sehr nur in Richtung Moderne bewegt. Es wäre viel zu schade um all die Weinspezialitäten aus dieser Region. Greco di Tufo zum Beispiel ist die bekannteste DOC (kontrollierte Herkunftsbezeichnung) in Kampanien. Sie ist benannt nach dem im Zentrum des Anbaugebietes gelegenen Städtchen Tufo, Provinz Avellino, im Hinterland von Neapel. Die Rebsorte Greco ist griechischen Ursprungs und durch griechische Siedler seit dem 5. Jahrhundert vor Christus auch in Italien beheimatet. Die Azienda Pietracupa produziert auf sechs Hektar alle klassischen Weine dieser Anbauzone. Die Trauben, die sie noch vor wenigen Jahren an Abfüller verkauften, verarbeiten sie heute zu bestem Rebensaft. Der strohgelbe Greco ist mit seinem sortentypischen nussigen Aroma ein köstliches Beispiel. Feige, grüne Banane und Mandel begleiten den ausgewogenen, weich strukturierten Körper. Die stabile Säure verleiht ihm Frische und Saft. Das anhaltende Finale bestätigt die Klasse dieser alten Weinspezialität.
14,50 Euro

2002 Nachlese
Hellgelb mit leichtem Grünstich. Ausgeprägte, vegetale, pflanzliche Nase: Efeu, Farn, Zitronengras, glasierte Zwiebel, Sellerie, Schnittlauch, grüne Oliven. Dann aber auch Butterkuchen, Toast, Vanille und frisches Eichenholz. Die lebendige Säure steht noch etwas im Vordergrund, verleiht dem Wein aber gleichzeitig eine unerwartete Rasse.
14,50 Euro
Bezug über: Thomas Dutz Italienische Weine

Gebackener Karpfen mit grüner Sauce

Der Trick Durch den Tempurateig wird das Gericht kross, bleibt aber trotzdem leicht.

Zutaten für 4 Personen:
600 g geschuppter, filetierter Karpfen (netto)
Saft von 1 Zitrone
Salz
schwarzer Pfeffer aus der Mühle
100 g Tempurateigmehl (aus dem Asialaden oder der Feinkostabteilung im Kaufhaus)
160 ml Eiswasser
Pflanzenöl zum Frittieren

Grüne Sauce:
100 g Crème fraîche
2 EL Mayonnaise
1 TL Dijonsenf
1 Spritzer Zitronensaft
1 Spritzer Worcestersauce
1 Prise Cayennepfeffer
je 1 EL sehr fein gehackter Kerbel, Borretsch, Schnittlauch und Estragon
je 1 EL sehr fein gehackte glatte Petersilie und Zitronenmelisse
2 hart gekochte Eier (8 Minuten)

Zubereitung:

1. Karpfenfilets quer in 10 cm breite Stücke schneiden. Mit Zitronensaft beträufeln, 20 Minuten marinieren. Anschließend salzen und pfeffern.
2. Tempurateigmehl mit eiskaltem Wasser (einige Eiswürfel hineingeben!) anrühren.
3. Fischstücke durch den Teig ziehen. In heißem Pflanzenöl etwa 6 Minuten frittieren. Auf Küchenpapier abtropfen lassen.
4. Crème fraîche mit Mayonnaise und Senf anrühren. Mit Zitronensaft, Worcestersauce, Cayennepfeffer, Salz und Pfeffer abschmecken. Gehackte Kräuter unterheben. Die Eier fein hacken und zum Schluss hinzufügen.
5. Frittierten Fisch mit grüner Sauce auf Tellern anrichten. Dazu passt ein Kartoffelsalat mit Feldsalat.

Extratipp:
Wer will, kann den Fisch auch asiatisch marinieren – in Sojasauce und Ingwer.

Were Dreams, Now it is Just Wine!

Bianco IGT
Silvio Jermann, Villanova di Farra, Venezia Giulia
2000

Silvio Jermann, der Weißweinstar aus Villanova di Farra im Süden des Friaul, spielt gern den Vorreiter seiner Branche. Sei es bei gesetzlichen Herkunftsbezeichnungen, die er kurzerhand auf den Rücken seiner Weinflaschen verbannte, sei es bei der Namensgebung oder bei der Herstellung völlig neuer Weine, die auf Cuvées unterschiedlicher Rebsorten basieren. Als Silvio, ursprünglich Gegner von Weinen aus neuen Eichenfässern, seinen ersten »Where The Dreams Have No End«, einen Chardonnay aus dem Barrique, präsentierte, überraschte er seine Fans ein weiteres Mal. Für den ungewöhnlichen Titel stand das U2-Lied »Where The Streets Have No Name« Pate. Wovon Silvio träumte, als er diesen Wein kreiert hat, liegt auf der Hand: Die berühmten Vorbilder aus Frankreich – Montrachet, Meursault und Corton-Charlemagne – ließen ihn, wie viele Winzer rund um den Erdball, nicht ruhen, bis eine adäquate Kopie entstanden war. Das war 1987. Mit dem 2000er ist sein Traum Realität geworden. Allerdings mit eindeutig frankophiler Note. In der dezenten Nase feine Frucht von Melone, Nektarine, Vanille. Im Mund ein breites Spektrum aus Röstaromen von Toast, Mokka, Karamell, Butterscotch. Frische, lebendige Textur mit Fülle und Nachdruck.
37,– Euro

2001 Nachlese
Exotischer Fruchtcocktail gepaart mit Röstnoten, Karamell, Vanilleschote und weißer Schokolade. Fetzige Säure, die ganz unerwartet auftritt; langatmig mit viel Kraft und Nachdruck.
37,– Euro
Bezug über: Feinkost Farnetani

Suprême vom Saibling in Kräutern und Rieslingsauce

Der Trick Das Garziehen der Filets im Bratschlauch mit Butter, Salz, Weißwein und etwas Fischsud.

Zutaten für 2 Personen:
1 Saibling (450 g brutto)
Butter für die Form
Salz
etwas Weißwein
etwas Zitronensaft

Fischsud:
1 Frühlingslauch
einige Stiele von den Kräutern der Rieslingsauce
5 g Butter
100 ml Weißwein
1 Prise Salz

Rieslingsauce:
1 geschälte Schalotte
1 EL Estragonessig
100 ml Riesling
100 ml Sahne
Salz
Cayennepfeffer
etwas Zitronensaft
1 Spritzer Worcestersauce
2 EL fein geschnittene Kräuter (Kerbel, Dill, Estragon, Schnittlauch)
1 TL fein geriebener Meerrettich

Zubereitung:

1. Für den Fischsud Gräten und Kopf des Saiblings zerkleinern und Frühlingslauch in Scheiben schneiden. Zusammen mit den Kräuterstielen in Butter langsam anschwitzen. Mit Weißwein und etwas Wasser bedecken und zum Aufkochen bringen. 1 Prise Salz dazugeben, den Topf mit einem Teller bedecken und den Sud dann 20 Minuten ziehen lassen.
2. Für die Rieslingsauce Schalotte fein schneiden und mit Estragonessig im Riesling langsam und fast gänzlich einköcheln lassen. 2 EL Fischsud, Sahne, Salz, Cayennepfeffer, Zitronensaft und Worcestersauce beigeben und sämig kochen. Mit etwas Fischsud aufgießen.
3. Für das Dünsten der Saiblingsfilets einen Bratschlauch mit Butter ausstreichen und mit Salz bestreuen. Weißwein, etwas Fischsud und Zitronensaft untergießen. Filets obenauf mit Salz bestreuen, in den Bratschlauch legen und im vorgeheizten Ofen bei 140 Grad rosa garen.
4. Haut der Filets abziehen, Filets auf heiße Teller geben und mit Salz bestreuen. Sauce heiß schlagen, Flüssigkeit vom Dünsten, Meerrettich und Kräuter beigeben (nach Zugabe der Kräuter darf die Sauce nicht mehr kochen). Filets mit der Sauce begießen. Mehlige Dampfkartoffeln oder knackige Gemüsestreifen (Mangold) passen hervorragend als Begleiter.

Extratipp:
Wer keine Schalotten mag, passiert die Sauce vor dem Beigeben der Kräuter. Man kann die Filets auch auf beiden Seiten kurz anbraten.

Der Wein vom Stein

Riesling, Qualitätswein, trocken
Ludwig Neumayer, Traisental
2001

Westlich von Wien und nördlich von St. Pölten liegt das niederösterreichische Weingebiet Traisental. Ursprünglich zählte es zum Donauland und wurde erst 1995 als eigenständige Region geschaffen. Das Traisental ist somit Österreichs jüngstes Weinbaugebiet. Ludwig Neumayer war einer der Initiatoren für die neue Selbständigkeit. Ihm gebührt zweifellos das Verdienst, das Potenzial dieses Gebiets lange vor der Gründung aufgezeigt zu haben. Auf seinen acht Hektar Rebfläche hat Neumayer unterschiedlichste Böden – Kalk-, Löss- bis hin zu schwerem Lehmboden –, auf denen er eine Palette verschiedenster Rebsorten anbauen kann. Erstaunlich dabei ist die durchgehende Qualität im gesamten Programm – ohne Ausrutscher nach unten beim Grünen Veltliner, Riesling, Weißburgunder, Chardonnay oder Sauvignon. Neumayers Geheimnis für seine dichten, erstklassigen Weine liegt vermutlich auch in seiner sehr späten Ernte. Der Jahrgang 2001 ist laut Neumayer einer der besten, die er je geerntet hat. Und das kann man schmecken: Zum Saibling habe ich mich für den Riesling vom Stein entschieden. Die Größe dieses Weines liegt nicht nur in seinem komplexen Duft nach Pfirsichen, Äpfeln, Holunder- und Birnenblüten, sondern auch in Transparenz und klirrender Klarheit im Geschmack. Ein beispielhafter Riesling mit Schmelz, festem Nachdruck und finessenreichem Spiel.
15,– Euro

2002 Nachlese
Traumhaft duftiges Bouquet: Ananas, Limetten, Orangenschale, Grapefruit, Mirabellen. Saftiger Gaumen, perfektes Säurespiel, langes Finale mit viel Finesse.
15,50 Euro
Bezug über: Weingut Ludwig Neumayer

Mittelmeer-Drachenkopf

Der Trick Das gemeinsame Garen von Kartoffeln und Fisch fördert die Harmonie des Gerichts.

Zutaten für 2 Personen:
1 Drachenkopf à 800 g (netto 700 g)
etwas Zitronensaft
Olivenöl
12 Fenchelsamen
2 mehlige Kartoffeln à 170 g
1 Thymianzweig
Meersalz
Pfeffer aus der Mühle
10 Knoblauchzehen in der Schale
1 Zitrone
1 kleines Bund glatte Petersilie
eventuell schwarze Oliven

Zubereitung:

1. Drachenkopf vom Fischverkäufer schuppen, ausnehmen, waschen und für die Zubereitung à la plancha vorbereiten lassen (von der Innenseite aufklappen, die Flossen bleiben dran).
2. Zu Hause Fisch mit Zitronensaft, Olivenöl, Fenchelsamen einreiben, mit Klarsichtfolie abdecken und etwa 1 Stunde im Kühlschrank marinieren lassen.
3. Den Backofen auf 220 Grad vorheizen. Kartoffeln schälen und in 1 1/2 cm dicke Scheiben schneiden, in kochendes Salzwasser mit Thymianzweig geben und etwa 3 Minuten kochen, auf ein Sieb zum Abtropfen schütten. Wichtig: auf gar keinen Fall kalt abspülen!

4. 3 - 4 EL Olivenöl auf ein Backblech geben, ins Rohr schieben, erhitzen (jedoch nicht rauchend). Kartoffelscheiben darauf ausbetten, die Knoblauchzehen anklopfen und dazugeben, den Drachenkopf auf beiden Seiten mit Meersalz und Pfeffer bestreuen, flach ausgebreitet auf die Kartoffelscheiben platzieren. Mit Olivenöl beträufeln und 15 - 20 Minuten ins heiße Rohr schieben. Wenn nötig mit etwas Fischfond (aus den Gräten gekocht) oder Wasser am Rande angießen.
5. 3 Minuten vor Ende der Garzeit Petersilie grob schneiden, darüber streuen und immer wieder mit Saft beträufeln.
6. Den Fisch der Länge nach halbieren. Kartoffelscheiben auf heiße Teller anordnen, Fischhälften darauf legen, mit etwas grobem Meersalz bestreuen, einige Spritzer Zitronensaft darüber träufeln, zum Schluss etwas von der Flüssigkeit und etwas Olivenöl darüber geben. Die Backen sind eine Delikatesse. Je nach Geschmack mit schwarzen Oliven servieren.

Pouilly-Fuissé »En Buland«

Vieilles Vignes
Daniel Barraud, Vergisson, Burgund
2000

Die beiden Weine Pouilly-Fuissé und Pouilly-Fumé sind weder verwandt noch verschwägert, und dennoch unterliegen sie einer permanenten Verwechslungsgefahr. Zur Klärung aller Missverständnisse: Pouilly-Fumé ist ein Sauvignon Blanc von der Loire, Pouilly-Fuissé ein reiner Chardonnay aus dem südlichen Burgund, dem Mâconnais. Und von dort habe ich noch keinen Besseren verkostet als den 2000er En Buland der Domaine Barraud. Das Weingut wurde vor zwanzig Jahren von Martine und Daniel Barraud übernommen. Knapp 3,5 Hektar Rebfläche stammten aus dem Familienbesitz, 3,5 weitere wurden gepachtet und dazu erworben. Die Rebflächen befinden sich in den Anbaugebieten Mâcon, St. Véran und Pouilly-Fuissé. Die Spitze der Produktion bilden die Weine aus den kalkhaltigen Lehmböden der Einzellagen Les Crays sowie En Bulland die Rebstöcke sind im Durchschnitt über siebzig Jahre alt, dementsprechend klein sind dann die Erträge. Die gewissenhafte Arbeit der Barrauds zeigt sich bei jedem Schluck. Duftigkeit, Vielschichtigkeit, Harmonie und Tiefe sind die Merkmale dieses blutjungen und dennoch wunderbar schmeckenden Weines. Selbst nach vier Tagen ist der Wein einer geöffneten Flasche frisch, fruchtig, noch duftend nach Akazien, Lindenblüten, Zitronenmelisse, Aprikosen, Birnen. Gemessen an seiner Qualität zahlt man halb so viel wie für einen annähernd gleich guten, berühmten Burgunder.
21,– Euro

2001 Nachlese

2001 bestätigt die kompromisslose Qualitätspolitik. Weißer Flieder, Kaktusblüte, Grapefruitschale, Limette, grüne Banane. Im Geschmack knackig frisch, mineralisch, leicht betonte Barrique-Note mit weichem, vanilligem Finale. Steht auf gleicher Qualitätsstufe wie 2000.
21,50 Euro
Bezug über: Weine Wolfgang Wuttke

Rotbarbe mit Tomaten-Gurken-Tatar

Der Trick Wenn man die Rotbarbe nur auf der Hautseite brät, bleibt sie schön saftig.

Zutaten für 4 Personen:
4 frische Rotbarben
à 180 g (filetiert und geschuppt)
12 Fenchelsamen
einige Thymianzweige
1/2 Zitrone
2 EL Olivenöl

Tapenade (Olivenpaste):
10 kleine schwarze Oliven
12 Kapern
2 Sardellenfilets in Öl
1 kleine Knoblauchzehe
2-3 EL Olivenöl
Salz
Pfeffer
Zitronensaft

Tatar von Tomaten und Gartengurken:
2 reife Eiertomaten
1 kleine Gartengurke
1 Frühlingszwiebel
1/2 Knoblauchzehe
Estragon
Estragonessig
Zitronensaft
2 EL Olivenöl
2 Auberginen à 200 g, jeweils in 2 cm dicke Scheiben geschnitten (ich bevorzuge die kurzen, runden Auberginen)
etwas Olivenöl

Zubereitung:

1. Rotbarbenfilets mit Fenchelsamen, Thymian, etwas Zitronensaft und dem Öl 2 Stunden abgedeckt kalt stellen.
2. Zutaten für die Tapenade in kleine Würfel schneiden, mit Olivenöl, Salz, Pfeffer und Zitronensaft abschmecken.
3. Für das Tatar Tomaten- und Gurkenwürfel mit Frühlingszwiebel, Knoblauch, fein geschnittenem Estragon, Essig, Zitronensaft, Olivenöl und Gewürzen pikant abschmecken. Auberginenscheiben langsam in einer Teflonpfanne mit etwas Öl beidseitig hellbraun und weich braten, salzen und anschließend auf Küchenpapier legen.
4. Rotbarbenfilets trockentupfen, auf der Hautseite kurz braten, mit grobem Meersalz bestreuen, umdrehen und mit der Tapenade auf den mit dem Tatar bestrichenen Auberginenscheiben anrichten. Ruhig etwas mehr Tapenade zubereiten, sie schmeckt auch auf getoastetem Brot sehr gut und hält sich ohne weiteres ein, zwei Wochen im Kühlschrank.

Extratipp:
Die Leber der Rotbarbe ist übrigens eine Delikatesse.

Franciacorta Bianco

Az. Agr. Bellavista, Erbrusco, Franciacorta

2000

Zwischen Bergamo und Brescia liegt Franciacorta, ein Weinbaugebiet, das in erster Linie für seine Schaumweine berühmt ist. Seit Jahren werden hier die besten Spumanti Italiens produziert. Kellereien wie Ca' del Bosco und Bellavista kämpften früher hartnäckig um Auszeichnungen, Anerkennung und Absatzgebiete. Inzwischen ist etwas Gelassenheit eingekehrt. Und doch: Auf Bellavista, so scheint mir, ist man nicht wirklich zur Ruhe gekommen. Der unermüdliche Geist des Önologen Mattia Vezzola sucht nach letzten Möglichkeiten, die Qualitäten seiner Weine zu verbessern oder zu ergänzen. Dabei ist in Fachkreisen längst bekannt: Italiens beste Blasen (Spumanti) kommen derzeit von Bellavista. Die hervorragenden Stillweine aus demselben Hause werden dadurch oft vergessen. Spätestens bei einem passenden Gericht wie der Rotbarbe aber sollte man sich unbedingt an sie erinnern: Der einfache Bianco aus der Franciacorta zum Beispiel ist ein Chardonnay mit einem kleinen Anteil Pinot Bianco. Im Duft sehr dezent, verhalten, um nicht zu sagen: noch verschlossen. Würzige Muskatnusstöne, blumige Noten im Hintergrund, eingelegte schwarze Oliven, vegetale Ansätze; eine Stunde nach dem Dekantieren stellt sich ein Touch Exotik ein. Laut Gambero Rosso, der italienischen Weinbibel, ist ohnehin jeder Wein oder Schaumwein aus diesem Haus ein Goldstück.

19,90 Mark

2002 Nachlese

Eine kleine Fruchtbombe steigt aus dem Glas: Banane, Birne, Pfirsich, Mirabelle und Zitrusfruchtnuancen; Wiesenblumen sowie eine zarte Holznote. Nussiger Gaumen, lebendige Säure, frischer Geschmack mit ausgeprägter Länge im Nachklang.

11,99 Euro

Bezug über: Feinkost Farnetani

Sardinen-Escabeche

Der Trick Die Sardinengräten und -köpfe nicht wegwerfen, sondern einen Sud damit zubereiten!

Zutaten für 4 Personen:
12 kleine Sardinen von absoluter Frische (vom Fischhändler filettieren lassen)
50 g klein gewürfelter Staudensellerie
50 g grob geschnittene Karotten
30 g fein geschnittener Lauch
50 g klein gewürfelte Zwiebel
2 Thymianzweige
1 Lorbeerblatt
12 EL Olivenöl
4 EL Sherryessig
10 Fenchelsamen
10 zerstoßene weiße Pfefferkörner
Salz
Pfeffer aus der Mühle

Außerdem:
4 Lauchzwiebeln, in Ringe geschnitten
2 Chilischoten, entkernt, in feine Ringe geschnittene
75 g dicke Bohnen (150 g brutto), blanchiert und gehäutet

Zubereitung:

1. Sardinen bis zur Verarbeitung im Kühlschrank aufbewahren. Staudensellerie, Karotten, Lauch, Zwiebel, Thymian und Lorbeerblatt in 2 EL Olivenöl anschwitzen. 8 EL Öl langsam nachgießen. Sardinenköpfe und -gräten waschen und dazugeben. Bei niedriger Temperatur etwa 10 Minuten mitgaren. Danach alles abkühlen lassen.
2. Abgekühlte Mischung mit Sherryessig, 4 EL Wasser, Fenchelsamen und Pfefferkörnern aufkochen. Salzen. 24 Stunden im Kühlschrank ziehen lassen.
3. Am nächsten Tag Flüssigkeit vorsichtig durch ein Sieb passieren. Sardinenköpfe und -gräten entfernen. Gemüse aufheben.
4. Sardinenfilets wenig mit Salz und Pfeffer würzen, in 2 EL Olivenöl nur auf der Hautseite braten. Ölsud erhitzen. Sardinenfilets in eine flache Schüssel legen. Mit heißem Sud übergießen und mindestens 24 Stunden ziehen lassen.
5. Auf kalten Tellern servieren. Mit dem marinierten Gemüse, den Lauchzwiebelringen und Chiliringen garnieren. Dicke Bohnen anlegen.

L'Alycastre Blanc

Domaine de la Courtade, Porquerolles, Côtes de Provence

2001

Bei der Weinherstellung an der Côtes de Provence hat sich in den letzten zwei Jahrzehnten erfreulich viel zum Positiven verändert. Fast ist sie vorbei, die Zeit, in der unendlich viele restsüße Roséweine und derbe, rustikale Rotweine produziert wurden. Dazu beigetragen haben Menschen wie der Elsässer Richard Auther, der in Paris als Architekt arbeitete und irgendwann seine Leidenschaft für Wein entdeckte. Auf die Île de Porquerolles, südlich von Toulon, ist er wegen der der Möglichkeit zum Weinbau gekommen. Das war vor 25 Jahren. Dennoch tuschelten schon damalsWeinjournalisten, als sein erster Wein noch in den Fässern gluckerte, über jene Weine, die in naher Zukunft zu den Besten der Provence zählen sollten. Auther hat sein Ziel erreicht und verbessert die Qualität seiner 25 Hektar Weinberge seit 1999. Dabei verzichtete er komplett auf Herbizide, Fungizide und Pestizide. Der weiße L' Alycastre, zu hundert Prozent aus der Rebsorte Rolle (Vermentino), verkörpert den Charakter eines mediterranen Weines durch und durch – mineralische, jodhaltige Aromen werden durch Nuancen von grüner Banane und Aprikose unterstützt. Weiße Blüten, Heu und Farn ergänzen das Ganze. Im Mund lebt eine kesse Säure, die dem Wein Feinheit gibt und nachhaltig schmeckt.
9,– Euro

2002 Nachlese

Schon der Duft dieses frischen Weines weckt Erinnerungen an Sommer, Sonne, Sand und Meer. Zitronengelbe Farbe, extreme blumige Noten wie Akazien, Margeriten, Lilien, Lindenblüten und Weißdorn. Frische Gräser und mineralische Töne begleiten eine markante, anregende Säure, die an Limetten und Zitronen denken lässt.
9,50 Euro
Bezug über: Walter & Benjamin

Muscheln in Kokosmilch

Der Trick Das Anschwitzen von Ingwer, Knoblauch, Zitronengras und Zitronenblättern setzt ihre ätherischen Öle und Aromen frei.

Zutaten für 4 Personen:
1 kg Miesmuscheln (z. B. Bouchot)
1 Stange Zitronengras
2 mittelgroße Zitronenblätter
1 kleines Stück Galgantwurzel (ca. 8 g, falls vorrätig)
1 haselnussgroßes Stück frischer Ingwer, geschält
2 mittelgroße Knoblauchzehen
2 Schalotten (100 g)
1 EL Pflanzenöl
1 TL rote Currypaste (im Asialaden erhältlich)
100 ml Wasser
100 ml Weißwein
1 Dose ungesüßte Kokosmilch (200 ml)
Fischsauce zum Würzen (im Asialaden erhältlich)
Saft von 1/2 Limette
1 Prise Zucker
1 TL Orangencurry (im Asialaden erhältlich)
3 frische Thaibasilikumzweige, abgezupft, etwa 10 große Blätter

Zubereitung:

1. Miesmuscheln unter fließend kaltem Wasser gründlich abbürsten und den Bart entfernen (bereits aufgesprungene Muscheln vorher aussortieren).
2. Vom Zitronengras unteren Ansatz abschneiden und das dickere Ende mit dem Messerrücken flach klopfen. Die Stange in etwa 4 cm lange Stücke schneiden. Zitronenblätter in grobe Stücke zupfen. Galgantwurzel schälen und in dünne Scheiben schneiden. Ingwer, Knoblauch und Schalotten schälen und in feine Würfel schneiden.
3. Pflanzenöl in einem Topf von 24 cm Durchmesser erhitzen, Ingwer-, Knoblauch- und Schalottenwürfel darin etwa 3 Minuten goldbraun braten, Miesmuscheln, Zitronengras, Zitronenblätter, Galgantscheiben und Currypaste dazugeben, kurz mitrösten und mit Wasser und Wein aufgießen. Mit einem Deckel abdecken und etwa 3 Minuten köcheln lassen. (Die Muscheln springen unter starker Hitzeeinwirkung auf.)

4. Kokosmilch dazugießen und weitere 3 Minuten bei geringer Temperatur köcheln lassen. Mit einigen Spritzern Fischsauce (alternativ Sojasauce oder Salz), Limettensaft, Zucker und Orangencurry würzen und kurz vor dem Servieren die abgezupften Thaibasilikumblätter unterheben.
5. Muscheln mit dem Kokossud in vorgewärmten tiefen Tellern oder Schälchen servieren – Zitronengras, Zitronenblätter und Galgant sind reine Aromageber und werden daher nicht mitgegessen. Muscheln, die beim Kochen nicht aufgesprungen sind, unbedingt aussortieren.

Tilly's Vineyard

Barossa Valley
Henschke, Keyneton, Barossa a Valley
1999

Australische Weine geraten dank des sanften Klimas und modernster Ausbaumethoden häufig geradezu perfekt, makellos und glatt wie bildhübsche Supermodels. Dass diese Supermodels – von den sündteuren Mikrovinifikationen und Garagenweinen einmal abgesehen – dazu noch vergleichsweise günstig sind, erklärt ihren Erfolg. Das weltberühmte Weingut von Prue und Stephen Henschke (1868 gegründet) zählt zu den ältesten Betrieben des Kontinents und auch zu seinen allerbesten. Der historische Tilly's Vineyard ist benannt nach einer Großtante der Henschkes; sie war die Frau von Gustav, der dort schon vor etwa hundert Jahren Sémillon-Reben anpflanzte. Tilly's liegt im Eden Valley, in den Barossa Ranges, fünfzig Kilometer nördlich von Adelaide. Der Wein ist eine Cuvée aus siebzig Prozent Sémillon, zwanzig Prozent Chardonnay, zehn Prozent Sauvignon Blanc.

Delikates Bouquet, Quitten, Marillen, Zitronengras, Limetten, Honig, Vanille, Kokos. Leichte Barrique-Noten, die von einem Hauch Harz begleitet sind. Die frische Säure sorgt für Länge im Nachklang.
13,50 Euro

2002 Nachlese
Würziges Aroma, das mit einer Menge Kräutern in die Nase steigt. Exotische Früchte mit Zitrusnoten werden von einer erstaunlichen Säure, die beinahe künstlich wirkt, begleitet. Die Barrique-Noten brauchen noch etwas Zeit zur Entwicklung, stören aber keineswegs. Schade, dass ein solcher Wein mit einem Schraubverschluss zum hektischen Austrinken verführt, da keiner weiß, wie er sich unter diesen Umständen entwickeln wird.
19,95 Euro
Bezug über: Hertie Markthallen

Gambas-Geröstel mit Blumenkohl und Kartoffeln

Der Trick Gambas unbedingt mit Schale und Kopf kaufen, damit lässt sich ein wunderbarer Krustentiersud kochen.

Zutaten für 4 Personen:
20 mittelgroße Gambas ohne Schale, alternativ Krebsschwänze
250 g kleine mehlige Kartoffeln
1 mittelgroßer Blumenkohl (etwa 350 g)
50 ml Olivenöl
Salz
Pfeffer
Meersalz
30 g Frühlingszwiebel
100 g Erbsen
1 Msp. Curry
1 Msp. gehackter Kümmel
gehackte glatte Petersilie
60 g Butter
150 ml Krustentiersud

Zubereitung:

1. Kartoffeln in Salzwasser nicht zu weich kochen. Wasser abschütten, Kartoffeln schälen und in Scheiben schneiden.

2. Blumenkohl in größere Röschen schneiden, in Salzwasser bissfest kochen.
3. Gambas etwa 4 Minuten in Olivenöl auf beiden Seiten anbraten, abkühlen, schälen.
4. Olivenöl in einer Pfanne leicht erhitzen, Blumenkohl und Kartoffeln vorsichtig darin anbraten. Salzen und pfeffern. Das Gemüse an den Pfannenrand schieben und nun die gebratenen Gambas in der Pfanne ansautieren.
5. Frühlingszwiebel in feine Scheiben schneiden, mit den Erbsen zu den Gambas geben. Curry, Kümmel und gehackte Petersilie zugeben und alles kräftig durchschwenken. Noch einmal abschmecken und auf vier Teller verteilen. Butter in der Pfanne schmelzen und mit dem Krustentiersud ablöschen. Kurz aufkochen lassen und über die Gambas gießen.

Spitzer Schlossgarten

Feinburgunder (Chardonnay), Smaragd
Franz Hirtzberger, Spitz, Wachau
2001

Gar nicht so einfach, über einen Winzer und seine Weine zu schreiben, über den schon alles und das in x-facher Ausführung gesagt und geschrieben wurde. Franz Hirtzberger wird in einem Atemzug mit den Wachauer Institutionen Josef Jamek, Emmerich Knoll und F. X. Pichler aufgezählt. Sein gepflegter Keller mit den großen alten Holzfässern ist bemerkenswert. Die Weine, in erster Linie Riesling und Grüner Veltliner, stehen in den besten Wachauer Lagen: Singerriedel, Hochrain und Honivogl. Vergleiche zu ziehen, hieße große Weine aus dem Burgund zu zitieren. Mit dem hier vorgestellten Chardonnay – die Wachauer nennen ihn liebevoll Feinburgunder – fällt mir das nicht schwer. Der Chardonnay wurde vor einem knappen Jahrzehnt neu gepflanzt. Sicherlich nicht wegen der damaligen Chardonnay-Hysterie, sondern weil diese Sorte auf den schweren Böden des Schlossgartens beste Voraussetzungen hat. Dass diese Entscheidung richtig war, zeigt spätestens der Jahrgang 2001. Ich kann mich nicht erinnern, jemals einen besseren Chardonnay getrunken zu haben, der nicht im Barrique ausgebaut war. Sein Qualitätsgeheimnis steckt sicher in Details, die im Weingarten beginnen und beim großen Holzfass enden. Hochreife Fruchtaromen von Äpfeln, Birnen, Quitten, Mangos, Mandarinen, Gewürzkürbis, Limetten, Wiesenblumen und noch viel mehr. Geballte Frische, Kraft und Schmelz im Mund mit einer zart nachklingenden CO_2-Note. Dicht gewebter Stoff, vielschichtig, mit Nachdruck und Rasse. Ach, wenn Chardonnay doch immer so wäre!
19,80 Euro

2002 Nachlese
Unterscheidet sich erstaunlich wenig von seinem Vorgänger. Die Fruchtaromen variieren zwar etwas, aber das liegt an der wesentlich jugendlicheren Flaschenreife. Grüne Banane und Williamsbirne dominieren im Moment das Fruchtbouquet. Konzentration und Fülle am Gaumen lassen keine Wünsche offen. Wiederum ein prächtiger Wein.
20,80 Euro
Bezug über: La Cave Steines

Bretonische Languste

Der Trick Aus den Karkassen der Krustentiere kann man einen wunderbaren Fond für Suppen, Saucen für Spaghetti oder Langustenbutter oder -öl zubereiten. Die exotischen Zutaten harmonieren perfekt mit der süßlichen Languste.

Zutaten für 2 Personen:
1 lebende bretonische Languste, ca. 600 g (wenn erhältlich, ansonsten eine andere Sorte)
2 EL Olivenöl
2 EL Butter
1 ungeschälte Knoblauchzehe
2 Stängel Basilikum
2 längliche Schalotten
4 dünne geschälte Scheiben Ingwer
4 cl Cognac
1/2 Glas Weißwein
2 cl Grand Marnier
200 ml Sahne
1 unbehandelte Orange, filetiert, sowie der aufgefangene Saft
1 Spritzer Zitronensaft
Salz
Pfeffer aus der Mühle
Cayennepfeffer
1 Msp. Curry
etwas fein gehackter Ingwer
1 EL geschnittenes Basilikum

Zubereitung:

1. Reichlich Salzwasser mit etwas Cayennepfeffer in einem großen Topf zum Kochen bringen und die Languste mit dem Kopf voran für 3 Minuten hineingeben, um sie zu töten. Herausnehmen, das Tier der Länge nach halbieren, Darm und Magen entfernen.

2. Olivenöl und Butter in einer Eisenpfanne erhitzen, Knoblauch, Basilikumstängel, Schalotten und Ingwer dazugeben, salzen und pfeffern. Languste zuerst mit der Fleischseite einlegen, etwa 3 Minuten pro Seite anbraten, mit Cognac ablöschen. Dann herausnehmen und warm stellen.
3. Den Bratensatz mit Weißwein ablöschen, Fond durch ein feines Sieb passieren, zurück in die Pfanne geben und einkochen lassen, Grand Marnier und Sahne angießen, Languste wieder einlegen, mit der Sauce begießen und mit Orangenfilets und -saft verfeinern. Mit Salz, Pfeffer, Zitronensaft, Cayenne, Curry und etwas fein gehacktem Ingwer würzen, Basilikum dazugeben und am besten mit frischem Weißbrot servieren.

Chassagne-Montrachet

»En Virondot«, 1 er Cru
Domaine Marc Morey, Chassagne-Montrachet, Burgund
1999

Chassagne-Montrachet ist für die Qualität seiner Weißweine bekannt, auch wenn das Städtchen längst nicht so attraktiv und voller Charme ist wie das benachbarte Puligny-Montrachet. Dieser im Süden der Côte de Beaune gelegene Flecken hat eine Heerschar außergewöhnlicher Winzerfamilien mit sehr viel Tradition vorzuweisen. Diese wiederum verdanken ihren guten Ruf in aller Welt den hervorragenden Weinbergen, die getrost zu den besten an der Côte de Beaune gezählt werden dürfen. Die Domaine Marc Morey – nicht zu verwechseln mit den ebenfalls in Chassagne ansässigen Domainen von Albert Morey und dessen Söhnen Bernard und Jean-Marc Morey – wird heute von Bernard Moilard, dem Schwiegersohn des Namensgebers, geleitet. Das Weingut ist nicht ganz so bekannt wie das der berühmten Kollegen Ramonet, Gagnard-Delagrange oder der Morey-Geschwister. Ganz zu Unrecht, wie ich meine, denn die Weine von Moilard verfügen über eine Finesse und Delikatesse, die man nur in der Spitze in Chassagne findet. Mit dem ausgezeichneten Jahrgang 1999 beweist das Moilard allemal. Der Premier Cru »En Virondot«, im Alleinbesitz der Familie, liegt über der erstklassigen Lage »En Caillerets«. Sicher ist 1999 noch viel zu jung für einen optimalen Genuss, aber ein Fläschchen, genascht zur Languste, macht viel Freude. Honig, Karamell, Vanille, Süßholz, Zitrusfrüchte, Williamsbirne, kandierte Früchte und vieles mehr. Im Mund ein ausgewogenes Spiel von Säure, Extrakt, Frucht und Fülle. Ein weißer Klassiker mit viel Zukunft.
33,– Euro

2000 Nachlese
Wer vom sehr guten Jahrgang 1999 nichts mehr im Keller hat, kann sich mit dem 2000er aufs Angenehmste trösten. Der Jahrgang birgt mehr, als erwartet wurde. Der Duft ist noch verhalten, Grapefruit, Orangenschale, Haselnuss und zerlassene Butter sind die ersten Boten. Die frische Säure ist sehr markant und gibt dem Wein eine unerwartete Dimension. Jung zu trinken, verspricht aber eine gute Reifephase.
35,– Euro
Bezug über: Weine Wolfgang Wuttke

Kaninchen in Rotwein

Der Trick Durch späteres Zugeben der Rückenstücke bleiben diese saftig.

Zutaten für 4 Personen:
1 1/2 kg Kaninchen in
12 Stücke geschnitten

Marinade:
1/4 l kräftiger Rotwein
(Barolo)
3 Lorbeerblätter
je 1 Zweig Thymian,
Rosmarin, Minze, Oregano
5 Nelken
5 Pimentkörner
10 gestoßene
Pfefferkörner
1 Zwiebel
2 angedrückte
Knoblauchzehen
etwas Zitronen- und
Orangenschale
Salz
Pfeffer
Mehl
Olivenöl

Zum Schmoren:
500 g Perlzwiebeln
1 Msp. Zucker
6 halbe getrocknete
Tomaten
300 ml Rotwein
50 ml Tomatensaft (Dose)
3 EL Aceto Balsamico
3 Lorbeerblätter
2 Knoblauchzehen mit
einem Stück
Orangenschale und 4
Stück Nelken gespickt
1 Zimtstange
Bouquet garni
(Petersilienstängel,
Thymian, Rosmarin,
Oregano)

Zubereitung:

1. Die Kaninchenstücke mit allen Zutaten der Marinade belegen, mit Folie abdecken und über Nacht in den Kühlschrank stellen.
2. Am nächsten Tag die Stücke aus der Marinade nehmen, trockentupfen, salzen, pfeffern, mehlieren, im heißen Olivenöl rundherum anbraten und auf Küchenpapier legen.
3. Geschälte Perlzwiebeln in das Bratfett geben, mit Zucker, Salz, Pfeffer würzen und goldgelb anbraten. Danach in einem Sieb abtropfen lassen. Etwas frisches Öl erhitzen, Kaninchen,

und leicht angehen lassen.

4. Nach und nach die abgeseihte Marinade und den Rotwein zugeben und fast komplett einkochen lassen. Rückenstücke herausnehmen und zur Seite stellen.
5. Nun Tomatensaft, sämtliche Aromaten sowie Bouquet garni zugeben und abgedeckt im vorgeheizten Rohr bei 180 Grad 1 Stunde weich schmoren lassen. 20 Minuten vor dem Ende der Schmorzeit die Rückenstücke beigeben. Gegebenenfalls etwas Geflügelfond oder Wasser darüber gießen. Sauce, falls nötig, mit Salz und Pfeffer nachschmecken. Das Kaninchen mit Kartoffelpüree oder hausgemachten Nudeln servieren.

Barbaresco »Vürsù Starderi«

Az. Agr. La Spinetta, Castagnole Lanze, Piemont

1998

Giorgio, Carlo und Bruno Rivetti sind mit Sicherheit derzeit die erfolgreichsten Brüder im Piemont. Ihre Winzerkarriere begann mit einem Moscato D'Asti, dem traditionellen, sanft schäumenden Dessertwein der Region. Dem folgte mit dem Jahrgang 1989 ein Rotwein, PIN, der nicht nur das gesamte Piemont beeindruckte. Damals eine Cuvée aus Barbera und Nebbiolo, in neuen kleinen Eichenfässern ausgebaut, wird er heute mit zwanzig Prozent Cabernet Sauvignon verfeinert. Seit 1990 verfolgt mich dieser Wein (aufs Angenehmste), deshalb hüte ich meine letzte Flasche für einen besonderen Anlass. »Mittlerweile ist es den Brüdern auch gelungen, in den großen Lagen Fuß zu fassen«, schreibt der Berliner Weinhändler Georg Mauer. Stimmt, denn 1995 kelterten die drei ihren ersten Barbaresco aus bester Lage nahe Neive. Der nächste aus der Lage »Vürsù Starderi« folgte 1996. Starderi ist ein kleines Dorf auf einem Hügel, in dem Städter ihre Wochenenden verbringen – kein schlechtes, wie ich meine, denn sie sind rundum von Reben umgeben. 1997, ein großer Jahrgang im Piemont, fiel denn auch bei den Rivettis entsprechend aus. Mittlerweile fällt es mir schwer, mich zu entscheiden, welcher ihrer Weine der beste ist. Beim 1998er Jahrgang bin ich mir sicher: Der Starderi macht das Rennen. Schon das dunkle Kirschrot überrascht. Der Wein bietet ein berauschend intensives Beerenaroma mit wilden Fleischnoten, Teer, Süßholz, Kiefer, Moschus, kräftig bis muskulös, vielfältig im Mund. Ein kompakter Wein mit Finesse und Extrakt für die Zukunft.
146,– Mark

1999 Nachlese

Angesichts des Preises kommt man selbst als fanatischer Liebhaber piemontesischer Weine ins Wanken, fragt sich, ob der denn gerechtfertigt ist. Manchmal ja, aber irgendwann ist Schluss – trotz der hervorragenden Qualität. Rubinrot mit ziegelfarbigen Rändern, betörender Duft von roten Rosen, Veilchen, Orangenschale, Trüffel, Unterholz, Kakaopulver. Mehlige Tannine, feine Säure, fester Körper, strahlender Nachgeschmack.
94,– Euro
Bezug über: Garibaldi

Rehragout mit Perlzwiebeln und Speckstreifen

Der Trick Schulterfleisch in größeren Stücken bleibt selbst nach langer Garzeit schön saftig.

Zutaten für 4 Personen:
1,5 kg Rehschulter

Erste Marinade:
je 100 g Karotten, Knollensellerie und Zwiebeln
2 Lorbeerblätter
10 Wacholderbeeren
10 Pfefferkörner
1 angedrückte Knoblauchzehe
1 Flasche kräftiger Rotwein
1 Bouquet garni (Petersilie, Lorbeer, Thymian)
4 Nelken
Salz
Pfeffer

Zweite Marinade:
Mehl
150 g Backpflaumen
1 Zimtstange
1 Stück Orangenschale
1/2 Liter Rotwein

Außerdem:
180 g fetter gepökelter Speck in Streifen
Öl
400 g Perlzwiebeln
2 EL Zucker
400 g kleine, geputzte Champignons
je 2 cl Cognac und Grand Marnier
3 EL Ketchup
1 Scheibe frischer Ingwer
1/2 EL Ahornsirup

Zubereitung:

1. Rehfleisch mit der ersten Marinade übergießen und abgedeckt über Nacht im Kühlschrank ziehen lassen.
2. Fleisch herausnehmen und trockentupfen, mit Salz und Pfeffer würzen und mit Mehl bestäuben. Backpflaumen mit Zimt, der Orangenschale und 125 ml Rotwein 30 Minuten marinieren.
3. Vorblanchierte Speckstreifen in 3 EL Öl kross braten, herausnehmen und in dem Bratenöl die Perlzwiebeln mit dem Zucker leicht karamellisieren. Champignons und Speck zugeben, 4 Minuten in der Pfanne schwenken und beiseite stellen.
4. Fleisch mit etwas Öl braun anbraten. Etwas von der ersten Marinade mit Gemüse zugeben, aufkochen und einreduzieren lassen. Mit Cognac, Grand Marnier, Ketchup, Ingwer und Ahornsirup ablöschen. Nach und nach mit dieser Marinade und dem restlichen Rotwein auffüllen. Immer wieder einkochen lassen, bis Rotwein und Marinade aufgebraucht ist. So lange schmoren, bis das Fleisch fast weich ist, bei Bedarf etwas Wasser nachschütten.
5. Fleisch herausnehmen und Sauce passieren. Mit Salz und Pfeffer abschmecken und das Fleisch wieder in die Sauce geben. Backpflaumen zufügen und das Fleisch fertig kochen. Zum Schluss Perlzwiebeln, Speck und Champignons zugeben, einmal aufkochen lassen. Mit hausgemachten Spätzle, Schupfnudeln oder Nudeln servieren.

Jade Mountain »Mourvèdre«

Jade Mountain Winery, Contra Costa County
1998

In Frankreich ist die rote Rebsorte Mourvèdre seit Jahrhunderten in den südlichen Regionen Vaucluse, Provence und Rhône zu Hause, hat aber wenig Popularität erreicht. Dennoch ist sie in der Welt weit herumgekommen. In Spanien heißt sie Monastrell; bei Mataro und Murviedro, in der Nähe von Valencia, vermutet man ihre ursprüngliche Heimat. In Australien tritt sie dann auch unter dem Pseudonym Mataro auf. In Kalifornien hat sie ihren französischen Namen, Mourvèdre, behalten. Trotz ihrer guten Qualität wurde sie fast nur für Cuvées verwendet. Wiederentdeckte Weinberge zeigen, welche Vorzüge in dieser Sorte stecken. Jim Paras und sein Önologe John Caldwell, von Jade Mountain, haben das längst erkannt und keltern die Trauben aus unterschiedlich alten Lagen daher konsequent getrennt. Paras' Stolz ist der Evangelho Vineyard mit hundertjährigen Mourvèdre-Stöcken, vielleicht den ältesten in ganz Kalifornien. Im Duft beerige Kopfnoten, Hagebutte, Preiselbeere; brillante Aromen von Brombeere, Heidelbeere, Zwetschge bis Olivenpaste. Runder, reifer, fülliger Mund. Eine wirkliche Überraschung!

45,– Mark

2001 Nachlese

Eine weitere Überraschung erwartete mich mit dem neuen Jahrgang, der scheinbar völlig unbekümmert mit einem Silikonstopfen verschlossen ist. Schade, ich bilde mir jetzt schon ein, dass der Wein darunter gelitten hat. Das beerige Aroma ist wieder gut ausgeprägt, dazu Tamarillos, Rote Bete, Cassis, Brombeere und Holunder. Leicht mehliges Tannin, das noch Zeit zur Entwicklung braucht. Voller, dichter Stoff, dem leider die letzte Brillanz fehlt.

26,50 Euro

Bezug über: Weingarten Eden

Rehsauerbraten aus der Keule

Der Trick Kurzes Aufkochen und Passieren der Marinade vor dem Ablöschen verhindert Eiweißflocken in der Sauce.

Zutaten für 6-8 Personen:
2 1/2 kg Rehkeule

Marinade:
350 g rote Zwiebel
150 g Staudensellerie
120 g Knollensellerie
150 g Karotten (Sellerie und Karotten kleinschneiden oder würfeln)
3 Knoblauchzehen
2 gehäufte EL Wacholderbeeren
3 Lorbeerblätter
5 Pimentkörner
7 Gewürznelken
2 EL zerdrückter schwarzer Pfeffer
3 Sternanis
1/2 Zimtstange
je 3 Zweige Thymian und Rosmarin
3/4 l kräftiger Rotwein
1/4 l Rotweinessig
80 ml Aceto Balsamico
Salz
Zucker
Schale von 2 Orangen
50 ml Öl zum Begießen

Außerdem:
4 EL Mehl
3 EL Pflanzenöl
150 g Bauchspeck, in 2 cm große Stücke geschnitten
200 g Zwiebel, in 2 cm große Stücke geschnitten
100 ml Ahornsirup
100 g Tomatenketchup
1/4 l roter Portwein
1/2 l kräftiger Rotwein
3/4 l Wasser
1 Scheibe Graubrot
5 Spekulatius oder Saucenlebkuchen
8 Backpflaumen
Salz
schwarzer Pfeffer aus der Mühle

Gemüse:
20 g Butter
24 geschälte Perlzwiebeln
1 TL Zucker
2 EL eingeweichte Rosinen
1 EL Weißweinessig
250 g Egerlinge
2 EL Öl

Zubereitung:

1. Marinade-Zutaten in einen Topf geben, erhitzen, 5 Minuten köcheln lassen. Marinade kalt auf das Fleisch in einen hohen Steinguttopf schütten (Flüssigkeit muss etwa einen Finger breit über dem Fleisch stehen), mit dem Öl begießen, verschließen, eine Woche ziehen lassen.
2. Rehkeule aus der Marinade nehmen, Marinade durch ein Sieb gießen, abgeseihtes Gemüse mit Gewürzen beiseite stellen. Keule trocken tupfen, salzen, pfeffern, mit 1 EL Mehl bestäuben und in einem gusseisernen Schmortopf mit 2 EL Öl langsam von allen Seiten anbraten. Fleisch herausnehmen, Öl abgießen.
3. Bauchspeck mit 1 EL Öl leicht anrösten. Zwiebel, abgeseihtes Gemüse, Ahornsirup und Ketchup zugeben und anschwitzen, so dass alles etwas Farbe bekommt. Das Fleisch dazulegen, mit dem restlichen Mehl bestäuben. 5 Minuten nicht abgedeckt bei 160 Grad in den vorgeheizten Ofen schieben.
4. Wieder aus dem Ofen nehmen und mit einem Teil des Portweins, des Rotweins und der Marinade ablöschen, langsam einkochen lassen. Diesen Vorgang viermal wiederholen. Wasser dazugießen. Brotscheibe, Spekulatius und Backpflaumen zugeben, abdecken und im Ofen etwa 1 1/2 Stunden weich schmoren.
5. Keule aus der Sauce nehmen, mit einem feuchten Tuch abdecken. Sauce durch ein grobes Spitzsieb passieren, Gemüse gut durchdrücken. Sauce nochmals durch ein Haarsieb streichen und in einen sauberen Topf umfüllen. Mit Salz und Pfeffer ab-

schmecken, bei Bedarf etwas einkochen lassen. Das Fleisch hineinlegen und erwärmen.

6. Für das Gemüse Butter in einer Kasserolle hell aufschäumen lassen. Zwiebeln hinzufügen, kurz durchschütteln. Mit Zucker bestreuen, salzen, pfeffern. Bei niedriger Hitze unter gelegentlichem Umrühren goldgelb karamellisieren lassen. Zum Schluss eingeweichte Rosinen hinzufügen. Mit Essig beträufeln, bei schwacher Hitze 20 Minuten weich dünsten. Egerlinge in Scheiben schneiden, in Öl anbraten, salzen.
7. Fleisch vom Knochen lösen, aufschneiden. Mit Sauce, Perlzwiebel-Rosinen-Gemüse und Egerlingen anrichten.

Minervois »La Livinière«

Domaine des Aires Hautes, La Livinière, Minervois

2000

Zwischen Narbonne und der mittelalterlichen Festungsstadt Carcassonne, in den Départements Aude und Hérault, liegen die Weinberge des Minervois. Die besten Weingärten mit kiesel- und kalkhaltigen Böden befinden sich auf sanften Südhängen der Kommune La Livinière. Hier haben die Brüder Eric und Gilles Chabbert ihren landwirtschaftlichen Betrieb, den die Fachpresse zur Elite der südfranzösischen Domainen zählt. Eric, Besitzer einer Apotheke, sorgt sich um die geschäftlichen Belange, während sich Gilles um die Weinbereitung nach biologischen Methoden kümmert. Trotz seines vinologischen Talents führt er mit gleich gesinnten Winzern viele Diskussionen um etwaige Verbesserungsmöglichkeiten seiner Weine. Die rote Cuvée »La Livinière« aus Syrah, Grenache und Carignan zählt zweifellos zum Besten, was das Languedoc zu bieten hat. Eingelegte Beeren, reife Fruchtnoten, Rumtopf, kandierte Früchte, orientalische Würze, Lakritze, dunkle Schokotöne. Im Gaumen opulente Reife, weiche Tannine. Perfekte Balance von Frucht, Körper, Tannin, Säure und Extrakt. Ein Schmusewein ohne langweilige vordergründige Frucht, mit kraftvollen Finale. Eine einzige Verführung zum Weitertrinken.
9,90 Euro

2001 Nachlese

Donnerwetter, dieser Wein ist zu diesem Preis nicht mehr zu toppen – habe nach dem erstklassigen Vorgänger nicht noch mehr erwartet. Tiefdunkel mit leichtem Lila liegt er eher schwerfällig im Glas. Was der Wein an Aromen präsentiert, ist einfach toll! Zwetschgen, Rumtopf, Blaubeere, Holundersaft, Schwarzkirsche, nur um einige zu nennen. Die Harmonie ist wiederum perfekt und weckt Begeisterungsstürme. Das reife Tannin verleiht dem Wein eine ungeahnte Rasse.
9,90 Euro
Bezug über: Pinard de Picard

Gefüllter Kapaun mit Kürbis-Kartoffel-Gratin

Der Trick Die Hälfte der aus dem Kapaunfett gebratenen Grieben mit gebratenen Schalotten und Äpfeln vermengen, mit Majoran würzen und mit dunklem, gegrilltem Bauernbrot zum Aperitif servieren.

Zutaten für 8 Personen:
1 Kapaun aus der Bresse mit Hals und Innereien (3 1/2 - 4 kg)
20 g Zucker
100 ml Apfelsaft
1 kleine Stange Zimt
2 Schalotten, fein gewürfelt
60 g Butter
2 säuerliche Äpfel, grob geschnitten
8 getrocknete Aprikosen, in längliche Streifen geschnitten
50 g gehackte Walnüsse
100 g Weißbrot mit Rinde
300 g Geflügelleber, von Nerven und Galle befreit
etwas geriebene Muskatnuss
1 Prise getrockneter Majoran
Salz
Pfeffer

Kürbis-Kartoffel-Gratin:
1 kg französischer Muskatkürbis
300 g mehlig kochende Kartoffeln
1 EL weiche Butter
1 1/2 EL brauner Zucker
geriebene Muskatnuss
200 ml Sahne
20 g geriebener Emmentaler
20 g geriebener Parmesan
Salz

Zubereitung:

1. Kapaun innen und außen salzen und pfeffern, Innereien beiseite legen. Zucker leicht karamellisieren lassen, mit Apfelsaft ablöschen, Zimt dazugeben, Flüssigkeit einkochen lassen, Zwiebeln und 20 g Butter zugeben und glasieren. Äpfel, Aprikosen und Walnüsse unterheben und beiseite stellen, Zimtstange entnehmen.
2. Weißbrot in etwa 1 cm große Stücke schneiden und in 20 g Butter goldbraun rösten, leicht salzen.
3. Geflügelleber, Leber und Herz vom Kapaun klein schneiden und kurz in restlicher Butter anbraten. Fett vom Kapaun in kleine Würfel schneiden, knusprig ausbraten, Bratfett abgießen (und zur Seite stellen, siehe Trick) und die Hälfte der Grieben mit den vorbereiteten Füllungszutaten locker mischen, die restlichen beiseite stellen. Mit Salz, Pfeffer, Muskat und Majoran abschmecken.
4. Kapaun füllen, Öffnung mit Holzstäbchen zustecken oder mit einem Bindfaden zunähen, Flügel unter dem Rücken verschränken, Schenkel am Körper zusammenbinden. Kapaun nochmals außen mit Salz einreiben, dick mit Butter einpinseln und im Bräter auf die Seite legen. Hals in Stücke schneiden, Magen halbieren, zum Kapaun geben und in den kalten Backofen schieben. Bei 200 Grad ohne Flüssigkeitszugabe 30 Minuten braten. Kapaun wenden, weitere 30 Minuten braten. Temperatur auf 180 Grad reduzieren, Kapaun auf die Keulen legen, etwa 2 Stunden braten. Während des Garens den Kapaun immer wieder mit Garflüssigkeit begießen und die letzten 30 Minuten auf den Rücken legen.
5. Aus dem Bräter nehmen und warm stellen. Bratensatz mit Wasser ablösen und loskratzen. Sauce passieren, entfetten, salzen und pfeffern. Kapaun tranchieren, auf Teller verteilen, Sauce angießen und mit je 1 EL Füllung, Gratin und einem winterlichen Salat à part servieren.
6. Für das Gratin Kürbis entkernen, in etwa 5 Segmente schneiden, salzen und einzeln in Alufolie wickeln. Bei 225 Grad im vorgeheizten Backofen 45 Minuten backen, herausnehmen und in der Folie abkühlen lassen. Kürbismus aus der Schale kratzen.
7. Kartoffeln waschen, in Salzwasser weich kochen, pellen, mit der Gabel zerdrücken.
8. Gratinform mit Butter ausstreichen und mit 1 EL Zucker ausstreuen. Kartoffeln auf dem Boden der Form verteilen. Kürbisfleisch darauf geben. Mit Salz und Muskat würzen. Mit Sahne begießen. Mit restlichem Zucker, Emmentaler und Parmesan bestreuen. Bei 200 Grad 15 -20 Minuten backen.

Extratipp:
Anstatt Kapaun können Sie auch Ente oder Gans nehmen – ein herrlicher Braten zu Weihnachten. Probieren Sie anstatt Kartoffeln auch einmal Süßkartoffeln.

Pinot Noir »Quartz Reef«

Quarz Reef – Bendigo Estate, Central Otago
1999

Mit den Rebsorten Sauvignon Blanc und Chardonnay ist Neuseeland in den letzten Jahren in die Elite der Weinbaunationen aufgestiegen. Rotweine mit sehr guten Qualitäten sind immer noch rar, aber es gibt sie. Sie gedeihen im kühleren Klima der Südinsel, auf der Weinbau lange als abenteuerliches Vergnügen galt. Rudi Bauer, ein Österreicher, der seit 1985 im Süden Neuseelands arbeitet, hat sich 1995 in ein solches Abenteuer gestürzt. Nahe Bendigo fand er eine Lage, die seinen Vorstellungen entsprach, und gründete mit mehreren Partnern die Quartz Reef Winery – benannt nach Neuseelands größtem Riff, das in unmittelbarer Nähe liegt. Bauer, 1999 zum »Winemaker of the Year« gekürt, hat viel Erfahrung im Umgang mit Pinot Noir, an dem er besonders dessen unterschiedliche Dimensionen schätzt. Sein 1999er ist ein Wein mit besten Aussichten für eine viel versprechende Zukunft. Dezente Pflaumenaromen in allen Variationen, Gewürznoten orientalischer Herkunft, Toast, Vanille, Rauch, kalter Kamin. Viel Kraft und Konzentration im Mund, zahlreiche, weiche Tannine. Trotz seiner Opulenz bleibt ein letzter Eindruck von Eleganz mit Sprungkraft. Zu dem Preis bietet Burgund derzeit nur wenig Vergleichbares.
48,90 Mark

Nachlese
Der 1999er-Jahrgang ist aktuell und kann noch geliefert werden.
25,– Euro
Bezug über: Martin Apell

Junger Fasan mit Gänseleberfüllung

Der Trick Der Gänseleberfüllung können noch gekochte Kastanien beigegeben werden.

Zutaten für 2 Personen:
1 küchenfertiger, junger Fasan
Salz
Pfeffer aus der Mühle
1 kleine Zwiebel
2 EL Butter
2 EL Traubenkernöl
1 kleine Karotte
1 Schalotte
1 kleines Stück Staudensellerie
zerdrückte Wacholderbeeren
Gewürznelken
Lorbeerblatt
1 Thymianzweig
1 Knoblauchzehe
4 cl Madeira
4 cl Weißwein
1 EL weiche Butter zum Bestreichen des Fasans

Füllung:
20 g ungesalzener Speck
1 Schalotte
einige Thymianblättchen
1 mittelgroßer Steinpilz
Salz
Pfeffer aus der Mühle
100 g Gänseleberparfait
6 Kastanien

Zubereitung:

1. Für die Füllung den fein geschnittenen Speck in einer Teflonpfanne glasig anbraten, die gewürfelte Schalotte, den klein geschnittenen Steinpilz und den Thymian zugeben, mit Salz und Pfeffer würzen, auskühlen lassen.
2. Gänseleberparfait fein würfeln und vorsichtig unterheben.
3. Den Fasan innen und außen salzen und pfeffern sowie mit der Gänselebermasse füllen. Öffnung zunähen und die Brustseite mit Butter bestreichen.
4. In einem großen Bräter etwas Butter und Traubenkernöl hellbraun aufschäumen, Fasan hineinsetzen, darin wenden und auf eine Keule setzen. Unter häufigem Begießen etwa 10 Minuten anbraten. Nach 4 Minuten klein geschnittenes Gemüse und Aromaten zugeben. Auf die andere Keule setzen und nochmals 10 Minuten garen.
5. Fasan aus dem Topf nehmen, mit der Keulenseite auf einen umgedrehten Teller legen, mit Folie abdecken und 15 Minuten warm ruhen lassen. Den dabei austretenden Saft später der Sauce beigeben.
6. Gemüse nach und nach mit Madeira und Wein ablöschen, einkochen lassen, bis eine kräftige Sauce entstanden ist. Diese durch ein feines Sieb passieren. Zum Schluss etwas Butter beifügen. Ideale Beilage dazu: Champagnersauerkraut mit Muskattrauben.

Champagne Legras & Haas

Blanc de Blancs, Grand Cru, Brut
Legras & Haas, Chouilly, Champagne

Das Champagner-Haus Legras & Haas, ein Familienbetrieb in Chouilly nahe Epernay, verfügt über die besten Grand-Cru-Lagen in der Côte des Blancs, wo die Chardonnay-Traube vorherrscht. Seit sieben Generationen sind die Legras Weinbauern in der Champagne, seit drei Generationen bauen sie Champagner aus. Ende der achtziger Jahre gründete François Legras mit seiner aus Deutschland stammenden Frau Brigitte Haas das Champagnerunternehmen Legras & Haas. Inzwischen bewirtschaften sie 27 Hektar Weinberge. Auf der gesamten Rebfläche praktizieren sie integrierten Weinbau zur Schonung der Natur und letztlich auch des Konsumenten. Konsequenterweise übt man auch bei der Weinbereitung Zurückhaltung. Der Blanc de Blancs besteht aus Chardonnay-Trauben von hundert Prozent klassifizierten Lagen und darf sich deshalb »Grand Cru« nennen. Dem Leitspruch des Hauses folgend, »Sie kreieren das Ereignis, wir den dazugehörigen Champagner«, habe ich mich zur Begleitung von Fasan und Champagnerkraut für den Blanc de Blancs entschieden. Ein geradliniger, weiniger Stil, sehr gut balanciert, von feinster Qualität, nicht nur um mit ihm Feste zu feiern. Im Duft Stachelbeere, Pomeranzen, weißer Cassis, Apfel, Kokos und Brioche. Dezente, mineralische Noten. Cremige Perlage, angenehme Fülle, frischer, trockener Nachklang.
21,50 Euro

Nachlese

Entfällt. Da es sich hier um keinen Vintage-Champagner handelt, wird immer wieder versucht, durch Verschneiden verschiedener Cuvées den gleich bleibenden Grundcharakter zu erzielen.
22,80 Euro
Bezug über: Wein & Glas Compagnie

Stubenküken mit Spargel und Morcheln

Der Trick Sherry harmoniert sehr gut mit den Morcheln, dazu der Estragon (fein geschnitten, nicht gehackt!), das gibt der Sauce die richtige Finesse.

Zutaten für 4 Personen:
2 Stubenküken à 500 g
16 Spargelspitzen
1 Prise Zucker
250 g frische Morcheln
30 g Butter
50 ml Sherry
50 ml weißer Portwein

Geflügelbrühe:
Karkassen, Hals und Magen von den Stubenküken
40 g Karotten
50 g englischer Sellerie, in 1 cm große Würfel geschnitten
50 g weiße Zwiebel
1 Bouquet garni (Petersilie, Estragonstängel, 1 kleiner Thymianzweig, 1 kleines Lorbeerblatt)
1/2 l Wasser
100 ml trockener Weißwein
100 ml Noilly-Prat
Prise Salz
4 zerdrückte Pfefferkörner

Sauce:
200 g Butter
gehackte Stiele der Morcheln
1 EL Mehl
300 ml der Geflügelbrühe
250 ml Sahne
2 Spritzer Worcestersauce
Cayennepfeffer
Zitronensaft

Außerdem:
1 EL fein geschnittener Estragon
Alufolie

Zubereitung:

1. Brüste und Keulen mit einem scharfen Messer loslösen, mit Alufolie bedecken und kalt stellen.
2. Die Karkassen mit der Geflügelschere klein schneiden und mit Gemüse und den weiteren Zutaten der Geflügelbrühe aufsetzen. Etwa 40 Minuten köcheln lassen, dann passieren. Das Geflügel in der kochend heißen Geflügelbrühe ca. 20 Minuten gar ziehen (nicht kochen) lassen, dabei die Bruststücke 5 Minuten später einlegen als die Keulen; sie brauchen weniger Garzeit. Herausnehmen, Haut entfernen und Fleisch mit einem feuchten Tuch abdecken.
3. Für die Sauce Butter hell aufschäumen lassen, gehackte Morchelstiele und Mehl beigeben. Ohne Farbe langsam anschwitzen lassen, 300 ml Geflügelbrühe nach und nach zugießen, 15 Minuten köcheln lassen, passieren. Sahne und Gewürzzutaten beigeben, pikant abschmecken.
4. In der Zwischenzeit die Spargelspitzen mit 1 Prise Zucker in Salzwasser al dente kochen, kurz in Eiswasser abschrecken. Gewaschene Morcheln in hellbrauner Butter anbraten, mit Sherry und Portwein ablöschen, fast gänzlich einreduzieren lassen.
5. Stubenküken zusammen mit Spargelspitzen und Morcheln behutsam in der Sauce erhitzen und 5 Minuten köcheln lassen. Estragon beigeben und mit feinen Nudeln oder Basmati-Reis servieren.

Extratipp:
Wer will, kann mit zarten Blumenkohlröschen, Zuckererbsen oder Karotten das Gericht erweitern.

Mer Soleil »Chardonnay«

Mer Soleil Vineyard, Santa Lucia, Central Coast

1999

Chardonnay ist derzeit die beliebteste und bekannteste Weißweinrebsorte der Welt. Da verwundert es nicht, dass ein namhafter Rotweinproduzent wie Charles Wagner von Caymus Vineyards im Napa Valley sich eines Tages entschloss, selbst einen Chardonnay zu produzieren, der mit der Qualität seines Rotweins Cabernet Sauvignon »Special Selection« mithalten kann. Die entsprechenden Rebflächen fand Wagner in den Santa Lucia Highlands, 16 Meilen südlich der Bucht von Monterey. Neblige Vormittage und kühle Nächte sind hier für das Wachstum der Chardonnay-Trauben ideal. Das zeigte besonders der Jahrgang 1999, dessen letzte Trauben für den achten Jahrgang Mer Soleil am 4. November gelesen wurden, natürlich per Hand. Für weiße Trauben ist das in Kalifornien ein ungewöhnlich später Erntezeitpunkt. Das Ergebnis ist ebenso ungewöhnlich: amerikanischer Typus, ja – aber nicht breit oder fett und schon gar nicht überholzt oder langweilig. Ananas, Mispeln gekocht, Pimpernellen, Nektarinen, Honig, Butterkeks, Haselnuss, Kokos. Saftige Säure, cremiges Extrakt, anhaltendes Finale. Vielleicht noch etwas zu jung, aber da schafft ein größeres Glas Abhilfe; wer eine Karaffe besitzt, sollte dekantieren.

47,– Euro

2000 Nachlese

Reifer Gelbton, exotische Fruchtnoten von Ananas bis Zitrusfrüchte, Papaya, Mango, Walnuss, Nougat, Vanille. Dezent im Holz, wirkt etwas lieblicher als sein Vorgänger. Ein Hauch mehr Säure wäre perfekt.

44,– Euro

Bezug über: Weingarten Eden

Gefülltes Perlhuhn mit süssen Kartoffeln

Der Trick Beim Garen im Bratschlauch wird das Fleisch schön zart und man bekommt eine aromatische Sauce.

Zutaten für 4 Personen:
1 französisches Perlhuhn (etwa 1200 g)
5 Maronen
1 kleines Stück Sellerie
100 g Steinpilze (alternativ: Egerlinge, Champignons oder Shiitake-Pilze)
etwas Gänsefett
1 Schalotte
20 g Butter
100 ml Weißwein
35 g Périgord-Trüffel
1 Spritzer Cognac
1 Spritzer Madeira
100 g frische Gänseleber
Herz und Leber des Perlhuhns
Zucker
Salz
Pfeffer
1 Prise Majoran
3 Wacholderbeeren
1 EL Cognac zum Flambieren
1 geschälte Karotte
30 g Knollensellerie
3 Amaretti
12 Süßkartoffeln oder Kartoffeln, geschält

Außerdem:
1 Bratschlauch
4 Wacholderbeeren
1 Thymianzweig
etwas Trüffeljus
1 EL Madeira

Zubereitung:

1. Küchenfertiges Perlhuhn waschen, trockentupfen. Maronen schälen, mit Sellerie, etwas Salz und Zucker nicht zu weich köcheln (am besten im Geflügelsud). Sellerie entfernen, Maronen auskühlen lassen, leicht zerdrücken.
2. Steinpilze putzen, in 1 1/2 cm große Würfel schneiden, rasch in Gänsefett anbraten, salzen, auf ein Sieb geben.
3. Geschälte Schalotte in feine Würfel schneiden, in 10 g Butter hellbraun anschwitzen, mit Weißwein ablöschen, gänzlich einkochen lassen. Kalt stellen.
4. Trüffel unter fließendem Wasser bürsten, in kleine Würfel schneiden, langsam in restlicher Butter anschwitzen, mit Cognac und Madeira ablöschen, kalt stellen.
5. Gänseleber in 2 cm große Würfel schneiden, in einer Teflonpfanne kurz ansautieren, ebenso die klein geschnittene Leber und das Herz. Mit Salz, Pfeffer, Majoran, fein gehackten Wacholderbeeren würzen, mit Cognac flambieren (alternativ: 40 g Gänseleberparfait kaufen).
6. Karotte und Sellerie waschen, in 1 cm große Würfel schneiden, in wenig Wasser langsam weich dünsten. Kalt stellen.

7. Alles vermengen, Amaretti hineinbröckeln, mit Salz, Pfeffer würzen. Perlhuhn innen mit Salz, Pfeffer würzen, mit der Mischung füllen (nicht zu viel, es ist reichlich), zustecken, außen salzen und pfeffern.
8. Süßkartoffeln oder Kartoffeln in 1 1/2 cm dicke Scheiben schneiden, in den Schlauch geben, Huhn darauf setzen. Wacholderbeeren, Thymian, Trüffeljus und Madeira zugeben, Schlauch schließen.
9. Ofen auf 180 Grad vorheizen. Schlauch mehrmals einstechen, ins Rohr schieben. Etwa 50 Minuten garen lassen. Nach 40 Minuten Schlauch oben öffnen, das Huhn Farbe nehmen lassen. Nach dem Braten 10 Minuten in der Wärme ruhen lassen. Huhn mit Kartoffeln und Füllung servieren. Dazu passt ein Salat aus Chicorée, Feldsalat, Radicchio, Nüssen, Birnen und Nussöl-Vinaigrette. Aus der restlichen Füllmasse können Sie sich feine Pflanzerl braten!

Meursault Genevrières

1er Cru
François Mikulski, Meursault, Burgund

1999

Meursault ist für viele Weinfreunde die bedeutendste Stadt und zugleich die Weinregion für Weißweine in Frankreich. Für viele Kenner ist Meursault auch der Inbegriff eines vollendeten weißen Burgunders. Stars wie Comte Lafon, Coche Dury oder Roulot werden zu Höchstpreisen gehandelt. Wie dem auch sei, sicher ist in jedem Fall, dass Meursault ein Anbaugebiet für die wirklich großen Weißweine der Bourgogne ist, ja sogar Frankreichs. Mit wenigen Ausnahmen bestimmen die alteingesessenen Domainen den Qualitätskurs. Neulinge wie François Mikulski (in Luxemburg als Sohn einer Französin und eines Polen geboren) haben es da nicht einfach, anerkannt zu werden. Mikulski übernahm seit 1991 Schritt für Schritt teils über sechzig Jahre alte Weinberge von seinem Onkel in Meursault. Heute gilt Mikulski als neuer Geheimtipp unter meinen französischen Kollegen. Amerikas Weinguru Parker sieht in ihm sogar einen kommenden Starwinzer. Mir schmecken die Weine einfach gut. Der 1999er Meursault Genevrières ist sicher noch ein paar Jahre zu jung, aber wer jetzt nicht kauft, geht in Kürze bestimmt leer aus. Das imposante Bouquet zeigt jetzt schon Anklänge von Haselnüssen, gerösteten Mandeln, Aprikosen, Honig, Orangeat, Toastbrot und exotischen Früchten. Verschmolzener, fleischiger Geschmack mit Nerv, lebendiger Säure und großer Nachhaltigkeit.
49,– Euro

2001 Nachlese

Der 1999er kann noch geliefert werden. Der 2001er ist nicht ganz so opulent. Etwas leichter mit mehr Säure, weniger tief und vielschichtig. Erinnert daran, dass mehr Delikatesse und Finesse wünschenswert wären.
49,– Euro
Bezug über: Fetzner Import und Agentur

Frikassee von Masthuhn in Estragon-Essigsauce

Der Trick Durch das Verdunsten des Estragonessigs wird das Hühnerfleisch parfümiert.

Zutaten für 4 Personen:
Masthuhn, ca. 1 1/2 kg
4 Tomaten
ca. 8 EL Olivenöl
Salz
1 Prise Zucker
Pfeffer
1 EL Butter
1 Zwiebel, grob gewürfelt
3 Schalotten, gehackt
6 Knoblauchzehen mit Schale
2 Estragonstängel
2 Lorbeerblätter
25 ml Estragonessig
100 ml Weißwein
100-200 ml Geflügelfond
1 TL Dijon-Senf
1 EL Tomatenmark
250 ml Sahne
2 EL Estragon, fein geschnitten
200 g Champignons
Zitronensaft

Zubereitung:

1. Tomaten überbrühen, schälen, entkernen, mit 2 EL Olivenöl, Salz und Zucker langsam einköcheln lassen.
2. Das Huhn in 8 Teile zerlegen, salzen und pfeffern, in Butter und 2 EL Olivenöl rundherum leicht anbraten. Zwiebel, Schalotten, Knoblauchzehen, Estragonstängel und Lorbeerblätter zugeben, zugedeckt im 190 Grad heißen Ofen etwa 20 Minuten dünsten, mit dem Estragonessig nach und nach ablöschen. Fett abschöpfen, etwas Olivenöl beigeben, Geflügel herausnehmen und warm stellen. Zwiebel und Schalotten mit Weißwein ablöschen, mit Geflügelfond aufgießen.
3. Senf mit Tomatenmark anrühren, beigeben, alles auf die Hälfte reduzieren lassen und passieren. Sahne und Tomaten-Mus zugeben, die Geflügelstücke wieder hineinlegen und im Ofen etwa 15 Minuten fertig garen. Zum Schluss Estragon zugeben, nochmals abschmecken.
4. Champignons vierteln, kurz in Olivenöl anbraten, salzen, mit Zitrone beträufeln und zugeben. Mit frischem Weißbrot oder Basmati-Reis servieren.

Extratipp:
Aus der Geflügelkarkasse einen Fond oder eine Brühe kochen.

Kràtos

Paestum Bianco, IGT
Luigi Maffini, Castellabate, Kampanien
2000

Auch in Italien wird die Nachfrage nach Gewächsen aus den südlichen Regionen, Abruzzen, Apulien, Kampanien und Sizilien, immer größer. Der Grund liegt sicher in erster Linie in der rasanten Preisentwicklung bei den klassischen Gewächsen aus dem Friaul, der Toskana oder dem Piemont. Darin sehen nicht nur große Investoren ihre Chance, sondern auch Kleinerzeuger, die bisher wenig Aussicht auf Erfolg hatten, weil ihre Weine international nicht gefragt waren. Einer von ihnen ist Luigi Maffini aus Castellabate in Kampanien. Seit ein paar Jahren ist er mit der Restrukturierung seiner fünf Hektar großen Rebberge, die in unmittelbarer Küstennähe liegen, beschäftigt. In der Nachbarschaft stehen die griechischen Tempel von Paestum und die Ruinen von Elea. Die kleine, funktionelle Cantina wurde im letzten Jahr umgebaut. Auf die große Vergangenheit der Region in der Magna Graecia beziehen sich dann auch die Namen seiner Weine. Der weiße Kràtos (Macht) ist einer der besten reinsortigen Fianos, er wurde im Edelstahltank ausgebaut. Üppige Fruchtaromen mit Honignuancen, Pfirsich, Zitrus, Ginster und frischen Kräutern. Saftig, reich, weich im Mund mit einer ungeahnten Frische für einen Weißwein aus dieser Region.
25,– Mark

2001 Nachlese
Reife, opulente Aromen. Ich rieche Honigmelone, Mango, Aprikose. Kürbis, Kaktusfeigen. Nussiger, weicher Geschmack mit Kraft und enormer Vielschichtigkeit. Kein Leichtgewicht, aber gerade deshalb so interessant.
15,30 Euro
Bezug über: Thomas Dutz Italienische Weine

Kürbiscurry mit knuspriger Ente und Paprika

Der Trick Wenn man die Ente über Nacht mariniert, entfalten sich die Aromen erst richtig gut.

Zutaten für 4 Personen:
2 Entenbrüste (à 220 g, wenn möglich französische)
2 Knoblauchzehen
2 dünne Scheiben frischer Ingwer
1 EL Limettensaft
2 EL Fischsauce
1 Chilischote
2 Zitronenblätter
2 EL Pflanzenöl

Curry:
650 g Kürbis
je 1 rote und gelbe Paprika (à 200 g)
100 g Thaischalotten (alternativ Schalotten oder Frühlingszwiebeln)
1 TL Palmzucker
1 TL rote Currypaste
400 ml Kokosmilch
150 ml Geflügelbrühe
2 Zitronenblätter
Fischsauce
2 frische Thaibasilikumzweige (alternativ rote Minze)

Zubereitung:

1. Entenbrüste mit kaltem Wasser abwaschen, mit Küchenpapier trockentupfen und von Sehnen befreien. Die Fettschicht der Entenbrust mit einem scharfen Messer in 1/2 cm Abstand einschneiden (dabei nicht ins Fleisch schneiden). Geschälten Knoblauch in Scheiben, Ingwer in Streifen schneiden. Mit Limettensaft, Fischsauce, Chilischote, klein gezupften Zitronenblättern und Pflanzenöl verrühren und die Entenbrust darin am besten über Nacht marinieren.
2. Kürbis von Schale und Kernen befreien und in 2 cm lange und 3 mm dicke Stifte schneiden. Paprika waschen, die Haut mit Kartoffelschäler abschälen, halbieren, entkernen und ebenfalls in Streifen (wie Kürbis) schneiden. Thaischalotten schälen und je nach Größe halbieren oder vierteln. Palmzucker in einem Topf erhitzen, Currypaste zugeben. Gemüse und Schalotten dazugeben und bei geringer Hitze etwa 3 Minuten karamellisieren lassen. Mit 200 ml Kokosmilch ablöschen, sämig einkochen lassen. Nach 5 Minuten restliche Kokosmilch und Geflügelbrühe aufgießen und weitere 10 Minuten bei geringer Temperatur köcheln lassen (Kokosmilchdose am besten mit der heißen Geflügelbrühe ausschwenken).
3. Entenbrust aus der Marinade nehmen, mit Küchenpapier abtupfen und in einer Teflonpfanne auf der Hautseite etwa 18 Minuten bei kleiner Temperatur braten. Nach etwa 10 Minuten Aromaten der Marinade (ohne Flüssigkeit) auf dem Entenfleisch verteilen. Ente während des Bratens immer wieder mit

austretendem Fett begießen. Nach der Garzeit Aromaten abstreifen, Entenbrüste in der Pfanne wenden und weitere 2 Minuten auf der Fleischseite (knusprige Fettseite zeigt nach oben) braten. Nun die Entenbrüste aus der Pfanne nehmen, auf einem Gitter etwas ruhen lassen, dann in dünne Scheiben schneiden. Zitronenblätter in hauchdünne Streifen schneiden. Kürbiscurry mit Fischsauce würzen und im letzten Moment das abgezupfte Thaibasilikum und die Zitronenblätter unterheben. Mit der rosa gebratenen Entenbrust servieren. Am besten schmeckt das Curry natürlich mit gekochtem Duftreis. Wer es gern pikant mag, kann 2 gehackte rote Chilischoten mit 1 gehackten Knoblauchzehe, 1 Prise Zucker, Saft von 1/2 Limette und 1 EL Fischsauce vermengen und über das Curry geben. Vorsicht bei der Dosierung!

Morgon »Côte du Py«

Potel-Aviron, Beaujolais, Burgund

2000

Der Beaujolais ist in den letzten Jahren insbesondere in der Gastronomie in Ungnade gefallen. War er vor 15 Jahren auf jeder nur halbwegs ordentlichen Weinkarte und als Primeur in fast jeder Kneipe Deutschlands anzutreffen, scheint er heute seinen Platz als Charmeur und Schmeichler für andere geräumt zu haben. Schade drum, denn längst haben junge Winzertalente die Vorzüge der Gamaytraube erkannt, aus der Beaujolais gekeltert wird. Gamay ist kein mächtiger Wein, er kann aber Charakter zeigen, viel mehr als viele kraftlose Alternativen seiner gegenwärtigen Konkurrenz, beispielsweise des Pinot Noir. Dieser Gewissheit folgen die beiden Erzeuger Potel und Aviron mit ihrer Philosophie. Sie verbinden die hochwertige Qualität der steinigen Böden und alten Weinstöcke mit strengen Selektionen von einzelnen Weinbergparzellen bis zur Flaschenabfüllung. Daraus entsteht ein köstlicher Wein, der mitunter fünf weitere Jahre reifen muss, bis er auf seinem Höhepunkt angekommen ist – was man ja von den wenigsten Beaujolais behaupten kann. Sehr würziges Aromenbild von Veilchen über Lilien bis hin zu getrockneten Feigen, Sauerkirschen und frischen Pflaumen. Erstaunlich ist die relativ hohe Säure und das feste Tannin. Fürwahr kein gewöhnlicher Wein.
15,80 Euro

2001 Nachlese

Delikates Bouquet nach reifen Himbeeren, roter Grütze, Fliederblüten. Saftiger Kern im Gaumen, wiederum erstaunliche Gerbstoffe. Im Mund schlanker Ansatz, noch sehr zurückhaltend durch sein jugendliches Adstringens. Verlangt ein paar Monate Zeit zur Reife.
15,80 Euro
Bezug über: feine Weine

Wachteln mit Muskattrauben

Der Trick Leber und Herz hacke ich fein, lasse sie mit der fein geschnittenen Schalotte, Majoran, Salz, Pfeffer in etwas Butter, Öl und einem Spritzer Balsamico anschwitzen und serviere sie auf Toast oder Brioche zu den Wachteln.

Zutaten für 4 Personen:
4 große Wachteln à 190 g (oder 8 kleine)
Salz
Pfeffer
4 Amaretti (alternativ Biscotti)
2 cl Grappa
2 kleine Reben Muskattrauben
4 dünne Scheiben Pancetta (alternativ mildes Wammerl)
2 EL Butter
1 EL Öl
etwas brauner Geflügel- oder Kalbsjus

Außerdem:
Zahnstocher (oder Metallspieße)
1 runder Gusseisentopf
1 Schalotte
Majoran
etwas Butter
etwas Öl
1 Spritzer Aceto Balsamico
4 Scheiben Toast (alternativ Brioche)

Zubereitung:

1. Wachteln sauber putzen, ausnehmen (Herz und Leber beiseite stellen, Zubereitung siehe Trick), waschen, trocken ausreiben, nur innen salzen und pfeffern. Amaretti einzeln in Grappa tauchen und jeweils in die Wachteln stecken. Je 4-5 gewaschene Muskattrauben (große enthäuten und entkernen) in die Wachteln füllen. Bauch mit einem Zahnstocher (oder Metallspieß) schließen. Pancettascheiben (oder Wammerl) um die Wachteln wickeln und mit einem Zahnstocher fixieren. Mit Folie abdecken und etwa 2 Stunden kalt stellen.
2. Restliche Muskattrauben in warmem Wasser waschen, die Hälfte davon entsaften, die andere Hälfte beiseite stellen. Ofen auf 220 Grad vorheizen, dann auf 190 Grad herunterschalten. Im Gusseisentopf Butter und Öl hellbraun aufschäumen lassen, Wachteln auf beiden Seiten anbraten. Deckel auf den Topf setzen und Wachteln etwa 10 Minuten braten, dabei immer wieder drehen. Pancetta abnehmen und kross braten. Wachteln auf der Brust leicht bräunen, herausnehmen, etwas Bratenfett über die Wachteln geben und warm stellen.
3. Restlichen Bratenfond mit dem Traubensaft ablöschen, Geflügel- oder Kalbsjus beigeben, einköcheln, passieren und darin die beiseite gestellten Trauben heiß ziehen lassen.
4. Wachteln mit Traubensauce übergießen und nochmals für etwa 5 Minuten ins Rohr schieben. Zum Schluss den übrig gebliebenen Grappa beigeben und mit den krossen Pancettascheiben belegen.

Bourgogne Hautes Côtes de Nuits

Jayer Gilles, Magny-les-Villers, Burgund

1999

In unserer schnelllebigen Zeit, in der Weine schon in frühester Jugend bei Blindverkostungen brillieren müssen, erscheinen die Weine der Domaine Jayer Gilles beim ersten Schluck viel zu kompliziert. Im abseits gelegenen Hügelland hinter der Côte d'Or produziert Gilles auf der elf Hektar großen Domaine seit Jahren erschwingliche weiße und rote Burgunder, die aus weniger namhaften, sündteuren Lagen stammen (einzige Ausnahme: der Grand Cru Echézeaux). Mit seinen teils alten Rebstöcken, geringen Erträgen, mit modernster Kellereinrichtung und konsequenten Vinifikationsmethoden erreicht Gilles tieffarbige, hoch aromatische Weine mit sehr viel Potenzial für die Zukunft. In Burgund gilt der Jahrgang 1999 als besonders gut gelungen – auf gleicher Stufe wie der 1949er und der 1959er. Bemerkenswert fand ich im 1999er-Jahrgang das Preis-Genuss-Verhältnis des Hautes Côtes de Nuits rouge. Sattes, tiefgründiges Bouquet. Blumig, fruchtige Noten, die von Gewürzen, Lakritze, Kamin, geräuchertem Wildfleisch und Holzaromen begleitet werden. Fleischige Struktur, seidige Tannine, lebendige Fruchtsäuren, die noch etwas im Vordergrund stehen.
24,55 Euro

2001 Nachlese

Die Nase wird derzeit noch vom neuen Eichenholz beherrscht. Vanille, Toast, Röstaromen, dazwischen Hagebutte, rote Johannisbeere, Schattenmorellen, Walnuss, Lakritze. Velourartige Textur, gute Länge, aromatisches Finale. Braucht noch ein, zwei Jahre zur Reife.
25,– Euro
Bezug über: extraprima

Französische Taube in knusprigem Brotmantel

Der Trick Der Mimolette-Käse sorgt für pikante Würze. Wichtig: Die Zutaten für die Täubchen müssen gut gekühlt sein!

Zutaten für 4 Personen:
2 französische Täubchen à 450 g, ausgenommen
1 Msp. Piment
100 g Poulardenbrust ohne Haut
120 ml Sahne
40 g Mimolette-Käse
80 g frische Gänsestopfleber (oder Taubenleber)
100 g Shiitake-Pilze
50 g Schalotten
120 g Butter
1 Bund glatte Petersilie
1 Prise getrockneter Majoran
etwas Muskatnuss
1 Kastenweißbrot (2 Tage alt)
1 Eiweiß
Pflanzenöl zum Braten
Salz
schwarzer Pfeffer

Zubereitung:

1. Tauben innen und außen waschen, trockentupfen. Brustfleisch auslösen, Haut abziehen. Fleisch von Sehnen befreien. Zwischen geölten Klarsichtfolien plattieren (mit einem schweren Messer oder einer Pfanne vorsichtig breit klopfen), mit Salz, Pfeffer, Piment würzen, beiseite stellen.
2. Gekühlte Poulardenbrust klein würfeln, salzen und in der Küchenmaschine fein mixen, dabei nach und nach Sahne zufügen.
3. Käse und Gänsestopfleber fein würfeln.
4. Pilze waschen, putzen, trockentupfen, fein würfeln. Schalotten fein würfeln, in 20 g Butter glasig anschwitzen, Pilze zugeben, etwa 3 Minuten mitbraten, mit Salz und Pfeffer würzen.
5. 80 g Butter mit dem Mixer schaumig aufschlagen, abgekühlte Pilzmischung, Käse, Gänseleber, fein gehackte Petersilie und Geflügelfarce dazugeben und vermengen.

Sauce:
300 g Taubenkarkassen
1 TL Tomatenmark
70 g weiße Zwiebeln
40 g Schalotten
30 g Staudensellerie
50 g Karotten
70 g Egerlinge, alles gewürfelt
100 ml trockener Weißwein
50 ml Madeira
1/2 l kräftiger Geflügelfond
1 Lorbeerblatt
8 Wacholderbeeren
4 Gewürznelken
1 Bouquet garni (1 Rosmarinzweig, 1 Thymianzweig, 3 Petersilienstängel)
1 Knoblauchzehe
1 EL kalte Butter

Masse nach Geschmack mit Salz, Pfeffer, Majoran und Muskat würzen.

6. Kastenweißbrot (ohne Rinde) mit einer Aufschnittmaschine der Länge nach in 4 dünne Scheiben (etwa 9 cm breit, 15 cm lang) schneiden, mit Eiweiß bepinseln, 1 EL Farce in die Mitte setzen, verstreichen, 1 Brust darauf legen, mit 1 EL Farce abdecken, aufrollen (überstehendes Brot abschneiden). In Alufolie wickeln und wie ein Bonbon aufrollen. Die restlichen 3 Brustteile genauso verarbeiten und kühl stellen.
7. Karkassen in 1 EL heißem Öl ca. 5 Minuten rösten, Röstgemüse und Egerlinge zugeben, Tomatenmark einrühren. Weitere 5 Minuten bei kleiner Hitze braten. Mit Weißwein ablöschen, einkochen lassen, nach und nach Madeira zugeben, vollständig einkochen lassen. 1/4 Liter Brühe angießen, langsam 20 Minuten köcheln lassen. Restliche Brühe angießen, Gewürze und Kräuter einlegen, weitere 20 Minuten köcheln lassen, dann durch ein feines Sieb passieren. Nochmals erhitzen, würzen. (Die Keulchen kann man übrigens nach Geschmack anbraten und in der Sauce mitschmoren.) Sauce kurz vor dem Servieren mit 1 EL klein geschnittener Butter binden.
8. Täubchen aus der Folie nehmen, in restlicher Butter und 2 EL Pflanzenöl rundum goldbraun braten. Im vorgeheizten Backofen bei 150 Grad 6-8 Min. gar ziehen lassen, dabei immer wieder mit Bratenfett übergießen. Täubchen aus dem Ofen nehmen, auf einem Gitter kurz ruhen lassen, aufschneiden und mit der Sauce servieren. Als Beilage eignen sich in Butter gebratene Pfifferlinge oder Steinpilze.

Rivermist

Cabernet Sauvignon, Cabernet Franc & Merlot
Frankland Estate, Western Australia
2001

Australiens Weinboom der letzten Jahre wurde durch eine sprunghaft angestiegene Nachfrage aus dem Ausland, insbesondere Europa, ausgelöst. In weniger als einem Jahrzehnt entwickelte sich das Land zu einer Weltmacht im Weinbau. Dennoch gibt es Regionen, wie Great Southern, in denen gerade mal seit 35 Jahren Wein angebaut wird. Harold Olmo, ein bekannter kalifornischer Önologe, erkannte 1955 bei einem Besuch, dass die klimatischen Verhältnisse von Great Southern den europäischen, insbesondere denen im Bordelais, sehr ähnlich sind. Weit weg von Ballungsgebieten, fern von Umweltbelastungen wurde hier in West-Australiens kühlster Region 1967 der erste Weinberg angelegt. Das Weingut Frankland von Judi Cullam und Barrie Smith ist mit seinen 29 Hektar für australische Verhältnisse ein Bonsai-Betrieb. Was hier produziert wird, unterscheidet sich gravierend von industriell standardisierten Weinen. Der Bordeaux-Blend aus Cabernet und Merlot gefällt mir sehr gut. Schattenmorelle, Grenadine, Maulbeere, grüner Pfeffer und helle Edelhölzer im Duft. Nobel im Mund, harmonisch strukturiert mit mittelgewichtigem Extrakt. Distinguiert im Nachhall.
9,90 Euro

2001 Nachlese
Tiefdunkelrot, ausgeprägte würzige Aromen, Lorbeer, Gewürznelke, Piment, Pfeffer. Eichenholz, Vanille, Pflaumen, Tomaten. Das Tannin ist noch nicht ganz verarbeitet, bleibt mit Nachdruck am Gaumen. Braucht noch etwas Zeit zur Reife.
10,– Euro
Bezug über: Wein & Glas Compagnie

Gedämpfter Kalbstafelspitz mit Petersiliensauce

Der Trick Durch das Garen im geschlossenen Topf mit wenig Flüssigkeit bekommt man einen sehr gehaltvollen Fond, ohne dass das Fleisch zu sehr auslaugt.

Zutaten für 4 Personen:
800 g Kalbstafelspitz
1 kleine Sellerieknolle
2 mittelgroße Karotten
4 Lauchzwiebeln
4 kleine Schaschlikzwiebeln
6 Champignons
1 Knoblauchzehe
50 g Butter
50 ml Weißwein
125 ml Wasser
1 Bouquet garni (Petersilienstängel, Lorbeer, Thymian)
Salz
Pfeffer

Petersiliensauce:
1 Bund Petersilie
1 Knoblauchzehe
1 mittlere Gewürzgurke
1 TL Kapern
1 Schalotte
2 Sardellenfilets
6 EL Olivenöl
1 EL Aceto Balsamico
2 EL frisch geriebenes Weißbrot
Meersalz
frische Kräuter

Außerdem:
4 Eier
1 kg Kartoffeln

Zubereitung:

1. Gemüse putzen, waschen und in gröbere Stücke schneiden. Zwiebeln vierteln, Knoblauch lediglich in der Schale andrücken.
2. Tafelspitz salzen, pfeffern und in der Butter in einem nicht zu großen Topf von allen Seiten anbraten, dann herausnehmen. Gemüse im Topf leicht angehen lassen, salzen, pfeffern und mit Weißwein ablöschen. Fleisch dazugeben, mit Wasser aufgießen. Bouquet garni zugeben, Topf mit einem Deckel verschließen und für etwa 1 Stunde und 20 Minuten in den 120 Grad heißen Ofen schieben.
3. Für die Sauce Petersilienblätter mit allen anderen Zutaten sehr fein hacken. Mit Olivenöl und Balsamico vermischen und mit dem frisch geriebenen Weißbrot leicht abbinden. Mit Salz und Pfeffer abschmecken. Etwas Meersalz mit frisch gehackten Kräutern mischen.
4. Das Fleisch mit Gemüse, Fond, Petersiliensauce, dem Kräutersalz, hart gekochten und klein gehackten Eiern und mit der Gabel zerdrückten Salzkartoffeln servieren.

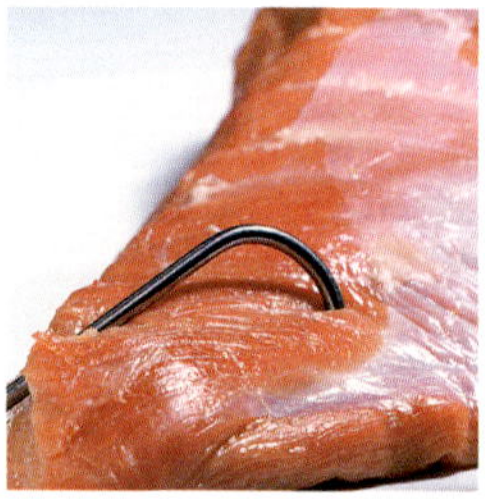

Grüner Veltliner »Renner«

Schloss Gobelsburg, Langenlois, Kamptal
2000

Das Kamptal zählt mit der weltbekannten Wachau und der viel gerühmten Weinstadt Krems zu den prestigeträchtigsten Weinanbaugebieten Österreichs. Erst 1993 wurden die beiden Regionen Kamptal und Donauland eigenständige Regionen und als solche auch anerkannt. Betriebe wie die Bründlmayers, Jurtschitschs, Schloss Gobelsburg oder Dolles sind seit Jahren für beste Qualitäten bekannt, in jüngerer Zeit kamen die von Ludwig Ehn oder dem Veltliner-Spezialisten Bernhard Ott dazu. Das Weingut Schloss Gobelsburg, gegründet 1171, erstrahlt wieder in neuem Glanz; seit 1996 werden Schloss und Weingut von den berühmten Weinmachern Willi Bründlmayer und Michael Moosbrugger (Hotel Post, Lech am Arlberg) geleitet. Bründlmayer ist mit seiner ungeheuren Professionalität und Liebe zum Produkt längst ein Star in der Branche. Er sorgt im Alltag für die Belange des Betriebs, während der stille Moosbrugger dezent im Hintergrund agiert. Der Grüne Veltliner ist ihre wichtigste Rebsorte und zählt regelmäßig zu den Gewinnern im hohen Qualitätsbereich und das nicht nur beim Grünen Veltliner. Der Jahrgang 2000 brachte sehr gute Qualitäten. Wie hervorragend Tafelspitz und Grüner Veltliner miteinander harmonieren können, erlebte ich mit dem 2000er Kammerner Renner von Gobelsburg. Explosive Kraft im Duft und Geschmack. Exotische Früchte wie Ananas, Mango, grüne Banane, dabei frische Champignons. Delikate Noten von vielen frischen Kräutern und Heu. Im Mund rund, saftig mit sehr viel Stoff und Kraft. Viel mehr Wein zu diesem Preis ist kaum zu haben.
19,50 Mark

2002 Nachlese

Der 2002er kommt nicht ganz so kraftvoll im Glas. Elegant wirken die Aromen von weißen Blüten, Pfirsich, Ananas, Limetten, Birnen. Der erste Eindruck im Mund ist geprägt von reifer Frucht und mineralischen Noten. Die feine Säure präsentiert sich delikat mit Biss und Rasse.
12,20 Euro
Bezug über: La Cave Steines

Poëlierte Milchkalbsstelze in Natursaft

Der Trick Das Garen in der Brühe macht die Stelze besonders zart und saftig.

Zutaten für 4 Personen:
1 Milchkalbsstelze
(ca. 1,5-1,7 kg)
3 l Geflügelbrühe
(alternativ Gemüsebrühe)
Salz
Pfeffer
1 Prise Paprika
30 g weiche Butter
2 EL Olivenöl
einige Fleischknochen
vom Kalb, klein gehackt
2 Zwiebeln, geschält und
geviertelt
2 Karotten, geschält und
in 2 cm großen Würfeln
80 g Staudensellerie in
2 cm großen Würfeln
1 Knoblauchzehe mit
Schale, angeklopft
1 Rosmarinzweig
4 cl Weißwein
etwas Butter
etwas Stärkemehl

Zubereitung:

1. Die Stelze in der heißen Geflügelbrühe – am besten am Vortag zubereiten – etwa 1 Stunde ziehen lassen (nicht kochen!). Herausnehmen, trockentupfen, mit Salz, Pfeffer und Paprikapulver würzen und mit weicher Butter bepinseln.
2. Ofen auf 220 Grad vorheizen, dann auf 190 Grad zurückschalten. In einem ovalen Gusseisenbräter Olivenöl erwärmen, Knochen hineingeben, leicht Farbe nehmen lassen. Die Milchkalbsstelze darauf setzen, in den Ofen geben und 30 Minuten braten. Dabei öfter mit dem ausgetretenen Saft übergießen, wenn nötig etwas Geflügelbrühe dazu gießen.
3. Nun die Gemüse und Aromaten beigeben und weich braten. Die Stelze in ein anderes Bratgeschirr umsetzen, mit Bratenfett begießen und heiß stellen.

4. Für die Sauce Flüssigkeit einkochen lassen, mit Wein ablöschen, einkochen, mit Geflügelbrühe bedecken, einkochen – öfter wiederholen. Danach durch ein feines Sieb passieren und zum Schluss etwas braune Butter beigeben. Ganz leicht mit wenig angerührtem Stärkemehl abbinden. Das Bratgeschirr von der Stelze mit 2 EL Wasser ablöschen, 2 EL von der fertigen Sauce beigeben und die Stelze einige Male übergießen.

5. Die Stelze in Scheiben schneiden und mit der heißen Sauce angießen. Überbackener Fenchel und Rosmaringnocchi passen hervorragend dazu.

Extratipp:
Diese Methode wende ich auch bei einem Mast- oder Bressehuhn an.

The Hattrick

Australian Domaine Wines, Walkerville, McLaren Vale
2000

Der fünfte Kontinent, Australien, zählt zu den wenigen dieser Erde, in denen ursprünglich keine Weinreben wuchsen. Erst gegen Ende des 18. Jahrhunderts wurden die ersten Weinstöcke vom Kap der guten Hoffnung und aus Europa nach Australien gebracht, wo man aus ihnen süßliche, kräftige, den klimatischen Bedingungen entsprechende Weine für den heimischen Bedarf kelterte. Vieles hat sich seither geändert: Australien ist zur Wein-Weltmacht aufgestiegen, bei den produzierten Mengen wie bei der Qualität. Die so genannten Multi-District Blends werden teils aus Trauben ganz unterschiedlicher Herkunft, also aus Hunderte von Kilometern entfernten Gebieten zusammengekauft und zu recht guten Qualitäten verarbeitet. Damit verdient die Branche heute ihr Geld. Daneben kommen aus Australien tolle Rotweine von sehr dickem, dichtem Charakter. In Downunder werden einige der mächtigsten Roten der Welt produziert. Immer wieder entdecke ich neue kleine Kellereien mit Weinen, schwarz wie die Nacht, von orientalischer Würze, komplexem Stoff, raumfüllend, alkoholreich. Wäre Arnold Schwarzenegger ein Wein, er wäre ein Australier, vielleicht sogar ein Hattrick, der vor kurzem als außergewöhnlichster Exportwein Australiens nominiert wurde. Der Blend, den der Weinmacher Tony De Lisio vom Weingut Classic McLaren Estate nun im vierten Jahr produziert, wird aus Shiraz, Grenache und etwas Cabernet hergestellt. Ein herausragender Rotwein: enorme Fruchtigkeit, weich, saftig, ohne dicke, süßliche Stoffigkeit, dafür mit Schliff und Biss. Für die nächsten zehn Jahre eine Anlage. Leider wird er nur in kleinsten Mengen produziert.
39,– Euro

2001 Nachlese
Allen Gegnern zum Trotz – diese Klasse von Überseeweinen mag ich gerne. Alles zu seiner Zeit, aber der Hattrick hat auch beim 2001er Jahrgang alles, was ein Klassewein haben muss: betörendes Bouquet, geballte, reife Frucht, süße, ausgereifte Gerbstoffe, Kraft, Saft, Länge und Nachdruck!
39,– Euro
Bezug über: Martin Apell

Ossobuco mit Safranrisotto

Der Trick Die Gremolata gibt diesem Gericht den nötigen Pfiff.

Zutaten für 6 Personen:
6 Kalbsstelzen-Scheiben (Kalbshaxe)
Mehl
6 EL Pflanzenöl
Salz
Pfeffer
1 EL Butter
3 feinst gehackte Knoblauchzehen
2 mittelgroße Zwiebeln, fein gewürfelt (ca. 140 g)
je 2 Sellerie- und Karottenstangen in 1/2 cm große Stücke gewürfelt
2 Lorbeerblätter
1/2 l trockener Weißwein
1 mit Lauch gebundenes Bouquet garni aus einigen Petersilienstängeln, Thymianzweigen und 1 Rosmarinzweig
400 g als Tomatensauce gekochte Dosentomaten
Geflügelbrühe oder Wasser

Gremolata:
1 ungespritzte Zitrone
1 Hand voll glatte Petersilie
2 Knoblauchzehen
1 Prise Oregano
1 Hauch Orangenschale

Safranrisotto:
200 g Risottoreis Arborio
1 EL Olivenöl
20 g Butter oder Rindermark
1/2 kleine weiße Zwiebel, fein geschnitten
1 Schalotte, fein geschnitten
1 Msp. Safranfäden
3/4 l heiße Geflügelbrühe
1 EL geriebener Parmesan
20 g Butter
1 EL geschlagene Sahne

Zubereitung:

1. Ofen auf 220 Grad vorheizen.
2. Kalbsstelzen-Scheiben in Mehl wenden, abklopfen und in 3 EL heißem Öl auf beiden Seiten rasch braun anbraten (am besten in einer schweren Eisenpfanne). Erst jetzt salzen und pfeffern.
3. In der Zwischenzeit Butter und restliches Öl erhitzen, Knoblauch anschwitzen, Zwiebelwürfel beigeben und langsam glasig anschwitzen. Nun die kleinen Staudenselleriesowie Karottenwürfel zufügen und alles 5 Minuten simmern lassen.
4. Gewürzte Kalbsstelzen-Scheiben (ohne Fett) und Lorbeerblätter beigeben; Gemüse und Fleisch vermengen und dünsten lassen. Nach und nach Weißwein beigeben, gänzlich einköcheln lassen, Bouquet garni sowie Tomaensauce zufügen. Mit Deckel ins vorgewärmte Rohr schieben.
5. Von Zeit zu Zeit mit kochend heißer Geflügelbrühe angießen und Fleisch so weich dünsten. Es sollte stets gewendet werden und knapp mit Flüssigkeit bedeckt sein.
6. Nach etwa 2 1/2 Stunden sollte das Fleisch weich sein, Lorbeer und Kräutersträußchen entfernen. Sauce abschmecken; sie sollte eine sämige Konsistenz haben.

7. Gremolata: Von der unbehandelten Zitrone Schale und Weißes abreiben. Petersilie fein schneiden, geschälten Knoblauch ohne Keim feinst hacken. Vom Fleischsud etwas Fett abschöpfen und darin den Knoblauch leicht anschwitzen. Oregano, Petersilie, Zitronenabrieb und Orangenschale zugeben, ganz kurz erwärmen. Gremolata auf den Fleischscheiben verteilen. Auf heißen Tellern mit Safranrisotto servieren.

RWT-Shiraz

Penfolds
Barossa Valley, South Australia
1998

Australiens Weinindustrie ohne Penfolds Wines kann ich mir gar nicht mehr vorstellen. Nicht nur, weil Penfolds Australiens Weingigant Nummer eins ist, sondern auch wegen der sehr guten Qualitäten in allen Preisklassen. Das Motto »Masse statt Klasse« ist bei der 1844 gegründeten Kellerei keineswegs zutreffend. Dafür sorgte auch über dreißig Jahre lang der deutsche Kellermeister Max Schubert. Australien hat ihm seinen berühmtesten Wein, den Grange, zu verdanken. Seit 1985 unterstützt der experimentierfreudige John Duval das Kellermeisterteam. Von ihm stammt die Idee zum Rotweinversuch RWT (Red Winemaking Trial): ein reinrassiger Shiraz aus Trauben, die ausschließlich aus dem Barossa Valley stammen und nicht – wie üblich – von weit auseinander liegenden Regionen. RWT wurde erstmals 1997 produziert. Der 1998er folgte mit einer überwältigenden Qualität, die RWT zu einem großen Highlight der Penfolds-Dynastie erhob. Sattes, tiefes Purpur. Reduktive, insgesamt noch verschlossene Aromen: reife Zwetschgen, Blaubeere, Schwarzkirsche, Cassis. Süßholz, Zedern, Schokolade, Tabak. Gaumenfüllende dichte Textur, viel Extrakt, reife, dennoch kernige Tannine mit trockenem Abgang. Braucht noch zwei, drei Jahre zur absoluten Reife.
87,50 Euro

1999 Nachlese
Tiefes Purpurrot mit sattem Kern, mächtiges, komplexes Fruchtaroma, dazu Backpflaumen, Tamarillo, Hagebutte, Rote Bete, Eukalyptus, Malzbrot, orientalische Gewürze und Waldpilze. Ausgewogener, fülliger Körper mit eindrucksvollem Finale.
89,50 Euro
Bezug über: Wein-Blüte

Kalbsschwanzragout mit Bries und Niere

Der Trick Kalbsschwanzstücke gleichmäßig auf den Boden des Bräters verteilen, langsam schmoren und von Zeit zu Zeit mit Wasser begießen – das gibt der Sauce optimalen Glanz und Kraft. Sollte die Sauce zu dünn sein: etwas Maizena mit Madeira anrühren und die Sauce damit leicht binden.

Zutaten für 4 Personen:
1 kg Kalbsschwanz in Stücke geschnitten oder küchenfertige Kalbsbacken
Salz
Pfeffer
Mehl
3 EL Öl
1/2 l Fleischbrühe
1 Knoblauchzehe
je 1 Msp. Kümmel, Fenchelsamen, Koriandersamen und Senfkörner (oder fertige Gewürzmischung)
2 Gewürznelken
je 1 Prise Majoran und Curry
1 TL Tomatenmark
100 ml Madeira
1/4 l trockener Riesling
1 Bouquet garni (Rosmarin oder Thymian, Petersilienstängel und Lorbeerblatt)
12 kleine Perlzwiebeln
2 TL Butter
Zucker
4 mittelgroße Karotten
2 weiße oder Teltower Rübchen
4 küchenfertige Kalbsbriesröschen à 50 g
4 Kalbsnierenstücke à 50 g (das Fett vom Metzger nicht entfernen lassen!)

Zubereitung:

1. Kalbsschwanzstücke mit Salz und Pfeffer einreiben und mit Mehl bestäuben. 2 EL Öl in einem Bräter erhitzen und Kalbsschwanz darin von allen Seiten anbraten. Aus dem Bräter heben, Bratenfett abgießen und die Stücke wieder einlegen. Im auf 225 Grad vorgeheizten Backofen 30 Minuten braten, dabei von Zeit zu Zeit das überschüssige Bratenfett abschöpfen und die Fleischstücke mit etwas Fleischbrühe begießen.
2. Knoblauch schälen und im Mörser mit den Gewürzen zermahlen. Tomatenmark untermischen und die Paste zu den Kalbsschwanzstücken geben. Kurz anrösten, mit Madeira und Riesling ablöschen, das Gewürzsträußchen einlegen und die Flüssigkeit fast zur Gänze einkochen. Kalbsschwanz zugedeckt im Ofen 45 Minuten weich schmoren, dabei immer wieder mit Wasser begießen, so dass das Fleisch knapp bedeckt ist.
3. Perlzwiebeln schälen und in 1 TL Butter mit 1 Prise Zucker karamellisieren. Karotten und Rübchen schälen bzw. putzen. Karotten in etwa 5 cm lange Stücke schneiden, längs halbieren und in 1/2 cm breite Stifte oder Halbmonde schneiden. Rübchen achteln. Gemüse zu den Perlzwiebeln geben, alles dünsten und zum Fleisch geben, mit Salz und Pfeffer würzen und die restliche Fleischbrühe angießen. Zugedeckt weitere 20 Minuten schmoren lassen, dann das Bouquet garni entfernen.
4. In einer Teflonpfanne das restliche Öl und die übrige Butter erhitzen. Die Kalbsbriesröschen und die Nierenstücke im Fett goldbraun braten. Mit Salz und Pfeffer würzen. Aus der Pfanne heben und auf Küchenpapier abtropfen lassen.
5. Kalbsschwanz mit Bries und Nieren auf vorgewärmte Teller verteilen und mit dem Gemüse umlegen. Die Sauce über das Fleisch geben (wer will, kann die Sauce auch passieren). Übrigens: Ich schmore die Gemüse mit, weil sie dann besser schmecken. Sie können das Gemüse mit Morcheln, Egerlingen etc. variieren oder im Herbst nur frische Waldpilze verwenden. Zum Ragout serviere ich handgeschabte Spätzle oder ein flaumiges Kartoffelpüree – wer will, kann es mit Knollenselleriepüree im Verhältnis 2 : 1 mischen.

Treana

Red Table Wine
Treana, Paso Robles, Central Coast
1997

Die Wiege des amerikanischen Weinbaus steht ohne Zweifel in Kalifornien. Schon im Jahr 1796 wurde bei der Gründung der San Diego Mission der erste Weinberg mit der Rebsorte Criolla angepflanzt. Der Zinfandel kam fünfzig Jahre später. Die Folgen der Reblauskatastrophe, die Prohibition und der Zweite Weltkrieg brachten die Weinkultur bis Anfang der sechziger Jahre zum Erliegen. Joe Heitz, Robert Mondavi und André Tchelistcheff waren damals die Männer der ersten Stunde. Das alles scheint vergessen, heute entstehen ständig neue Kellereien, aber längst nicht alle sind es wert, entdeckt zu werden. Die Treana-Kellerei jedoch gehört zu jenen, bei denen es sich lohnt. Sie wurde 1996 vom Cabernet-Sauvignon-Meister Chuck Wagner (Caymus) und Marilyn Hope in Paso Robles gegründet. Ihr Winemaker Chris Phelps war nach seiner Ausbildung in Bordeaux und an der Weinfachschule Davis für die Dominus-Weine (Christian Moueix, Petrus) verantwortlich. Der Super Paso Treana Red besteht aus den Sorten Cabernet Sauvignon, Merlot, Sangiovese, Syrah und Petite Syrah. Tiefgründige Frucht wilder Beeren, Karotten, Rote Bete, schwarzer Tee, Fleischextrakt im Duft. Sanft wie Bitterschokolade, lang im Fluss, enorme Kraft.
43,50 Euro

1999 Nachlese
Ein Korb voll wilder Früchte untermalt von fleischigen Noten. Erdige Töne mit vielschichtiger Mineralität, rohes Fleisch, frisches Blut, Muskatnuss, Wacholder, schwarzer Pfeffer. Trotz der unheimlichen Aromendichte wirkt der Wein am Gaumen fein und elegant, mit samtig weichem Tannin. Leider etwas kurz im Abgang, noch etwas zu jung.
40,– Euro
Bezug über: Weingarten Eden

Der beste Hamburger

Der Trick Nur frisches, marmoriertes Fleisch verwenden und frisch durch den Wolf drehen.

Zutaten für 1 Person:
180 g Lende mit Fett (ohne Sehnen), alternativ Rib-Eye
1 Hamburger-Brötchen (mit Sesam)
20 g weiche Butter
1 EL Pflanzenfett
2 EL Mayonnaise
1 TL Meerrettich aus dem Glas
1 Tomate
1 rote Zwiebel
2 Salatblätter (Eissalat)
1 Gewürzgurke oder frische Gurkenscheiben
Ketchup
Salz
Pfeffer aus der Mühle

Zubereitung:

1. Brötchen halbieren, auf der Innenseite mit weicher Butter bestreichen und in der Teflonpfanne goldgelb braten.
2. Lende durch den Wolf drehen, mittlere Scheibe, lockeres Küchlein formen – nicht drücken oder kneten. Anschließemd auf beiden Seiten salzen und pfeffern.
3. Auf vorgeheizten, leicht eingeölten Grillstäben nach Wunsch braten (oder auch in der Pfanne). Nochmals leicht salzen und pfeffern und mit Öl oder Butter bepinseln.
4. Mayonnaise mit dem Meerrettich verrühren, Tomate sowie geschälte rote Zwiebel in Scheiben schneiden.
5. Auf die getoastete Brötchenseite ein Blatt Salat legen, darauf eine Tomatenscheibe und das Küchlein, salzen, pfeffern, die Zwiebelscheibe darauf, einige Gurkenscheiben, ein weiteres Salatblatt und den Deckel vom Brötchen. Dazu extra Mayonnaise und Ketchup sowie knusprige Pommes frites. Mund weit aufmachen und hineinbeißen.

Extratipp:
Alternativ können Sie ein Beefsteaktatar verwenden; würzen und auf beiden Seiten je 1 Minute anbraten.

Agramont

Tempranillo
Bodegas Principe de Viana, Navarra
1999

Die spanischen Gewächse sind eine feste Größe in deutschen Weinregalen geworden. Auch Weine aus weniger bekannten Kellereien und unbeachteten Regionen wie etwa Navarra. »Die Herkunftsbezeichnung D. O. Navarra erinnert an einen Stierkämpfer, der darauf drängt, in die Meisterklasse aufzusteigen, nachdem er seine Verdienste in langer Lehrzeit unter Beweis gestellt hat und nun hofft, als Matador aufgenommen und anerkannt zu werden«, so schreibt das Fachmagazin »Vinos de España«. Kellereien wie Chivite, Gulbenzu, Magaña, Ochoa oder Principe de Viana feiern ihre ersten Erfolge. Sie alle stehen für hohe Qualität in der Region. Im preiswerten Bereich gefallen mir zur Zeit die Weine von Principe de Viana aus Murchante ganz gut. Der noch sehr junge Agramont Tempranillo wirkt jetzt, in seiner ersten Entwicklungsphase, wild und lebhaft. Sein Bouquet zeigt ständig neue Varianten. Von rauchig-würzig mit Pfeffer-, Wacholder-, Muskatnussnoten bis zu saftig reifen Tomaten, Ketchup und Röstaromen. Er vermittelt geschmackliche Reife mit seinen warmen Tanninen, seiner herzhaften, kernigen Statur, ist leicht im Gaumen, aber dennoch nicht kraftlos.
13,50 Mark

2001 Nachlese
Wiederum reife Tomaten, Ratatouille-Gemüse, Pfeffer und Muskatnoten, Pflaumen, Lakritze. Im Mund leicht, feine Würze. Nach wie vor robuster Charakter mit rauchiger Note.
5,40 Euro
Bezug über: Weinhaus Mauz

Lendenschnitte in einer anderen Rotweinsauce

Der Trick Der rote Portwein bringt eine perfekte Abrundung zwischen Süße und Säure.

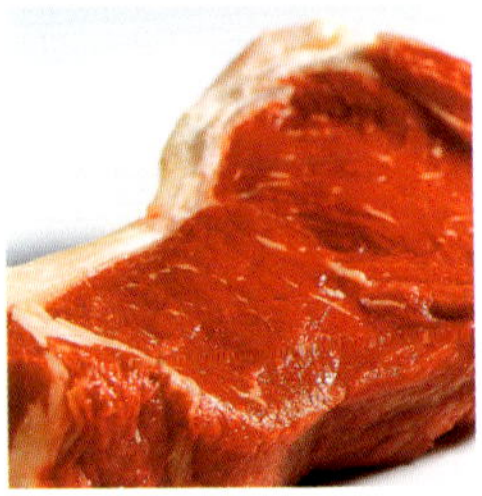

Zutaten für 4 Personen:
2 x à 400 g Lendenschnitten ohne Sehnen und Fett (leicht mit dem Handballen angeklopft)
30 g Butter
1 EL Pflanzenöl
Salz
Pfeffer

Rotwein-Schalotten-Sauce:
120 g Butter
2 Schalotten, geschält und fein geschnitten
1 EL milder Rotweinessig
50 ml roter Portwein
300 ml junger Merlot oder Shiraz, zur Hälfte eingekocht
1 Thymianzweig
1 kleines Lorbeerblatt
200 ml Geflügel- oder Kalbsfond
Salz
grober schwarzer Pfeffer
Schnittlauch zum Garnieren

Zubereitung:

1. Butter und Öl in einer Sauteuse (Kupferpfanne mit dickem Boden) hellbraun aufschäumen lassen. Lende hineinlegen, 2 Minuten rasch anbraten, umdrehen und die angebratene Seite salzen und pfeffern. Nach weiteren 2 Minuten die andere Seite würzen und nun bis zum gewünschten Garpunkt braten, dabei stets mit dem Fett übergießen.
2. Lende auf einen umgedrehten Teller legen, diesen auf einen großen, mit Folie abgedeckten Teller stellen und vor dem erwärmten Rohr etwa 15 Minuten ruhen lassen. Ein- bis zweimal wenden. Bratenfett abgießen.
3. Für die Sauce 20 g Butter in die Pfanne geben, aufschäumen lassen (darf nicht braun werden), Schalotten darin langsam glasig anschwitzen. Mit Rotweinessig ablöschen, ganz verdunsten lassen, Portwein, den eingekochten Rotwein, Thymianzweig, Lorbeer sowie den kräftigen Fond beigeben und bis zur Sirupähnlichkeit einkochen lassen. Lorbeer und Thymian entfernen und die restlichen 100 g kalte Butter langsam einschwenken. Würzen mit Salz und reichlich Pfeffer aus der Mühle.
4. Die Lende nochmals salzen und pfeffern, in fingerdicke Scheiben schneiden, auf heiße Teller anordnen, mit der Sauce umgießen, garnieren. Dazu passen glacierte Frühlingszwiebeln (10 Stück in 30 g Butter mit 1 Prise Zucker und Salz etwa 20 Minuten weich köcheln), Egerlinge, Blattspinat, knusprige Kartoffeln.

Dayman Tannat

Castel La Puebla, Rivera, Uruguay
1999

Die besten Weine Südamerikas, das hat sich längst herumgesprochen, kommen aus Chile und Argentinien. Wenn es um Mengen geht, ist auch Brasilien von Bedeutung. Für die Uruguayer gehört Wein erstaunlicherweise zum täglichen Leben, und zwar nicht nur beim Essen; als Kulturelement genießt er einen ganz besonders hohen Stellenwert. Die wichtigsten Anbaugebiete, Canelones und Montevideo, liegen im Süden des Landes. Die rote Rebsorte Tannat stellt die Basis der Weinkultur in Uruguay dar. Sie wurde 1874 aus dem französischen Baskenland vom Immigranten Harriague eingeführt und an den Ufern des Rio Dayman angepflanzt. 1975 beschloss der junge Önologe Hector Stagnary an die hundertjährige Geschichte anzuknüpfen und pflanzte in derselben Gegend zehn Hektar Tannat, einen Hektar Merlot und einen Hektar Syrah. Zum herrlichen Schloss inmitten eines Tropenparks gehören fünfzig Hektar Grundbesitz. Klima sowie Sonneneinstrahlung sind mit dem Bordeaux vergleichbar. Die Vinifikation verläuft im modernen Stil: Ein Großteil des Weines wird in neuem Eichenbarrique ausgebaut. Auffallendes Merkmal dieses Tannats ist seine ungewöhnlich weiche Struktur. Deutliche Ansätze von Cassis und Schwarzkirsche, Nelken, schwarzem Pfeffer, Wacholder. Exotische Hölzer, dunkle Zigarren. Mittelkräftiger Stoff, der gut im Gaumen liegt und in den nächsten drei bis fünf Jahren für den Preis Spaß macht.
14,– Euro

2000 Nachlese
Der aktuelle Jahrgang 2000 hat inzwischen seine Reife erreicht und macht richtig Freude. Bleibt weiterhin im Verkauf.
14,50 Euro
Bezug über: Weinzeche

Gekochte Rinderschulter mit Kartoffel-Gurken-Salat

Der Trick Die gerösteten Kürbiskerne und das Kernöl!

Zutaten für 4 Personen:
1,3 kg flache Rinderschulter
1 Bouquet garni (Knollensellerie, Lauch, Karotten, Petersilienwurzel und -stängel)
1 Rosmarinzweig
10 schwarze Pfefferkörner
3 Lorbeerblätter
4 Nelken
1 Zwiebel (100 g)
100 g junge Petersilienwurzeln
100 g junge Karotten
1 1/2 TL Salz

Salat:
800 g fest kochende Kartoffeln
Salz
etwas Kümmel
80 g Schalotten
70 ml Sonnenblumenöl
70 ml Apfelessig
1 EL mittelscharfer Senf
140 ml Fleischbrühe
frisch gemahlener Pfeffer
1 kleine Salatgurke (ca. 150 g)
200 g geputzte Radieschen

Außerdem:
2 TL Schnittlauchröllchen
1 EL Sonnenblumenöl
40 g geschälte Kürbiskerne
Kürbiskernöl von bester Qualität, nach Geschmack
etwas Meersalz

Zubereitung:

1. In einem großem Topf 3 1/2 Liter Wasser mit dem Salz zum Kochen bringen. Rinderschulter einlegen, Bouquet garni, Rosmarinzweig, Pfefferkörner und die geschälte und mit Lorbeerblättern und Nelken gespickte Zwiebel zugeben. Bei geringer Hitze etwa 2 1/2 Stunden köcheln lassen, dabei wiederholt den aufsteigenden Schaum abschöpfen. Bei Bedarf etwas Wasser nachgießen.
2. Inzwischen Petersilienwurzeln und Karotten schälen und 30 Minuten vor Ende der Garzeit in die Brühe legen und mitköcheln.
3. Für den Salat Kartoffeln waschen, in einem Topf mit Wasser bedecken, salzen, Kümmel einstreuen und zugedeckt 20-25 Minuten kochen. Wasser abgießen, Kartoffeln lauwarm abkühlen lassen, pellen, in Scheiben schneiden und in eine Schüssel füllen.
4. Für die Vinaigrette Schalotten schälen und fein hacken. 20 ml Sonnenblumenöl in einem Topf erhitzen, darin Schalotten glasig anschwitzen und vom Herd nehmen. Essig, Senf sowie die heiße Fleischbrühe untermischen. Restliches Öl einrühren, salzen und pfeffern. Vinaigrette über die Kartoffeln gießen und zugedeckt etwa 20 Minuten ziehen lassen. Gurke schälen und in feine Scheiben schneiden, unter die Kartoffeln mischen und weitere 10 Minuten ziehen lassen. Radieschen in dünne Scheiben schneiden und kurz vor dem Servieren beigeben, abschmecken. Kartoffelsalat mit Schnittlauchröllchen bestreuen.
5. Sonnenblumenöl in einer Pfanne erhitzen, darin Kürbiskerne kurz rösten und auf Küchenpapier abtropfen lassen. Rinderschulter aus der Brühe heben und auf einem Tranchierbrett in Scheiben schneiden, Suppengemüse daneben anrichten. Fleisch mit den Kürbiskernen bestreuen. Mit Kürbiskernöl beträufeln, mit Meersalz bestreuen, mit etwas heißer Brühe begießen und mit dem Kartoffel-Gurken-Salat servieren.

Les Garrigues

Domaine Clavel, Assas, Coteaux du Languedoc
2000

Längst ist die Region Coteaux du Languedoc an der südlichen Rhône, zwischen Narbonne und Nîmes, aus ihrem Tiefschlaf erwacht. Stark dazu beigetragen haben Winzer wie Pierre Clavel, ein sympathischer, stets fröhlicher Zeitgenosse. 1986 pachtete der Autodidakt seine ersten Weinberge auf exzellentem Terroir, da er sich entschlossen hatte, nur Weine auf höchstem Niveau zu produzieren. Schlecht erhaltene Rebstöcke wurden aus den heruntergekommenen Weinbergen herausgerissen und hauptsächlich mit Syrah-Trauben neu bepflanzt. Eintracht mit der Natur ist Clavel ebenso wichtig wie geringe Erträge und moderne Kellertechnik, die er sparsam einsetzt, damit seine Weine authentisch bleiben. Der Les Garrigues rouge, eine Cuvée aus Syrah- und Grenache-Trauben, begeistert mit seinem Duft: süße Amarenakirschen, Holunderbeeren, schwarze Trüffel, Bitterschokolade und jede Menge Gewürze. Im Mund warme, weiche, seidige, reife Tannine. Viel Extrakt, sehr gute Balance und finessenreicher Nachklang. Nicht ohne Grund schwärmen Kritiker wie Weinliebhaber gleichermaßen von Clavels Weinen, die immer schnell ausverkauft sind.
7,60 Euro

2001 Nachlese
So gut war der Garrigues noch nie, oder doch!? Die verschwenderische Frucht-Gewürznase lässt keine Wünsche offen. Von Schwarzkirschen, Holunder, Brombeersaft bis zu Gewürzen wie Pfeffer, Wacholder und Kräutern der Garrigue ist alles gebündelt im Glas. Der volle Geschmack am Gaumen füllt die letzte Zahnlücke. Opulent und dennoch elegant durch seine reifen Tannine. Und das alles für wenig Geld. Bravo!
7,90 Euro
Bezug über: Pinard de Picard

Gulasch mit Paprika-Mikado

Der Trick Aus den Kräutern einen Tee kochen und zum Fleisch geben!

Zutaten für 8 Personen:
1 1/2 kg küchenfertige Rinderwade, in grobe Würfel geschnitten
150 g Schweinefett
1 1/2 kg Zwiebeln
250 ml kaltes Wasser
2 EL milder Obstessig
2-3 EL Paprikapulver
3 EL Tomatenmark
10 g Kümmel
1 g Majoran
3 Lorbeerblätter
1 g Thymian
1/2 l Wasser
420 g geschälte Kartoffeln
3 Knoblauchzehen
1 TL Kümmel
1 EL Olivenöl
Schale von 1 unbehandelten Zitrone
je eine gelbe, rote und grüne Paprika, in Rauten geschnitten
etwas Olivenöl

Zubereitung:

1. Zwiebeln in feine Scheiben schneiden, im Rinderfett anschwitzen, salzen, pfeffern und einkochen lassen, bis das Zwiebelwasser verdunstet ist. Tomatenmark zugeben und etwa 5 Minuten anrösten, nicht anbrennen lassen! Anschließend vom Herd nehmen, leicht auskühlen lassen.
2. Paprika zugeben und heiß rühren. Essig und Wasser mischen und einrühren. Fleischwürfel salzen, pfeffern, zu den Zwiebeln geben und bei kleiner Hitze weiter köcheln lassen.
3. Kümmel, Majoran, Thymian und zerbröselte Lorbeerblätter in einen Topf geben, mit 1/2 Liter erhitztem Wasser aufgießen und etwa 15 Minuten bei geschlossenem Deckel zu einem Tee ziehen lassen, durch ein dünnes Sieb passieren, dann zum Fleisch geben.
4. Knoblauch in Scheiben schneiden, 1 TL Kümmel darauf geben, mit Olivenöl beträufeln und alles sehr fein hacken. Gemeinsam mit der Zitronenschale 5 Minuten vor Ende der Schmorzeit (insgesamt 1 1/2 Stunden zum Gulasch geben. Paprikamikado kurz in Öl anschwenken und dem Gulasch beigeben. Dazu Dampfkartoffeln mit Kümmel servieren.

Château Monbrison

Cru Bourgeois, Margaux, Bordeaux

1996

Château Monbrison liegt mit seinen 14 Hektar Rebfläche ziemlich abgelegen, versteckt im Süden der Region Margaux. Besucher des Weinguts müssen sich vorher unbedingt anmelden. Als ich im Frühjahr 1997 das erste Mal hinfuhr, war meine Begeisterung sehr groß. Was Laurent Vonderheyden, der Leiter von Monbrison, aus dem Fass in die Gläser schenkte, war unglaublich gut, besser als die meisten höher eingestuften 1996er aus viel berühmteren Weingütern: Die Cuvée aus 35 Prozent Merlot, dreißig Prozent Cabernet Sauvignon, dreißig Prozent Cabernet Franc und fünf Prozent Petit Verdot präsentierte sich schon als Fassprobe phantastisch: tiefes, sattes Purpur. Gewaltiger Duft in der Nase: konzentrierte Beerenfrüchte, auch Blüten wie Rosen, Veilchen, Lilien. Im Mund kommen neben den samtigen, weichen Tanninen Kaffeebohnen und Bitterschokolade zum Ausdruck. Reife, süßliche Fülle mit einem gewaltigen Finish. Ein prächtiger Margaux für die nächsten 15 Jahre. Ein Wein, der das klassische Gulasch adelt, es mit seiner tiefen Struktur, Kraft, Würze und Fülle zu einem Festessen werden lässt.
56,– Mark

1999 Nachlese

In Margaux ist der 1999er ein Jahrgang für Genießer: früh trinkreif mit Burgunder-Noten. Rubinrot mit aufhellendem Rand. Toastiges Dörrpflaumen-Bouquet, reife Waldbeeren, Cassis, Holundersaft, reife Tomaten. Saftiges Extrakt, mollige, seidige Textur. Eleganter, aristokratischer Stoff, der jetzt höchstes Trinkvergnügen bereitet.
29,40 Euro
Bezug über: Wein & Glas Compagnie

Mein Zwiebelrostbraten

Der Trick Die Zwiebelsauce mit Majoran und einem Hauch Aceto Balsamico.

Zutaten für 2 Personen:
2 Scheiben von der Hochrippe oder Lende (je ca. 200 g) mit Fettrand
Salz
frisch gemahlener Pfeffer
1 EL Sonnenblumenöl
20 g Butter

Sauce:
200 g weiße Zwiebeln
60 g Butter
1 TL Tomatenmark
100 ml Weißwein
1/2 l Rinderbrühe
Salz
frisch gemahlener Pfeffer
1/2 TL Majoran
1 Spritzer Aceto Balsamico (mindestens 10 Jahre gereift)

Röstzwiebeln:
500 g weiße Zwiebeln
4 EL Sonnenblumenöl
50 g Butter
1 Hauch Mehl

Außerdem:
1 EL Schnittlauchröllchen zum Bestreuen

Zubereitung:

1. Zunächst für die Sauce Zwiebeln schälen, halbieren, in feine Streifen schneiden und in zerlassener Butter unter Rühren hell braten. Das Tomatenmark einrühren und kurz anschwitzen. Mit Weißwein ablöschen und fast völlig einkochen lassen. Die Rinderbrühe in vier Portionen nacheinander angießen, dabei die Flüssigkeit jeweils unter Rühren fast völlig reduzieren. Die Sauce sollte schön sämig sein. Sauce mit Salz, Pfeffer, Majoran sowie Aceto Balsamico nach Geschmack würzen und warm halten.
2. Inzwischen die restlichen Zwiebeln schälen, halbieren und in feine Streifen schneiden. Öl und Butter in der Pfanne erhitzen, Zwiebelstreifen leicht mit Mehl bestäuben, bei nicht zu starker Hitze knusprig braten. Überschüssiges Fett abgießen, Zwiebeln auf Küchenpapier legen.
3. Die Fleischscheiben zwischen Frischhaltefolie gleichmäßig plattieren (oder mit dem Handballen breit drücken und anschließend stauchen), den Fettrand mehrfach einschneiden. Die Scheiben salzen, pfeffern und in Öl anbraten. Butter zufügen und den Rostbraten bei nicht zu starker Hitze leicht rosa braten, dabei immer wieder mit dem Bratenfond begießen.
4. Den Rostbraten auf vorgewärmte Teller anrichten. Mit Sauce umgießen und mit den Röstzwiebeln belegen. Die perfekte Beilage: rösche Bratkartoffeln. Im Schwäbischen isst man aber auch gern mit Sauerkraut gebratene Spätzle dazu. Wer mag, bestreut den Rostbraten vor dem Servieren mit Schnittlauchröllchen.

Sagrantino di Montefalco »Collepiano«

Arnaldo Caprai, Montefalco, Umbrien

1998

Italiens grünes Herz, die Region Umbrien, liegt eingebettet zwischen der Toskana im Nordosten, den Marken im Westen und Latium im Süden. Mittelalterliche Städte wie Perugia prägen diese alte Kulturgegend – schon die Etrusker bauten hier Wein an. Der weiße Orvieto hat weltweit den höchsten Bekanntheitsgrad. Und dennoch ist Umbrien immer noch Entwicklungsland: Die Häuser Antinori und Lungarotti blieben lange Synonyme für umbrische Weine. Ehrgeizigen Winzern wie Arnaldo Caprai gelang der Aufstieg etwas später. Erst dessen Sohn Marco und dem talentierten Weinmacher Attilio Pagli gelang es Anfang der neunziger Jahre, den Sagrantino di Montefalco aus der gleichnamigen Rebsorte zu ihrem Markenzeichen zu machen – und zu einem anerkannten Spitzenwein, der Jahr für Jahr mit höchsten Auszeichnungen dekoriert wird. Mir gefällt er wegen seiner unnachahmlichen »Typizität« – endlich mal wieder ein Wein ohne Cabernet. Tiefdunkel, fast schwarzblau ist seine Farbe. Intensive reife Aromatik, die verschwenderisch wirkt. Brombeere, Pflaume, Lakritze, Gewürznelke, Wacholder. Kräftige, reife Tannine, stoffige, saftige, dichte Textur mit viel Kraft für die Zukunft.

39,– Euro

1999 Nachlese

Durchdringendes Bouquet von Edelhölzern, Kakaopulver, schwarzen Beeren, insbesondere Cassis, leichte Tabak- und Ledernoten. Fruchtgirlanden im Mund mit jeder Menge Gerbstoff, der den Wein noch mundtrocken wirken lässt. Gut gemacht, aber noch zwei bis drei Jahre warten.

43,30 Euro

Bezug über: Weinland Ariane Abayan

Gekochter Schweinebauch auf japanische Art

Der Trick Die Fleischstücke nach dem Kochen leicht in der Teflonpfanne karamellisieren. Schmeckt köstlich!

Zutaten für 4 - 6 Personen:
1 kg durchwachsener frischer Schweinebauch

Kochfond:
1,8 l Wasser
200 ml Sake
1/2 EL Bonito-Granulat (aus dem Asialaden)
100 ml dunkle, ungesalzene Sojasauce
30 g Ingwer, in grobe Scheiben geschnitten
30 g Knoblauch

Außerdem:
1-2 EL Zucker zum Karamellisieren
60 g Grünes vom Lauch
1 Zweig Koriandergrün

Zubereitung:

1. Schweinebauch etwa 1 1/2 Stunden in salzlosem Wasser köcheln lassen. Fleisch herausnehmen, kurz mit kaltem Wasser abschrecken und in etwa 5 cm große Würfel schneiden.
2. Zutaten für den Kochfond mischen. Fleischwürfel hineingeben, langsam aufkochen und Fleisch etwa 1 1/2 Stunden weich köcheln lassen, herausnehmen und Kochfond nach Belieben reduzieren.
3. Die butterweichen Fleischstücke von allen Seiten langsam in der Teflonpfanne karamellisieren, den Kochfond sirupähnlich reduzieren und die Fleischstücke damit begießen.
4. 1/2 cm dicke Lauchstreifen, der Länge nach geschnitten, kurz in Salzwasser blanchieren, kalt abgeschrecken und auf die Fleischwürfel setzen. Mit Korianderblatt garnieren.

Extratipp:
Man kann auch einige Scheiben japanischen Rettich in etwa 2 cm dicken Scheiben mitköcheln lassen und dazu servieren.

Barbera »Mervisano«

Orlando Abrigo, Treiso, Alba, Piemont

1999

Der Barbera gilt für viele heute nach Barolo und Barbaresco als der dritte große Rotwein des Piemont. Über seinen Wegbereiter, Giacomo Bologna, ist hier schon geschrieben worden. Dass auch unbekannte Talente wie Giovanni Abrigo vom Familienbetrieb Orlando Abrigo aus der Barberatraube herrliche Weine keltern, ist längst nicht selbstverständlich. Er gilt als Enfant terrible bei seinen Kollegen wie bei der Presse. Am liebsten macht er alles selbst und kämpft allein an allen Fronten. Angefangen im Weinberg, über die Kellerarbeit bis hin zur Vermarktung. Dabei steht ihm seine Seriosität und Ehrlichkeit oft im Wege. Abrigos Beziehungen zur Fachpresse sind eher schwierig, was dazu führt, dass er entweder gar nicht oder nur als Randfigur in Erscheinung tritt. Ich meine, sehr zu Unrecht, wenn man seine Weine betrachtet. In den Jahren 1997, 1998 und 1999 hat er einfach tolle Weine zu ordentlichen Preisen vinifiziert. Neben dem einfachen Barbera hat Abrigo weder Kosten noch Mühen gescheut, den Spitzenbarbera Mervisano zu entwickeln. Eleganz mit geballter Kraft und fester Struktur zu verbinden war sein Ziel. Dass es erreicht wurde, zeigt der 1999er. Primäre Aromen sind Cassis, Schwarzkirsche, Granatapfel, Bitterschokolade, Kaffee. Typische Säure des Barbera im Mund mit frischen Fruchtnoten, saftigem, schmatzigem Gaumen. Viel Trinkspaß auf der sanften Welle.
17,– Euro

Nachlese

Entfällt! Der 1999er-Jahrgang kann aktuell geliefert werden.
17,– Euro
Bezug über: HS-Style

Schweinebraten in dunklem Weissbier

Der Trick Die Laugenbreze bindet die Sauce und gibt ihr einen würzigen Geschmack.

Zutaten für 8 Personen:
2 1/2 kg durchwachsener Jungschweinebauch mit Schwarte (oder Hals oder Schulter)
Salz
Pfeffer
1 EL fein gehackter Kümmel
evtl. 2 Knoblauchzehen in der Schale
1 EL Schweinefett
500 g Schweineknochen mit Schwanzerl
250 g geschälter Knollensellerie, in 2 cm große Würfel geschnitten
2 Karotten
2-3 Zwiebeln
1/2 l dunkles Weißbier
1 mittelgroße Laugenbreze
2 frische Majoranzweige

Salat:
2 mittlere Köpfe Spitzkraut (jung)
Salz
100 g feine Speckwürfel
2 Zwiebeln
Zucker
1 TL fein gehackter Kümmel
frischer Pfeffer
6 EL Apfelessig
8 EL Pflanzenöl
8 EL Gemüsefond

Zubereitung:

1. Schwarte bereits vom Metzger einschneiden lassen. Fleischseite kräftig mit Salz, Pfeffer und Kümmel einreiben (alternativ kann man den Braten am Vorabend auch mit fein gehacktem Knoblauch einreiben und über Nacht ziehen lassen). Ofen auf 180 Grad vorheizen.
2. Fett in der Bratpfanne erhitzen, klein gehackte Schweineknochen und grob geschnittenes Gemüse verteilen, darauf das gewürzte Stück Schweinebauch mit Schwarte nach unten einlegen und ins Rohr schieben. Stets mit Bier und Wasser übergießen. Nach 1 Stunde umdrehen und erneut mit Bier und Wasser begießen. Nach 1 weiteren Stunde den Braten in eine andere Pfanne umsetzen und knusprig fertig braten.

3. In der Zwischenzeit für die Sauce im Bräter Fett abschöpfen, klein gezupfte Breze zugeben und Bratenfond einkochen lassen. Nach und nach mit Weißbier ablöschen, danach mit 1/2 Liter Wasser auffüllen. 30 Minuten köcheln lassen, gelegentlich abfetten, kurz vor Ende Majoran zugeben und Sauce durch ein Sieb passieren. Vor dem Servieren mit Salz und Pfeffer abschmecken. Das Gemüse darf mit dem Schweinebraten serviert werden.
4. Für den Salat Spitzkraut ohne Strunk vierteln und in feine Streifen schneiden, einsalzen, etwas stehen lassen und ausdrücken. Speck in der Pfanne glasig werden lassen und mit fein gehackten Zwiebeln anschwitzen. Mit Salz, Zucker, Kümmel, Pfeffer, Essig, Öl, Gemüsefond pikant abschmecken und noch warm über das Kraut gießen. 1 Stunde ziehen lassen, abschmecken, gegebenenfalls nachwürzen. Mit frisch geschnittenem Schnittlauch servieren.

Unertl Mühldorfer Weissbier

Privatbrauerei Unertl, Mühldorf, Bayern

Als überzeugte Weintrinkerin komme ich bei der Auswahl der Getränke zum Essen nur ganz selten in Verlegenheit. Es gibt aber Speisen, da schmeckt auch mir, bei aller Liebe zum Wein, nur ein Bier. Dazu gehören Radi, Hering, Eisbein oder ein Schweinsbraten. Bei unserem Schweinsbraten wird durch das dunkle Weißbier der Geschmack der Sauce so dominant, dass mir dazu ein Bier allemal besser schmeckt als Wein. Der Kraut-Speck-Salat tut sein Übriges dazu. Ich bevorzuge ein Bier, das im Geschmack besonders fein, würzig, delikat, ja fast lieblich ist. Meine Wahl fällt deshalb ganz bewusst auf das Mühldorfer Weißbier von Unertl. Das Bier aus der privaten Mini-Brauerei wird noch nach alter Sitte gebraut. Hopfen, Malz und Hefen werden vom Juniorchef Wolfgang Unertl persönlich ausgewählt. Das energetisierte Wasser aus eigenem Brunnen ist für die Unertls von ganz besonderer Bedeutung – das Unertl ist ein dunkles Weißbier der Extraklasse. Ein feinporiger, dichter Schaum krönt das köstliche Nass. Im Duft sind Nelken, Muskat, Zimt und Hefe, dazu süßliche Nuancen, die die Nase erfreuen. Dann der Geschmack: weich, lieblich, cremige, feine Kohlensäure, zartbitter im Abgang. Ein Bier mit Pepp, das auch mir ganz gut schmeckt. 0,375 l, 1/2 l oder – auf Bestellung – Fünf-Liter-Flaschen.

Preis erfragen Sie bei Ihrem Getränkehändler!

Bezug über: Privatbrauerei Unertl

Spareribs mit Ananas-Mais-Relish

Der Trick Wenn man die Spareribs erst kocht, werden sie anschließend beim Grillen schön zart.

Zutaten für 4 Personen:
1,2 kg kleine fleischige Spareribs
100 g Zucker
1/4 l Weißwein
150 ml Obstessig
1/2 l Wasser
2 Nelken
2 Lorbeerblätter
2 getrocknete Chilischoten
10 schwarze Pfefferkörner
1/2 TL Korianderkörner
1 mittelgroße Zwiebel
Salz
schwarzer Pfeffer

Marinade:
200 g Ketchup
2 EL Honig (40 g)
50 ml Coca-Cola
1 TL scharfes Paprikapulver
1 TL Currypulver
1/2 TL getrockneter Majoran
Saft von 1/2 Limette
einige Tropfen Tabasco, Worcestersauce und Sojasauce

Relish:
1 Babyananas (150 g Fruchtfleisch)
250 g Tomaten
100 ml Olivenöl
2 große Knoblauchzehen
4 EL Pflanzenöl
50 g Maiskörner aus dem Glas
2 EL Ketchup
5 g frischer Ingwer (1 TL in kleine Würfel geschnitten)
1 EL frischer, klein geschnittener Koriander
5 mittelgroße Basilikumblätter, klein geschnitten
Salz
1 grob geriebene, getrocknete Chilischote

Zubereitung:

1. Spareribs in Stücke mit jeweils 4 Knochen schneiden, salzen, pfeffern. Zucker hell karamellisieren lassen, mit Weißwein, Essig und Wasser ablöschen, Gewürze und grob geschnittene Zwiebel zugeben und leicht salzen. Spareribs einlegen und 1 1/2 Stunden bei kleiner Temperatur (Topf halb abdecken) köcheln, danach auskühlen lassen.
2. Ketchup mit Honig, Coca-Cola, Paprika- und Currypulver, Majoran und Limettensaft verrühren. Mit Tabasco, Worcester- und Sojasauce würzen. Spareribs herausnehmen und mit der Marinade von beiden Seiten dick einstreichen. Mit Klarsichtfolie abdecken und am besten über Nacht ziehen lassen.
3. Das Fruchtfleisch der Ananas in kleine Würfel schneiden. Tomaten vom grünen Strunk befreien, kreuzförmig einschneiden, in kochendem Wasser kurz überbrühen, eiskalt abschrecken, Haut entfernen, Tomaten vierteln und entkernen. Tomaten und Olivenöl mit dem Pürierstab fein mixen. Knoblauch in kleine Würfel schneiden und in heißem Pflanzenöl goldbraun frittieren. Auf Küchenpapier abfetten lassen. Tomatenemulsion mit Ananas, Mais, Ketchup, Ingwer, Koriander, Knoblauch und Basilikum verrühren und mit Salz und Chili pikant würzen.
4. Marinierte Spareribs über offenem Feuer von beiden Seiten knusprig grillen – oder in der Pfanne braten –, portionieren und mit dem Ananas-Mais-Relish servieren.

VOLNAY »VIEILLES VIGNES«

Nicolas Potel, Nuits-St-Georges, Burgund
1999

Theorie ist eine Sache und die Praxis eine andere, sagt Nicolas Potel, vielleicht bald ein neuer Star in der Weinszene der Bourgogne. In der Schule war Potel nie ein Musterknabe. Deshalb sammelte er schon frühzeitig Erfahrungen in der Weinherstellung bei längeren Aufenthalten in den USA, Australien, Bordeaux und bei seinem Kollegen Christophe Roumier im Burgund. Seine Familie war Mitbesitzerin der einst berühmten Domaine de la Pousse d'Or in Volnay. Nach dem frühen Tod seines Vaters 1997 macht er sich in Nuits-St-Georges in einem Gebäude aus dem 17. Jahrhundert selbstständig; Burgunds jüngstes Handelshaus stieg dank Potels Spürsinn für Qualität innerhalb weniger Jahre in die Oberliga auf. Seinen Vertragswinzern schreibt er von der Bearbeitung des Weinbergs bis zum Zeitpunkt der Lese genau vor, wann was wie zu tun ist. Bei der Weinherstellung richtet er sich nach den Gestirnen. Die perfekten Weine bestätigen sein Rezept. Sein 1999er Volnay ist ein Beispiel von vielen. Brilliantes, knalliges Rubinrot. Opulente Fruchtaromen von Sauerkirsche, Himbeere, Hagebutte, schwarze Johannisbeere. Leichte Vanille- und Wacholdernoten. Holzaromen sind noch im Vordergrund. Sein voller, saftiger Körper ist gut balanciert, eingeschlossen in ein langes Finale.
26,– Euro

2001 Nachlese
Ausgeprägte Fruchtnoten, ja ein ganzer Korb voller roter und blauer Beeren springen in die Nase. Reife, süße Tomaten verdecken die jugendlichen Holznoten. Das erstaunliche Tanningerüst (für einen Burgunder) verspricht eine längere Lebenskurve, lässt den Wein aber im Moment etwas mundtrocken nachklingen. Abwarten lohnt sich.
23,90 Euro
Bezug über: feine Weine

Grillspiesse

Der Trick Am besten schmecken die Spieße über einer Holzkohlenglut.

Zutaten für 4 Personen:
400 g Lammfleisch aus der Keule in 40-g-Würfeln
400 g Schweinefilet in 40-g-Medaillons
300 g Paprika (rot und gelb, man kann sie auch roh lassen)
150 g Zwiebeln

Marinade:
4 EL Olivenöl
2 EL Zitronensaft
1 Msp. Paprikapulver
3 Knoblauchzehen in der Schale
frischer schwarzer Pfeffer

Sauce:
1 kleine gewürfelte Aubergine
1 kleiner gewürfelter Zucchino
Salz
100 ml Olivenöl
je 40 g Paprika (rot und grün)
1 TL gehackter Rosmarin
1 TL gehackter Thymian
50 g getrocknete Tomaten (Glas), fein gewürfelt
1/2 Knoblauchzehe, sehr fein gewürfelt
200 g Ketchup
1 EL Aceto Balsamico
2 kleine Essiggurken
1 TL Honig
Pfeffer

Zubereitung:

1. Die Zutaten für die Marinade gut verrühren und das Fleisch darin 4-5 Stunden einlegen.
2. Paprika im Backofen bei sehr heißer Oberhitze grillen, Haut abziehen, in Größe der Fleischstückchen schneiden. Geschälte, in Stücke geschnittene Zwiebel kurz im Wasser blanchieren.
3. Nun Fleisch, die zwei Sorten Paprika und Zwiebelstücke aufspießen.
4. Für die Sauce Aubergine und Zucchino leicht einsalzen, kurz ziehen lassen und ausdrücken. Im heißen Fett anschließend goldbraun frittieren. Paprikawürfel ebenfalls kurz frittieren und abschütten.
5. Die restlichen Zutaten zu einer glatten Sauce verrühren und das erkaltete frittierte Gemüse darunter ziehen.
6. Die Spieße mit Salz und Pfeffer würzen und auf dem Grill oder in der Grillpfanne grillen.

Gigondas »Cuvée Tradition«

Château de Saint Cosme, Gigondas, Rhône

1999

Das Gigondas am Fuß des gigantischen Bergmassivs Dentelles de Montmirail liegt in unmittelbarer Nachbarschaft der weit berühmteren Region Châteauneuf du Pape. Seit dem 14. Jahrhundert wird in dieser malerischen Landschaft Wein angebaut. Die längste Tradition hat hier die Domaine Château de Saint Cosme – seit 1490, heute in der 14. Generation, im Besitz der Familie Barruol.
Seit Anfang der Neunziger wird das Gut, dessen 15 Hektar Anbaufläche sich direkt um das Château gruppieren, von Louis Barruol geführt. Das Durchschnittsalter seiner Reben – vier Fünftel Grenache, der Rest sind Syrah und Cinsault – liegt für die Standardcuvée zwischen vierzig und fünfzig, für die Prestigecuvée Valbelle bei bis zu achtzig Jahren. Dass Barruol die besten Trauben selbst verarbeitet und nicht mehr, wie es früher die Regel war, an örtliche Händler verkauft, hat zu einer beachtlichen Qualitätssteigerung geführt. 1998 und 2000, die beiden Jahrgänge, zählen zu den absoluten Spitzenjahrgängen, der 1999er ist nicht ganz so dicht: vielschichtiges, würziges Bouquet. Waldbeeren, Thymian, Eukalyptus, Lakritze, kalter Rauch. Kräftiger, dichter Körper mit Fülle und Länge im Nachhall. Genügend Tannin für ein paar Jahre Lagerung. Sympathisch rustikaler Touch, der die Urwüchsigkeit der Herkunft spiegelt.
29,90 Mark

2001 Nachlese

Farbe, Duft und Geschmack sind in einer sehr schönen Harmonie. Das Bouquet ist mit seiner Würze dem 1999er ähnlich. Lavendel, Thymian, schwarzer Pfeffer, Kaffee, blaue Beeren, Dörrpflaumen. Im Mund gut strukturiert mit feinen Tanninen, frische Säure, mittelgewichtiger Gaumen.
17,50 Euro
Bezug über: extraprima

Kitz mit Bärlauch parfümiert

Der Trick Das Fleisch erst in etwas Flüssigkeit schmoren, danach in Butter goldgelb anbraten.

Zutaten für 4 Personen:
1,1 kg Kitz (Schulter, Keule, Rücken)
jeweils 1 fein geschnittener TL frischer Salbei, Thymian und Rosmarin
1 Knolle junger Knoblauch
150 ml Weißwein
Olivenöl
Pfeffer
300 g Knochen
1 Bouquet garni (Lorbeer, Petersilienstängel, Thymian)
50 g englischer Sellerie
50 g Karotte
1 Zwiebel
13 Schalotten
3 Lorbeerblätter
5 Nelken
1 Tomate
Salz
50 g Butter
Petersilie
4 Artischocken
8 kleine Kartoffeln, festkochend
8 Kirschtomaten
etwas Zitronenschale
Basilikum

Zubereitung:

1. Marinade aus jeweils 1 TL fein geschnittenen Salbei, Rosmarin, Thymian und Knoblauch mit 50 ml Weißwein, 6 EL Olivenöl und Pfeffer zubereiten.
2. Schulter und Keule jeweils in drei gleich große Stücke schneiden und zusammen mit dem Rücken 4-5 Stunden marinieren.
3. Aus den Kitzknochen mit englischem Sellerie, Karotte, Zwiebel, 1 Schalotte, 2 Lorbeerblättern, 3 Nelken und der Tomate einen Fond herstellen.
4. Das Fleisch aus der Marinade nehmen, salzen und pfeffern sowie in Butter und Olivenöl leicht anbraten. Das Bouquet garni, 12 Schalotten und 2 Nelken zugeben, nach und nach mit restlichem Weißwein sowie etwas Wasser ablöschen.
5. Den Kitzrücken zur Seite stellen, das restliche Fleisch in den auf 150 Grad vorgeheizten Ofen schieben und ohne Deckel etwa 50 Minuten weich schmoren. Den Rücken erst etwa 15 Minuten vor Ende dazugeben.
6. Geviertelte Artischocken und die ungeschälten, halbierten Kartoffeln langsam in Olivenöl angehen lassen, salzen, pfeffern und im Ofen fertig garen, dann die enthäuteten Kirschtomaten zugeben.

7. Das weiche Fleisch auf einen Teller, die Schalotten zum Gemüse geben, den Fond im Schmortopf mit der abgesiebten Jus aufgießen und etwas reduzieren lassen.
8. Die Fleischstücke in einer Pfanne langsam anbraten. Zum Schluss mit den fein gehackten Aromaten (Petersilie, Thymian, Rosmarin, Knoblauch und Zitronenschale) kurz durchschwenken. Mit geschnittenem Basilikum bestreuen, mit Gemüse und Sauce anrichten.

»Vieris« Sauvignon

Vie di Romans, Mariano del Friuli, Isonzo
2000

In der nordöstlichsten Ecke Italiens baut man seit der Antike Wein an. Zwischen Karnischen und Julischen Alpen im Norden und der Adria im Süden liegt derzeit Italiens bedeutendstes Weißweingebiet, das im Ernstfall nur vom Trentino/Südtirol mit seinen besten Qualitäten Konkurrenz befürchten muss. Die wesentlichen Anbaugebiete sind Collio Goriziano und Colli Orientali del Friuli als Herzzentrum im Hügelland sowie Grave del Friuli und Isonzo del Friuli in der Ebene. Der von uns heute so geschätzte frische, duftige Weißweinstil des Friaul stammt aus den späten siebziger Jahren. In dieser Zeit gründete Gianfranco Gallo seine Kellerei im Isonzo-Tal. Vor zehn Jahren war er für mich noch ein Geheimtipp, heute ist die Kellerei Vie di Romans weltbekannt. Mit modernster Technik wird hier eine Palette von Weinen erzeugt, die seit Jahren ihren hauseigenen Charakter bewahrt haben – schillernde Aromatik, mächtiger, stoffiger Geschmack, der häufig von zarten Holznoten begleitet wird. Bestes Beispiel der Sauvignon Vieris. Der aromatische 2000er duftet nach frischer Ananas, Banane, Kiwi, Kürbis, Melone bis hin zu eingelegten Zwiebeln. Der reichhaltige Geschmack wird im Abgang von Ingwer und pfeffrigen Noten begleitet.
19,– Euro

2001 Nachlese
Vegetale Duftnoten im Vordergrund. Begleitet werden sie von noch nicht ganz integrierten Holzaromen. Im Mund verbreitet sich ein opulent ausgestatteter, luxuriöser Körper. Viel Kraft, Fülle mit hoher Viskosität (ölig). Langatmig im Abgang.
19,50 Euro
Bezug über: HS-Style

Lammkeule mit Petersilienkruste

Der Trick Die Petersilienkruste sollte Zimmertemperatur haben.

Zutaten für 6 Personen:
1 Lammkeule von etwa 1,8 - 2 kg (mit klein gehackten Abschnitten und Lammknochen; am besten vom Metzger vorbereiten lassen)
etwas Olivenöl
3 Knoblauchzehen (in der Schale angeklopft: also mit der Breitseite eines Küchenmessers leicht angedrückt)
6 Schalotten
100 g englischer Sellerie (gewaschen, in 2 cm große Stücke geschnitten)
1 Bouquet garni aus gewaschener Petersilie und 2 Thymianzweigen
80 g Butter
Salz
Pfeffer

Petersilienkruste:
1 großer, glatter Petersilienbund (gewaschen, trocken ausgeschleudert, gezupft und ohne Stiele fein gehackt, also ca. 3 größere EL voll)
1/2 EL Thymiannadeln
ca. 5 - 6 EL Olivenöl
1 Tag altes Stangenbrot ohne Rinde (im Mixer nicht zu fein zerkleinert)
2 Knoblauchzehen, geschält, ohne Keim, fein gehackt
Salz
Pfeffer
100 g Butter (schaumig gerührt)

Zubereitung:

1. Petersilienkrustenzutaten mit Hilfe eines Kochlöffels vermengen und anschließend kühl (nicht kalt!) stellen.
2. Ofen auf 220 Grad vorheizen. Bräter mit Olivenöl auspinseln, klein gehackte Knochen und Abschnitte mit Knoblauch, Schalotten, Selleriestücken und Kräutersträußchen darin

verteilen. Butter schaumig rühren, Lammkeule kräftig mit Salz und Pfeffer einreiben, mit der schönen Seite auf die Knochen legen, mit der Butter einpinseln und rosa braten (pro 500 g etwa 12-15 Minuten). Mehrmals drehen und übergießen.

3. Lammkeule auf einen umgedrehten Teller legen, darunter einen größeren Teller mit Folie abdecken und vor dem offenen Rohr etwa 15-20 Minuten ruhen lassen. Einige Male drehen.
4. Zur Fertigstellung der Sauce Bratpfanne mit den Knochen auf den Herd stellen, Flüssigkeit einkochen lassen, Fett abschöpfen, mit wenig Wasser ablöschen und nochmals einkochen lassen. Diesen Vorgang zwei- bis dreimal wiederholen (das gibt der Sauce Kraft und Glanz). Zu einem kurzen kräftigen Jus einköcheln lassen, durch ein feines Sieb passieren, warm stellen.
5. Grill einschalten, die gewölbte Lammkeulenseite salzen, pfeffern, darauf die Petersilienmischung verteilen – auch auf den Seiten – und unter dem Grill goldgelb werden lassen. Austretenden Fleischsaft dem Lammjus beigeben. Zur fertigen Lammkeule passen Kräuter-Kresse-Salat, feine Böhnchen, heurige Kartoffeln, Gratin von Kartoffeln oder Bäckerin-Kartoffeln und frischer Rosmarin als Garnitur.

ERRAZURIZ »SYRAH RESERVADO«

Don Maximiano Estate, Aconcagua Valley
1999

Die Weinbaugeschichte Chiles lässt sich ziemlich genau bis auf das Jahr 1549 zurückverfolgen, als dort im Norden die ersten Reben gepflanzt wurden. Erste Erfolge konnte man allerdings erst vor rund zwanzig Jahren verzeichnen – nach zahlreichen Neupflanzungen, dem Beginn moderner Qualitätspolitik und verstärktem Export. Einige bekannte Premiumweine sind teilweise Ergebnisse aus geglückten Joint Ventures wie die der Mondavis, Errazuriz, Rothschilds und Concha y Toro. Den stetig wachsenden Markt für Weine aus Chile beherrschen jedoch Qualitäten im mittleren und unteren Preissegment. Kellereien wie Errazuriz zählen mit ihren hervorragenden Weinen zu den besten Weingütern des Landes. Den Beweis dafür liefern nicht nur die Spitzen Don Maximiano und Seña, sondern Weine wie der Cabernet, Merlot oder der von mir bevorzugte Syrah Reservado. Die Trauben kommen aus dem Weinberg des Don Maximiano, einer der steilsten Lagen Chiles im Aconcagua Valley. Ein tiefschwarzer Wein. In der Nase intensive Blaubeernoten, Pflaumen, Minze, Schokotöne. Sanfte Röstaromen mit Gewürzen, Leder, Kaminrauch, dunklem Tabak und Bitternoten. Schon jetzt in voller Genussphase mit guter Zukunft.
24,90 Euro

Nachlese
Entfällt! Der Jahrgang 1999 kann weiterhin geliefert werden. Er ist inzwischen sicher auf seiner Genussreife angelangt.
24,95 Euro
Bezug über: Mövenpick Weinland

Lammragout mit Frühlingsgemüsen

Der Trick Knochen, Sehnen und Röstgemüse wie Zwiebeln, Karotten und Sellerie ergeben einen wunderbaren braunen Lammfond.

Zutaten für 6 Personen:
1 kg küchenfertige Lammschulter
500 g Lammbrust
500 g Lammnacken
200 g weiße Zwiebeln
2 mittelgroße Karotten
2 frische Tomaten
2-3 EL Olivenöl
20 g Butter
1 EL Mehl
1 Bouquet garni, gebunden aus gewaschenen Petersilienstängeln, 2 Thymianzweigen, 1 Staudensellerie, gewaschen
2 Lorbeerblätter
4 Knoblauchzehen
1 kleine Dose geschälte Tomaten (400 g, Pelati, dickflüssig eingekocht)
Salz
Pfeffer aus der Mühle
750 g neue Kartoffeln (z. B. Rate, Bamberger Hörnchen)

Außerdem:
großer ovaler Gusseisentopf
100 g Butter
Salz
Meersalz
Pfeffer aus der Mühle
1 Prise Zucker
2 EL glatte Petersilie

Garnitur:
12 Frühlingszwiebeln
2 weiße Rübchen
12 kleine Karotten
je etwa 1 Hand voll Bohnen, Saubohnen und Erbsen

Zubereitung:

1. Fleisch in 4 cm große Würfel schneiden. Zwiebeln und Karotten schälen, waschen und in feine Würfel schneiden. Tomaten waschen und in grobe Stücke schneiden (mit Haut und Kernen).
2. Olivenöl und Butter hellbraun aufschäumen lassen, die Fleischstücke einlegen und bei großer Hitze von allen Seiten braun anbraten. Zwiebel- und Karottenwürfel beigeben, mit

einem Holzspatel umrühren und bei sachter Hitze etwa 5 Minuten goldgelb anschwitzen. Den Topf schief halten und das meiste Fett mit einem Löffel abschöpfen.

3. Topfinhalt mit Mehl bestäuben und unter mehrmaligem Umrühren etwa 2 Minuten goldbraun werden lassen. Kräutersträußchen, Lorbeerblätter, geschälte, halbierte und angeklopfte Knoblauchzehen (ohne Keim), Tomatenwürfel und eingekochte Dosentomaten beigeben, knapp mit Wasser oder Lammfond bedecken, zum Aufkochen bringen, mit Meersalz und Pfeffer aus der Mühle würzen. Mit einem Deckel abdecken und ganz behutsam fast fertig garen. Nach etwa 50 Minuten Fett abschöpfen.
4. Die gewaschenen Kartoffeln halb gar kochen, abgießen, auskühlen lassen, schälen. Fleisch mit einer Fleischgabel aus dem Topf nehmen, in einen anderen Topf geben und die Sauce durch ein feines Sieb darüber passieren. Kartoffeln beigeben und langsam mit dem Fleisch etwa 25 Minuten weich kochen.
5. Frühlingszwiebeln ohne Grün langsam in Butter mit Salz, 1 Prise Zucker und Pfeffer hellbraun anbraten, etwas Wasser beigeben, zudecken und langsam etwa 20 Minuten weich schmoren. Mit Rübchen und Karotten ebenso verfahren.
6. Erbsen und Bohnen im letzten Moment kochen, abschütten.
7. Ragout mit gehackter Petersilie bestreuen, auf heiße Teller füllen, mit den Gemüsen anrichten.

Rubicon

Meerlust Estate, Stellenbosch
1998

Stellenbosch, das fruchtbare Tal am Eerste River, liegt nur etwa 45 Kilometer von Kapstadt entfernt. Dank zahlreicher Weingüter und einiger außergewöhnlicher Qualitätsbetriebe wie Rustenberg, Rust en Vrede, De Trafford, Waterford oder Meerlust genießt die südafrikanische Region in der Weinwelt höchstes Ansehen. Der unter Denkmalschutz stehende Betrieb Meerlust beeindruckt mich schon seit einigen Jahren mit dem gleichmäßig guten Rotwein Rubicon. Seit 1978 ist dort Giorgio Dalla Cia, ein gebürtiger Friulianer, der verantwortliche Weinmacher. Dabei orientiert sich Giorgio nur an besten französischen Vorbildern. Beim Rubicon sind es die großen Gewächse aus Bordeaux, da es sich um eine Cuvée aus Cabernet Sauvignon, Merlot und Cabernet Franc handelt, die etwa 24 Monate zum größten Teil in neuen Fässern aus Nevereiche gelagert wird. Der Jahrgang 1998 ist besonders gut gelungen. Angefangen bei der tief dunkelroten Farbe mit brillantem Glanz bis zum üppigen Aroma von Trockenpflaumen, Schoko, Leder, Teer und Rauch. Der würzige, fleischige Geschmack wird derzeit noch von jugendlichen Tanninen in seiner üppigen Fülle am Gaumen zurückgehalten. Ihn zwei, drei Jahre zu lagern oder einfach zwei, drei Stunden vor Genuss zu dekantieren, wäre ideal.
21,60 Euro

Nachlese
Der Jahrgang ist aktuell, kann geliefert werden.
22,70 Euro
Bezug über: Fegers und Berts

Brotauflauf mit geschmortem Weisskohl

Der Trick Den Sauerrahm erst kurz vor dem Anrichten unterrühren. Das Kraut wird dadurch schön cremig und bekommt zusätzlich noch eine angenehme Säure.

Zutaten für 6 Personen:
800 g Weißkraut (geputzt 650 g)
250 g rote Spitzpaprika (geputzt 150 g)
300 g Gemüsezwiebeln
1 EL Zucker
1 EL Weißweinessig
1 TL mildes Paprikapulver
1/2 TL Kümmel
40 g Butter
1/2 l Gemüsebrühe
1 Dose (400 g) geschälte Tomaten (stückig)
Salz
schwarzer Pfeffer
Cayennepfeffer
1 Becher Sauerrahm (150 g)
1 EL frisch gehackter Dill
100 g altbackenes Ciabattabrot
2 EL Olivenöl
100 ml Sahne
100 ml Milch
2 Eier (Größe M)
1/2 Bund glatte Petersilie
etwas frisch gemahlene Muskatnuss
1 Prise getrockneter Liebstöckel
100 g Frühstücksspeck (1 Packung Bacon, hauchdünn geschnitten)

Außerdem:
6er Muffinform (Vertiefungen 7 cm Durchmesser; 3,5 cm Tiefe)

Zubereitung:

1. Weißkraut von äußeren Blättern und Strunk befreien. Gewaschene Paprikaschoten mit einem Kartoffelschäler dünn abschälen, halbieren, entkernen. Geschälte Zwiebeln, Weißkraut und Paprika anschließend in dünne Streifen schneiden.
2. Zucker in einem Topf mit 24 cm Durchmesser hellbraun karamellisieren, mit Essig ablöschen, Flüssigkeit vollständig einkochen lassen. Zwiebeln zugeben, 5 Minuten dünsten, mit Paprikapulver und Kümmel bestäuben, Butter, Kraut und Paprikaschoten zugeben und weitere 5 Minuten anschwitzen.
3. Gemüsebrühe und Schältomaten angießen, gut verrühren, abdecken und im vorgeheizten Ofen bei 180 Grad (Umluft) etwa 55 Minuten weich schmoren, dabei immer wieder umrühren. Mit Salz, Pfeffer, Cayennepfeffer pikant abschmecken.
4. Sauerrahm mit Dill, Salz und Pfeffer würzen, auf dem Kraut verteilen, wieder abdecken und weitere 10 Minuten im Ofen garen.
5. Für den Brotauflauf das Brot in dünne Scheiben schneiden und in heißem Olivenöl von beiden Seiten goldbraun braten, auf einem Küchenpapier abfetten lassen, anschließend leicht salzen.
6. Sahne, Milch, Eier, gewaschene und abgezupfte Petersilienblätter mit dem Pürierstab fein mixen. Mit Salz, Pfeffer, Muskat, Cayennepfeffer und Liebstöckel pikant würzen (vorsichtig salzen, da der Speck beim Braten sehr würzig wird).
7. Brotscheiben je nach Größe halbieren und in der Eiersahne etwa 5 Minuten quellen lassen.
8. Je 2 Speckscheiben über Kreuz in die sechs Muffinformen legen, etwas Eiersahne in die einzelnen Formen füllen, die Brotscheiben nun gleichmäßig darin verteilen, etwas eindrücken und mit restlicher Eiersahne begießen. Mit überlappendem Speck abschließen und im vorgeheizten Backofen bei 180 Grad 25 Minuten goldbraun backen. Aus dem Ofen nehmen und sofort mit dem geschmorten Weißkraut servieren.

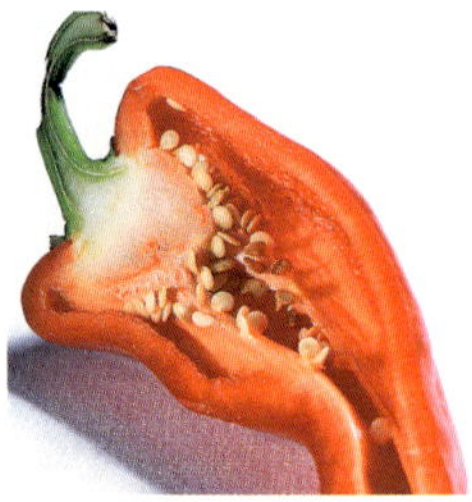

Château de Montpezat

Cuvée Speciale, Les Caves Rocbère, Portel, Corbières

1998

Zwischen Perpignan und Avignon an der Mittelmeerküste liegt das Languedoc-Roussillon. Ein uraltes, facettenreiches Weinland, in dem schon Griechen und Römer ihre Spuren hinterließen. Drei Départements, Gard, Hérault und Aude, bilden das riesige Weinanbaugebiet. Corbières liegt im südlichen Département Aude. Eine bezaubernde Hügellandschaft inmitten weiter Täler, Wälder und der dramatischen Felskulisse der Pyrenäen. Wein wächst, so weit das Auge reicht. Zu mehr als neunzig Prozent wird Rotwein produziert. Rebsorten sind Grenache, Mourvèdre und Syrah. Den größten Teil verarbeiten Genossenschaften zu einfachen, ordentlichen und preisgünstigen Tischweinen mit rustikalem Charakter. So auch unser Château de Montpezat von den Genossen Rocbère in Portel. Die Trauben, alte Carignan, Grenache und Mourvèdre, stammen aus Weingärten von Madame und Monsieur Vergnes. Der Jungwein wurde in Barriques in riesigen Höhlen eines ehemaligen Bergwerks erzogen. Man riecht getrocknete Kräuter, Zwetschgen, Lakritze und Würze von Weihrauch. Reifer, geschmolzener Gerbstoff, warmer Charakter, unkomplizierter Trinkgenuss.

7,15 Euro

Nachlese

Der Jahrgang kann weiter geliefert werden. Inzwischen ist der Wein auf seinem Entwicklungspotenzial angekommen und macht richtig viel Spaß.

7,15 Euro

Bezug über: Jacques' Weindepot

Pizza mit Büffelmozzarella und Rucola

Der Trick Honig zumTeig geben!

Zutaten für 4 Personen:
500 g Mehl
15 g Hefe
15 g Honig
7 g Salz
20 g Olivenöl
200-250 g Eiswasser

Tomatensauce:
2-3 EL Olivenöl
100 g weiße gewürfelte Zwiebeln
1 angedrückte Knoblauchzehe
1 Prise Zucker
300 g gewürfelte Strauchtomaten
150 g Dosentomaten
Salz
Pfeffer aus der Mühle
etwas Oregano
Thymian
Basilikum
400 ml Tomatensaft

Belag:
3 mittelgroße Strauchtomaten
1 Büffelmozzarella
Salz
Basilikum
1 Bund Rucola
2 EL Olivenöl

Zubereitung:
1. Mehl in eine Schüssel sieben. Hefe darauf zerbröseln, Honig, Salz, Öl und Eiswasser zufügen und mit einer Küchenmaschine so lange zu einem glatten Teig verkneten, bis sich dieser vom Schüsselrand löst.
2. Teig in 8 kleine Portionen aufteilen, zu runden Kugeln formen, auf ein geöltes Blech setzen, mit Folie abdecken und im Kühlschrank 1-2 Stunden ruhen lassen.
3. Für die Sauce Öl erhitzen, Zwiebeln und Knoblauch mit dem Zucker anschwitzen, Tomaten zugeben, mit Salz und Pfeffer würzen, Kräuter beifügen und mit dem Tomatensaft angießen. Sauce etwa 1 Stunde einköcheln lassen, durch ein Sieb passieren und abschmecken.
4. Jetzt die Teigkugeln auf einer bemehlten Arbeitsplatte dünn ausrollen und die kalte Sauce darauf verteilen.
5. Für den Belag Tomaten waschen, Strunk entfernen und mit dem Mozzarella in 1/2 cm dicke Scheiben schneiden. Tomaten und Mozzarella abwechselnd auf der Pizza anrichten, salzen und mit Basilikumblättern belegen. Pizza auf ein bemehltes Blech setzen, auf dem Ofenboden bei maximaler Temperatur in den vorgeheizten Backofen geben und 8-10 Minuten backen.
6. Rucola waschen, mit Olivenöl marinieren und mit der Pizza servieren.

Malumbres »Crianza«

Bodegas Vicente Malumbres, Corella, Navarra
1998

Überall in Navarra, einst ein bedeutendes Königreich im nördlichen Ebrotal, stehen Paläste, Klöster und Kirchen. Der Fußmarsch durch die Region war den Pilgern auf dem berühmten Jacobsweg nach Santiago de Compostela schon im Mittelalter eine willkommene Abwechslung, zumal in Navarra Wein produziert wurde. Der Anbau dort war in der Geschichte eng mit dem in der Nachbarprovinz Rioja verknüpft, in den letzten Jahrzehnten allerdings nicht nur zum Vorteil. Ursprünglich sollte die Herkunftsbezeichnung »Navarra« sogar zu deren Gunsten fallen gelassen werden. Zum Glück wurde dieser Plan nicht realisiert. Navarra existierte weiter im Schatten des Rioja und genoss als Spaniens größter Roséwein-Lieferant einen zweifelhaften Ruf. Dank zielstrebiger Weinbaubetriebe jedoch, wurden Weinexperten in aller Welt auf die Region aufmerksam. Die Familienbodega Vicente Malumbres, schon 1940 gegründet, gehört in Navarra mit einer Produktion von 400 000 Flaschen nicht gerade zu den Kleinbetrieben. Mir ist sie mit guten »Crianza«-Qualitäten (einem Begriff für die Lagerzeit) zu gemäßigten Preisen aufgefallen. Der 1998er besteht aus sechzig Prozent Tempranillo, dreißig Prozent Garnacha und zehn Prozent Cabernet Sauvignon. Im Vordergrund stehen Aromen von Wildfleisch, geräucherter Wurst, Salbei, Lorbeer und Nelken. Der Körper ist von einer mittelkräftigen Struktur, hat saftige, reife Tannine und zarte Holznoten. Die leicht säuerliche Note gibt dem Wein seine angenehme Frische.
18,50 Mark

1999 Nachlese
Tomaten, Waldboden, Unterholz, Lorbeer, Piment. Leicht mehlige Tannine, die noch ein paar Monate zur Reife brauchen. Kräftiger Bursche für deftige Speisen.
8,95 Euro
Bezug über: La Tienda

Gratin von Bärlauch, Lauch und Kartoffeln

Der Trick Wer das Bärlaucharoma intensiver schmecken möchte, blanchiert nur die Hälfte und gibt die andere Hälfte roh dazu.

Zutaten für 2 Personen:
2 Stangen Lauch à 150 g
400 g Kartoffeln
150 g Bärlauch
100 g gekochter Schinken
etwas Butter
50 g geriebener Gruyère
20 g geriebener Parmesan
20 g gewürfelte Butter

Béchamelsauce:
60 g Butter
30 g Mehl
350 ml Milch
200 ml Gemüsewasser (entsteht beim Kochen der Gemüse)
Salz
weißer Pfeffer
Muskatnuss

Zubereitung:

1. Die Lauchstangen waschen und in 1 cm dicke Ringe schneiden. Kartoffeln waschen, schälen und in 4 mm dicke Scheiben schneiden.
2. Kartoffeln in Salzwasser bissfest kochen. Aus dem Wasser nehmen und in eine größere Schüssel geben.
3. Lauch in das Salzwasser geben und 1 Minute köcheln lassen. Den Bärlauch dazugeben und noch einmal aufkochen lassen. Alles aus dem Wasser nehmen und mit Eiswasser abschrecken, etwas ausdrücken und in die Schüssel zu den Kartoffeln geben.
4. Den Schinken in kleine Würfel schneiden, kurz in Butter anrösten und ins Gemüse mischen.
5. Für die Béchamelsauce die Butter in einem Topf warm werden lassen, das Mehl einrühren, dann die kalte Milch und das Gemüsewasser unter ständigem Rühren aufgießen. Etwa 5 Minuten köcheln lassen und immer wieder aufrühren.
6. Mit Salz, Pfeffer und Muskatnuss würzen. Die Béchamel mit dem Gemüse vermischen und in eine feuerfeste Form geben (4-5 cm Höhe). Mit dem Käse bestreuen und die Butterwürfel darauf verteilen.
7. Bei 180 Grad in den Ofen schieben. Nach 30 Minuten den Ofen ausmachen und das Gratin noch 10 Minuten durchziehen lassen.

Sancerre Blanc

»Les Baronnes«
Henri Bourgeois, Sancerre, Loire
2002

Die Weißweine der Loire, allen voran Sancerre, zählen nunmehr seit Jahren zu den bekanntesten Weißweinen Frankreichs. Dass sie längst aus der Mode gekommen sein sollen, wie behauptet wird, kann ich nicht bestätigen. Im Gegenteil – die Rebsorte Sauvignon Blanc, aus der diese Weine gekeltert werden, hat den Chardonnay auf der Beliebtheitsskala der Weintrinker längst überholt. Da haben Weinmacher gut lachen, besonders wenn sie wie die Familie Bourgois schon in der zehnten Generation erfolgreich das Unternehmen führen. Das 1950 gegründete Weingut in der Gemeinde Chavignol zählt heute 65 Hektar in den besten Lagen von Sancerre und Pouilly Fumé. Der Sancerre »Les Baronnes« wird von zwanzig- bis vierzigjährigen Rebstöcken geerntet. In guten Jahren wie 2001 hat er alle Raffinessen eines Sauvignon Blanc. Sein Duft erinnert an Holunderblüten, frische Kräuter, Cassis, Stachelbeeren und grünes Gemüse. Die fetzige Säure mit kernigem Charakter im Gaumen lässt diesen Klassiker saftig nachklingen.
13,90 Euro

Nachlese
Der Jahrgang ist aktuell lieferbar.
13,90 Euro
Bezug über: Saffer Wein

Panierte Kartoffeln mit Schweinemett gefüllt

Der Trick Das Garen im Ofen bewahrt mehr Geschmack als das Kochen in Wasser.

Zutaten für 4 Personen:
550 g Malta- oder kleine Sieglinde-Kartoffeln
Alufolie
1 kg grobes Meersalz
1/2 TL Kümmel
etwas Pflanzenöl
1 weiße Zwiebel (100 g)
1 EL Pflanzenöl
1 EL Butter
2 Prisen getrockneter Majoran
1/2 Bund glatte Petersilie
200 g Schweinemett
2 Eier (Größe L)
50 g geriebenes Weißbrot
Butterschmalz zum Braten
120 g Feldsalat
3 EL Sherryessig
30 g feine Schalottenwürfel
2 Prisen Zucker
5 EL Arganenöl (nussige Ölspezialität aus Marokko, alternativ mildes Nussöl)
Salz
schwarzer Pfeffer

Senfdip:
100 g Sauerrahm
1 TL scharfer Senf
1 Msp. Meerrettich aus dem Glas
1 Spritzer Zitrone
1 Prise Zucker

Zubereitung:

1. Kartoffeln waschen, in eingeölter Folie auf einem Bett aus Meersalz und Kümmel im Ofen bei 200 Grad etwa 35 Minuten garen (Gabelprobe). Das Salz kann mehrmals verwendet werden. Kartoffeln schälen, der Länge nach halbieren, mit einem Kern- oder Apfelausstecher aushöhlen. Zwiebel schälen, in feine Würfel schneiden. Das Innere der Kartoffeln ebenfalls in feine Würfel schneiden,

mit der Zwiebel in heißem Pflanzenöl etwa 10 Minuten langsam goldbraun braten. Nach etwa 5 Minuten Butter zugeben. Mit einer Mischung aus Salz, Pfeffer und Majoran nach Geschmack würzen.

2. Petersilie waschen, trockenschütteln, Blätter abzupfen, fein hacken. Schweinemett mit einem Ei und der abgekühlten Zwiebelmischung vermengen, kräftig mit Salz und Pfeffer würzen, mit gehackter Petersilie verfeinern. Fleischmasse gleichmäßig auf die Hälfte der Kartoffelschiffchen verteilen, mit der anderen Hälfte der Kartoffeln abdecken.
3. Ei mit dem Schneebesen leicht schaumig schlagen, leicht salzen. Die Kartoffeln nacheinander zuerst im Ei, dann in den Weißbröseln wälzen. Panierte Kartoffeln in reichlich heißem Butterschmalz von allen Seiten etwa 10 Minuten langsam goldbraun braten, auf einem Küchenpapier abfetten lassen.
4. Feldsalat putzen, gründlich waschen, trockenschleudern. Für die Vinaigrette Essig mit Schalotten, Zucker, Salz und Pfeffer verrühren, 5 Minuten stehen lassen. Erst jetzt das Öl langsam unterrühren.
5. Dip-Zutaten miteinander verrühren, mit Salz, Pfeffer und einer Prise Zucker abschmecken. Feldsalat mit der Vinaigrette anmachen und mit den Kartoffeln anrichten. Die Kartoffeln zum Schluss mit dem Senfdip beträufeln.

Glottertäler Eichberg

Weißer Burgunder, Kabinett, trocken
Weingut Otto & Martin Frey, Denzlingen, Baden
2001

Ein großes Kompliment für den 2001er Weißburgunder von Otto und Martin Frey aus dem kleinen, völlig unbekannten Weingut Frey im Breisgau. Überzeugt von der Qualität dieses Weines war ich schon nach den ersten Probeschlucken. Richtig überrascht hat er mich, nachdem ich meine einzige Probeflasche einer zehntägigen Folter im Kühlschrank ausgesetzt hatte. Denn zu meinen hartnäckigen Proben zählen auch Versuche mit angebrochenen Flaschen, die – einfach mit einem ordentlichen Stöpsel verschlossen – kühl und dunkel aufbewahrt wurden: Der Wein behielt auch nach zehn Tagen Kühlschrank sein typisches Traubenaroma, seine Klarheit und Transparenz im Geschmack ebenso wie seine Frische, Spiel, Säure und Substanz. Was will man als Weintrinker mehr, außer vielleicht einem angemessenen Preis? Die Geschichte des Weinguts ist kurz, denn Junior Martin (vierte Generation) hat erst 1994 damit begonnen, die eigenen Trauben selbst zu verarbeiten; sie stammen zu achtzig Prozent aus der Lage des Glottertäler Eichbergs. Er produziert auf dem acht Hektar großen Weingut zu sechzig Prozent weiße und zu vierzig Prozent rote Burgunder-Sorten. Ein Newcomer – vielleicht noch in der Experimentierphase, aber mit diesem Weißen Burgunder hat er ein erstes Ziel erreicht, bravo!
5,20 Euro

2002 Nachlese
Duftiges, delikates Bouquet, weiße Blüten, gelbe Früchte, Apfel, Birne, Mirabelle, Honigmelone, Traubenbeeren. Lebendiger Gaumen mit erfrischender, reifer Säure, gut balanciert mit köstlichem Nachklang.
5,20 Euro
Bezug über: Weingut Otto & Martin Frey

Stampfkartoffeln mit Lauchsalat und schwarzen Trüffeln

Der Trick Auch sehr gut schmeckt der Salat, wenn man Karotten und Lauch im Ganzen mit einem Suppenhuhn oder Rindfleisch mitkocht, danach noch warm in Stücke schneidet und mit der Sauce Vinaigrette anmacht.

Zutaten für 2 Personen:
3 mittelgroße mehlige Kartoffeln
2 kleine Karotten (etwa 120 g)
1 kleine Stange junger zarter Lauch (150 g)
1 kleine Schwarzwurzel
etwas frische schwarze Trüffel
etwas Pflanzenöl
1 Schalotte
25-30 ml feinstes Olivenöl
1 EL gehackte Petersilie
Muskat
Salz
Pfeffer
2 Scheiben gekochter Prager Schinken
1 EL gehackter Kerbel

Vinaigrette:
1 1/2 EL Sherryessig
3 EL Sonnenblumenöl
1 EL Oliven- oder Nussöl
Salz
Pfeffer
1 Prise Zucker
etwas Trüffeljus (sofern vorhanden)
1 Frühlingszwiebel

Zubereitung:

1. Kartoffeln waschen und mit der Schale in Salzwasser weich kochen oder dämpfen.
2. Karotten schälen, waschen und in 3 mm dicke Scheiben schneiden. Vom Lauch die äußeren Blätter entfernen, das Weiße in schräge, 2 cm lange Stücke schneiden, waschen. Das Lauchgrün in feine Streifen schneiden. Schwarzwurzel bürsten, schälen, in 3-5 mm dicke Scheiben schneiden – bis zuletzt damit warten, sonst wird sie dunkel. Trüffel sauber bürsten.
3. Vinaigrette-Zutaten in einer größeren Schüssel zusammenrühren. Frühlingszwiebel in feine Scheiben schneiden und dazugeben.
4. Weiße Lauchstücke in Salzwasser knackig kochen, abschütten, im Eiswasser abschrecken, auf ein Sieb zum Abtropfen gießen, danach der Vinaigrette beigeben.
5. Karottenscheiben in Salzwasser mit 1 Prise Zucker nicht zu weich kochen, abschütten und im noch warmen Zustand ebenfalls in die Vinaigrette geben, 20 Minuten durchziehen lassen.
6. Schwarzwurzelscheiben in einer kleinen Teflonpfanne in nicht zu heißem Pflanzenöl auf beiden Seiten goldgelb-kross braten, salzen und auf ein Küchenpapier legen. Ziemlich gegen Ende braten, sonst werden sie weich.
7. Grüne Lauchstreifen im Salzwasser aufkochen lassen, sofort unter kaltem Wasser abschrecken, abtropfen lassen und vorsichtig unter den Salat heben.
8. Rohr auf 150 Grad vorheizen, eine Schüssel vorwärmen. Fein geschnittene Schalotten in Olivenöl mit etwas gehackter Trüffel ohne Farbe anschwitzen. Kartoffeln schälen, in die warme Schüssel etwa 5 Minuten zum Ausdämpfen legen. Nun Schalotten-Trüffel-Mischung, Petersilie, Muskat, Salz und Pfeffer beigeben, mit Olivenöl beträufeln und mit einer großen Gabel grob zerdrücken. Rasch, denn es muss heiß bleiben.
9. Schinkenscheiben auf zwei warme Teller in die Mitte legen, darauf zwei Ausstecher (Durchmesser 6-7 cm, Höhe 3 cm) platzieren, Kartoffelmasse einfüllen, Schwarzwurzel igelförmig hineinstecken, Lauchsalat drum herum drapieren, den Ring vorsichtig abziehen, die Trüffel darüber hobeln und mit Kerbel, etwas Pfeffer aus der Mühle sofort servieren. Als Varianten zur Trüffel-Version sind auch gebratener Crottin-Käse oder pochiertes Ei möglich.

Firefinch »Sauvignon Blanc«

Springfield Estate, Robertson

2002

Terroir, Terroir und nochmals Terroir ist das Geheimnis der Superweine der Springfield-Kellerei in Südafrikas Weinbaugebiet Robertson. Seit 1995 produzieren die Geschwister Abrie und Jeanette Bruwer hier am Breede River, nahe der Karoo-Halbwüste, auf 160 Hektar ihre eigenen Weine. Die Böden sind in den besten Lagen so steinig, dass die Löcher für Rebstöcke und Spalierpflöcke mit Stahlstangen in die Erde gestoßen werden mussten. Damit die Weine in Duft und Geschmack möglichst viel von ihrer Herkunft zum Ausdruck bringen, greift Abrie während des Ausbaus so wenig wie möglich ein. Die hochmoderne Technik im Keller verwendet er zur Stabilisierung, nicht zur Manipulation der Qualität. Diese Tatsache beeindruckt mich besonders, weil auch ich in der neuen Weinwelt oftmals technische, seelenlose Weine vermutet habe. Dass dem nicht so ist, beweist Springfield schon mit seinem einfachsten Wein im Programm, dem Firefinch Sauvignon Blanc. Duftiges Aroma, Stachelbeere, Cassis, Holunderblüte, Spargel, Tomatenstiel und mineralische Noten. Frische, reife Säure mit harmonischem Nachspiel.

6,70 Euro

2003 Nachlese

Die konsequente Qualitätspolitik von Abrie Bruwer zeigt sich wieder mit dem neuen Jahrgang. Feinste Sauvignon-Aromen springen aus dem Glas, nicht aufdringlich, dennoch vordergründig. Frühlings- und Sommerdüfte; Aprikose, Mirabelle, schwarze Johannisbeere und Holunder. Feine Balance von Frucht, Säure und Alkohol. Sehr guter Einstieg, bevor der große Bruder »Life from Stone« probiert wird.

6,90 Euro

Bezug über: VIF Weinhandel

Tomaten mit einer Reisfüllung

Der Trick Weil der Reis die austretende Flüssigkeit aufsaugt, können die Tomaten nicht verkochen.

Zutaten für 4 Personen:
8 Tomaten à 140 g
1 Zwiebel (50 g)
1 Knoblauchzehe
1 Stange englischer Sellerie (30 g)
Olivenöl
1 1/2 alte Brötchen
100 g gekochter Schinken in Würfeln
400 g rohes Bratwurstbrät (am besten Nürnberger Würstchen)
Salz und Pfeffer aus der Mühle
50 g Risottoreis
Saft von 1/2 Zitrone
Zucker
1/2 Bund Petersilie
je 2 Zweige Koriander und Basilikum
1 Thymianzweig
40 g frische Weißbrotbrösel
8 Lorbeerblätter

Zubereitung:

1. Tomaten waschen, den Deckel abschneiden, das Fruchtfleisch mit einem Löffel herausnehmen und zur Seite stellen.
2. Zwiebel, Knoblauch und Sellerie in kleine Würfel schneiden. In 3 EL Olivenöl glasig anschwitzen. Brötchen in Wasser einweichen und ausdrücken. Zusammen mit dem Zwiebelgemisch und dem Schinken unter das Wurstbrät geben, mit Salz und Pfeffer abschmecken.
3. Zuerst den rohen Reis in die leicht gewürzten Tomaten verteilen, darauf dann die Füllung. Das Fruchtfleisch in 3 EL Olivenöl anziehen, mit dem Zitronensaft ablöschen und mit Salz, Pfeffer und Zucker würzen.
4. In eine feuerfeste Form geben, die Tomaten darauf setzen. Im 170 Grad heißen Ofen zuerst 40 Minuten, dann auf 150 Grad zurückschalten und nochmals 40 Minuten schmoren lassen, bei Bedarf immer wieder etwas Wasser angießen.
5. Kräuter zerkleinern, mit den Brotbröseln mischen und 15 Minuten vor Ende der Garzeit auf die Tomaten streuen. 5 Minuten vor Ende der Garzeit die Deckel wieder aufsetzen und mit je einem Lorbeerblatt spicken. Die fertigen Tomaten auf einem Teller mit Tomatensud umgießen, mit Olivenöl beträufeln und heiß oder lauwarm servieren.

Rosa Mara »Chiaretto«

Garda Classico
Costaripa, Moniga del Garda, Lombardei
2001

»Il vino di una notte« steht auf dem Etikett dieses Chiaretto: Wein aus einer Nacht. Und was bedeutet das? Dass der Saft aus den Trauben der Rebsorten Groppello, Sangiovese, Marzemino und Barbera manchmal nur eine Nacht auf der Maische liegt – bei einem normalen Rosé sind es bis zum Keltern oft ganze Tage. Eine besondere Spezialität, die am Westufer des Gardasees in allerbester Qualität zu finden ist. Das interessanteste Beispiel für einen wirklich gelungenen Chiaretto fand ich dieses Jahr in der Azienda Agricola Costaripa, einem Weingut in Moniga del Garda. Herz und Seele des Betriebs sind die Brüder Vezzola. Imer ist für den tagtäglichen Gutsbetrieb zuständig, während Mattia, der Önologe, die Kellerarbeit und damit die Qualität der Weine verantwortet. Im »Hauptberuf« leitet Mattia Vezzola das berühmte Weingut Bellavista in der Franciacorta unweit von Brescia, wo er mit technischem Know-how beste Schaum- und Stillweine produziert. Auf seinen Rosé vom Gardasee ist er besonders stolz: zartrosa mit leichten Kupfernuancen; dezentes, feines Fruchtbouquet von Rosen und Himbeeren. Vegetale (gemüsige) Anklänge. Fetzige Säure, gut balanciert bis zum elegant-seidigen Nachklang.
19,90 Mark

2002 Nachlese
Lachsfarben, zartes Fruchtbouquet von Walderdbeeren, Himbeeren, Rhabarber, Pfingstrosen, Flieder. Feiner, harmonischer Geschmack mit buttrigen Noten. Die straffe Säure sorgt für die nötige Frische. Köstlich!
9,19 Euro
Bezug über: Piero Massi

Pilzknödel auf Rahmsauce

Der Trick Statt Mark können Sie auch einfach Butter verwenden.

Zutaten für 4-6 Personen:
250 g Steinpilze
250 g Pfifferlinge
20 g Butter
1 kleine Schalotte (30 g)
200 ml süße Sahne
50 ml saure Sahne
Salz
Zitronensaft
Cayennepfeffer
1 Msp. Knoblauch
Petersilie oder
Schnittlauch, gehackt

Knödel:
100 g Weißbrot ohne
Rinde in ganz kleinen
Würfeln
je 1 EL Butter und Öl
150 g Ochsenmark
(oder Butter)
2 Eigelb
150 g Weißbrot in Milch
eingeweicht und gut
ausgedrückt
20-30 g frisch geriebenes
Weißbrot (ohne Rinde)
gehackte Petersilie
Salz
Pfeffer
Muskat
1 Prise Majoran
2 Eier

Zubereitung:

1. Pilze putzen und wenn nötig waschen, auf einem Stein abtropfen lassen. Steinpilze in dünne Scheiben schneiden.
2. Butter zerlaufen lassen, geschnittene Schalotte beigeben, hell anschwitzen. Pilze beigeben, langsam dünsten, bis die Flüssigkeit fast gänzlich eingekocht ist, süße und saure Sahne dazugeben, salzen und sämig einköcheln lassen. Mit 1 Spritzer Zitronensaft, Cayennepfeffer und Knoblauch abschmecken. Petersilie oder Schnittlauch zugeben, anschließend kalt stellen.
3. Für die Knödel Weißbrotwürfel in Butter und Öl goldgelb backen und abtropfen lassen.
4. Ochsenmark in der Pfanne sachte zerlaufen lassen, passieren, kalt stellen, in kleine Würfel schneiden, schaumig rühren, Eigelbe nacheinander beigeben. Eingeweichtes und geriebenes Weißbrot mit Kräutern, Gewürzen und den ganzen Eiern locker untermischen, alles mit Klarsichtfolie abdecken und etwa 1 Stunde kalt stellen.
5. Einige Semmelbrösel in Butter hellbraun rösten und auf den Knödeln verteilen.

Merlot

Veenwouden Private Cellar, Paarl

1998

Deon van der Walt, ein bedeutender lyrischer Tenor der Gegenwart, lebt in Zürich. Zwei Drittel des Jahres ist er in Europa und Amerika unterwegs, um dort in den berühmtesten Opernhäusern zu gastieren. Die restliche Zeit verbringt er im südafrikanischen Paarl, dreißig Autominuten von Kapstadt. 1988 begann er dort mit dem Aufbau des Weinguts Veenwouden: Ohne Umschweife erzählt er mit offensichtlicher Freude: »Ich danke Mozart, er hat damals mein Weingut finanziert.« Mit jedem Honorar für eine seiner erfolgreichen Aufführungen tätigte er eine weitere Investition. Also trinken wir ein Glas auf Mozart, denn Veenwoudens Merlot wird heute als der beste Südafrikas gefeiert. Im Keller ist Deon van der Walts Bruder Marcel für die Paradeweine verantwortlich. Er hat sein Handwerk bei Michel Rolland gelernt, dem begehrtesten »Flying Winemaker« (fliegenden Kellermeister) und Merlot-Spezialisten aus Bordeaux. Der 1998er Merlot braucht sich hinter den begehrten Pomerols nicht zu verstecken. Tiefes Dunkelrot mit schwarzem Kern, intensives, reifes Beerenbouquet, Heidelbeere, Brombeere und Holunder voran. Im Gaumen viel Extrakt mit verschwenderischer Fülle. Saftig, weich und eine perfekte Balance. Südafrika ist auf dem Weg zu großem Ruhm.
54,– Mark

1999 Nachlese

Dem 1998er zum Verwechseln ähnlich. Wirkt nur eine Spur leichter, weniger konzentriert. Dennoch opulente Fruchtnoten von schwarzen und blauen Beeren. Luxuriös ausgestatteter Körper mit sinnlicher Frucht. Süßliches Tannin mit Tiefgang, vielschichtiger Spitzenwein von A bis Z.
26,– Euro
Bezug über: Wein-Kabinett Viehbeck

Ragout von Frühlingsgemüsen

Der Trick Durch das Kochen der Gemüse im Spargelsud erhält das Ragout einen leicht süßen Geschmack.

Zutaten für 4 Personen:
12 Stangen Spargel
8 kleine Karotten mit Grün
100 g Erbsen, gepalt
1 kleiner Kopf Romanesco-Salat
1 Kohlrabi
1 Stange Lauch
1 Frühlingszwiebel
20 mittelgroße Morcheln
100 g Butter
Salz
Zucker
Pfeffer
je 1 EL gehackter Kerbel und Petersilie
Muskat
etwas Zitronensaft

Zubereitung:

1. Gemüse putzen und in mundgerechte Stücke schneiden. Morcheln gut waschen und auf einem Sieb abtropfen lassen.
2. Den Spargel mit 50 g Butter in wenig Wasser mit etwas Salz und Zucker kochen und zur Seite stellen.
3. Im Fond nacheinander Karotten, Erbsen, Kohlrabi und Lauch kochen. Falls er zu salzig wird, etwas Wasser zufügen.
4. Jetzt die Spargel mit dem restlichen Gemüse mischen, im Fond erwärmen und mit 30 g Butter leicht abbinden. Die Frühlingszwiebel in Streifen schneiden und in 20 g Butter anziehen, Morcheln dazugeben und leicht mit Salz und Pfeffer würzen. Zum Gemüse geben. Am Ende die gehackten Kräuter unter das Ragout mischen, mit Salz, Pfeffer, Muskat und einem Spritzer Zitronensaft abschmecken.

Evel Branco

Real Companhia Velha, Villa Nova de Gaia, Douro
2000

Bis vor vier, fünf Jahren war die Weinwelt Portugals noch eine große Unbekannte, die verschlafen, mit halb geöffneten Augen die Erfolge des längst berühmten Nachbarn Spanien verfolgte. Dem Ideenreichtum weniger Produzenten und ihrem Mut zu enormen Investitionen ist die sensationelle Entwicklung der jüngsten Weinkultur zuzuschreiben. Ihr Bestreben, traditionelle Rebkulturen zu erhalten und moderne Vinifizierungsmethoden anzuwenden, führte zu großartigen Rotweinen, die in der Weinwelt höchste Anerkennung fanden. Dass die besten Tropfen jedoch noch in den Fässern schlummern, wurde mir auf meiner letzten Portugalreise klar. Deshalb vorab meine Weißweinentdeckung: Evel Branco von der Kellerei Real Companhia Velha im Dourotal, 1756 gegründet. Das Unternehmen, technisch auf dem neuesten Stand, ist immer noch in Familienbesitz und verfügt über beste Weinbergslagen. Aus den heimischen Rebsorten Gouveio, Codega, Moscatel und Cerceal wird der leichte, aromatische Evel Branco gekeltert. Zarte, vegetale Aromatik, verbunden mit fruchtigen Noten wie Melone, Pfirsich, Apfel. Delikater Geschmack mit feiner Säurestruktur, ein Sommerhit, klar und ausdrucksvoll im Abgang. Macht Lust auf jeden weiteren Schluck.

14,95 Mark

2002 Nachlese

Der 2002er scheint mir noch duftiger, mit ausgeprägter vegetaler Aromatik und mineralischen Tönen; Zitrusfrüchte wie Grapefruit und Limette sind im Hintergrund. Lebendige Säure, frischer Geschmack mit verspieltem Ausdruck im Körper.

7,50 Euro

Bezug über: Die Weinquelle

Tatar von feinen Gemüsen und Gartenkräutern

Der Trick Die teilweise roh belassenen Gemüse verleihen dem Tatar einen leichten Biss und eine frischere Wirkung.

Zutaten für 4 Personen:
je 50 g Fenchel, Karotten, Gurken, gelber Paprika und Staudensellerie in feinen Würfeln
1 Frühlingszwiebel mit Grün
1/2 Knoblauchzehe

Sauce:
3 EL fertige Mayonnaise
1 TL körniger Senf (Dijon Crème Senf)
1 TL mittelscharfer Senf
1 TL gehackte Sardellen
je 1 TL gehackte Kapern, Estragon und Petersilie
Salz
Pfeffer aus der Mühle
Zitronensaft
einige Tropfen Worcestersauce
300 g Kartoffeln, fest kochend

Garnierung:
frische Kräuter wie Kerbel und Kresse

Zubereitung:

1. Fenchel und Karotten in Salzwasser kurz, nicht zu weich, kochen und kalt abschrecken.
2. Die restlichen Gemüse roh lassen und alle zusammen mit der in Würfel geschnittenen Frühlingszwiebel (im letzten Moment fein schneiden) und dem fein gehackten Knoblauch mit Salz und Pfeffer sehr mild abschmecken. Für die Sauce alle Zutaten mischen und mit Salz, Pfeffer und Zitrone abschmecken.
3. Geriebene Kartoffeln mit Salz und Pfeffer abschmecken und in einer heißen Pfanne mit etwas Öl als kleine, dünne Rösti ausbacken.
4. Gemüse mit der Senfmayonnaise abbinden, nochmals abschmecken und auf den Rösti anrichten. Anstatt der Rösti passen auch in Tempurateig ausgebackene Zucchiniblüten sehr gut dazu. Mit den Kräutern garnieren.

Extratipp:
Man kann die Gemüsesorten je nach Geschmack variieren. Für Nicht-Vegetarier:
2 EL Krabbenfleisch oder in kleine Würfel geschnittener Räucherlachs machen das Gericht pikanter. Alternativ: geräucherte Entenbrust.

Quinta do Ameal

»Loureiro«
Quinta do Ameal, Ponte de Lima, Vinho Verde
2000

Portugal ist eines der traditionsreichsten Weinländer Europas und doch spielte es im internationalen Weinzirkus bis dato keine bedeutende Rolle, mit Ausnahme des Portweins und des Vinho Verde. Das faszinierende Spektrum neuer portugiesischer Weine aus exotischen Rebsorten passt aber bestens in unseren Designer-Weinmarkt. Das berühmteste Beispiel ist der Exportschlager des Landes, Vinho Verde aus der gleichnamigen Region im Norden, zwischen den Flüssen Minho und Douro. Hier gibt es zahlreiche engagierte Weingutsbesitzer, die ihre Betriebe mit talentierten Weinmachern auf Vordermann bringen. Zu ihnen zählt Pedro Araújo, Besitzer der Quinta do Ameal. Die Weinberge des Landguts sind ausschließlich mit der weißen Rebsorte Loureiro bestockt. Für die Qualität der Weine sorgt der Önologe Anselmo Mendes, Portugals Weinmacher des Jahres 1999. Seine Vorstellungen von einem guten Vinho Verde haben nichts mit Massenware gemeinsam. Der säurereiche Loureiro ist ein aromatischer, knackig frischer leichter Wein mit vielen grünen Nuancen von Äpfeln, Limetten, Dill, Farn, Basilikum, grünen Tomaten, Spargel. Ein kristallener Wein für Salate, Gemüse und gedünstete Fischgerichte. Ein Wein mit Zukunft
8,20 Euro

2002 Nachlese
Meine Vorstellung vom letzten Jahr, dass der Wein Zukunft haben wird, bestätigt sich im neuen Jahrgang 2002. Gleich bleibende Qualität, ähnliche Duft- und Geschmacksrichtung. Ein Hauch reifer, mit einem Touch weniger Säure. Im Duft etwas mehr Zitrusfrüchte, Zitronengras, Fenchel. Am Gaumen eine Spur sanfter.
8,20 Euro
Bezug über: Weingalerie

Gratin von Kohlrabi, Wurzelspinat und Shiitake-Pilzen

Der Trick Mascarponewürfel unter dem Milchguss geben dem Gericht die nötige Würze und Abrundung.

Zutaten für 4-6 Personen:
2 Kohlrabi (500 g)
2 mehlige Kartoffeln (insgesamt etwa 450 g)
1/2 l Milch plus 2-3 EL Milch (für das Kartoffelmehl)
Salz
Pfeffer
Muskat
700 g Wurzelspinat
200 g Shiitake-Pilze
etwas Olivenöl
40 g Butter
1 gehackte Knoblauchzehe
1 fein geschnittene Schalotte
1 Becher Sahne
2 Eigelb
1 EL Kartoffelmehl
250 g Mascarpone, kühlschrankfest, in 1 cm großen Würfeln
150 g angeräucherter Schinken in 1/2 cm breiten Streifen
60 g Gruyère

Zubereitung:

1. Ofen auf 200 Grad vorheizen. Kohlrabi und Kartoffeln schälen und jeweils in 3 mm dünne Scheiben schneiden. Wenig Wasser in einen Topf schütten, der Boden soll gerade nur bedeckt sein. Milch beigeben, mit Salz, Pfeffer und Muskat würzen, langsam aufkochen. Darin die Kartoffel- und Kohlrabischeiben getrennt nacheinander halb weich köcheln. Mit einer Schöpfkelle herausnehmen und mit einem feuchten Tuch abdecken. Milch aufbewahren.

2. Spinat putzen, waschen, in Salzwasser blanchieren, in Eiswasser abkühlen, abschütten, auspressen. Shiitake-Pilze ohne Stiele in Olivenöl rasch anbraten, salzen, pfeffern, auf einem Sieb abtropfen lassen. 20 g Butter hellbraun aufschäumen lassen, Knoblauch und Schalotte ohne Farbe darin anschwitzen, Spinat beigeben, salzen, pfeffern, mit Muskat abschmecken.
3. Sahne und Eigelbe zur aufbewahrten Milch geben, verrühren, das mit etwas kalter Milch glatt gerührte Kartoffelmehl beimischen und die Mischung durch ein feines Sieb passieren. Die Mascarponewürfel zugeben.
4. Eine Cocotte mit der übrigen Butter dick ausstreichen. Darauf je eine Hälfte der Schinkenstreifen, Pilze, Kartoffel- und Kohlrabischeiben einschichten. Die Hälfte des Milchgusses und des geriebenen Gruyères darauf verteilen, mit dem Blattspinat abdecken. Restliche Kartoffel- und Kohlrabischeiben, Pilze und Schinkenstreifen einschichten, dabei mit einer Lage Kartoffeln abschließen. Mit dem Rest des Milchgusses und des Käses bedecken, einige Butterflocken darüber geben. Ein Backblech mit Zeitungspapier auslegen, die Cocotte darauf stellen, das Blech ca. 3 Zentimeter hoch mit Wasser auffüllen. Wasser auf dem Herd aufkochen lassen, dann das Blech ins vorgewärmte Backrohr schieben. Das Gratin etwa 1 Stunde und 15 Minuten bei 180 Grad backen (falls nötig Hitze reduzieren). Die Kartoffelscheiben sollen hellbraun sein. Nach Ende der Garzeit das Gratin etwa 10 Minuten bei offenem Rohr ruhen lassen.

Jurançon Sec »Sève d'Automne«

Domaine Cauhapé, Monein, Jurançon
2000

Die Reblauskatastrophe traf das Gebiet Jurançon besonders hart, der Weinbau hatte lange damit zu kämpfen. Erst in den letzten Jahren erlebt die Region dank einiger ehrgeiziger Winzer eine Renaissance. Die bedeutendsten weißen Rebsorten sind Gros Manseng und Petit Manseng, die hier in den Pyrenäen-Ausläufern auf teils steilen Terrassen nach heißen Sommermonaten und vielfach sonnigen Herbsten ihre vollendete Reife erlangen. Henri Ramonteu, ehemaliger Landwirt und heutiger Eigentümer der Domaine Cauhapé, begann vor 23 Jahren mit vier Hektar gekauftem Rebland als Autodidakt. Trotz seiner vielen Erfolge ist der Winzer eigenwillig geblieben und schwärmt noch immer von den Frauen auf den Bildern von Rubens. Seine trockene Weißweincuvée Sève d'Automne, neunzig Prozent Petit, der Rest aus Gros Manseng, stammt von dreißig bis vierzig Jahre alten Reben. Sie wird etwa zwölf Monate in Barriques aus Alliereiche ausgebaut. Dieser eindrucksvolle Wein besitzt eine konzentrierte Frucht und Würze in der Nase sowie am Gaumen. Aprikose, Birne, Quitte, Peperoni, Lorbeer, geschmolzene Butter, getrocknete Kräuter. Kernige Säure, viel Stoff, Struktur und Vielschichtigkeit im Mund, die in ein fantastisches Finale mündet. Der 1999er lässt sich jetzt schon sehr gut trinken, die nachfolgenden Jahrgänge brauchen noch etwas Zeit.
19,50 Euro

2001 Nachlese
Reifes Gelb mit leichtem Grünstich. Intensive, reife Fruchtaromen wie Honigmelone, Apfel, Ananas; Feige, frisches Korianderkraut. Breites Spektrum am Gaumen, komplexe Säure mit Tiefgang. Voller, stoffiger Geschmack mit herrlicher Länge.
19,50 Euro
Bezug über: Walter & Benjamin

Spiegeleier auf Rahmspinat und mit Alba-Trüffeln

Der Trick Die rohen Eier mit den Trüffeln drei Tage in einem geschlossenen Einmachglas stehen lassen!

Zutaten für 4 Personen:
4 Eier
105 g weiße Alba-Trüffel
250 g Blattspinat
20 g Butter
1 kleine Schalotte
etwas Knoblauch
80 g Crème double
30 g Nussbutter
Salz
Pfeffer aus der Mühle
Muskat
200 ml Geflügelfond
150 g Crème double
1 Spritzer Noilly-Prat
1 EL geschlagene Sahne

Zubereitung:

1. Spinat blanchieren, gut auspressen und grob hacken. Die ebenfalls gehackte Schalotte mit Knoblauch in der Butter anziehen, den Spinat zugeben, mit 80 g Crème double kurz aufkochen lassen, würzen und mit der Nussbutter aufmixen.
2. Geflügelfond mit 150 g Crème double einkochen, würzen und zu einer cremigen Sauce reduzieren.
3. 100 g Trüffel in etwas Butter anziehen, mit Noilly-Prat ablöschen und mit der Sauce auffüllen. Anschließend mixen und zum Schluss Sahne unterziehen.
4. Die Eier, die durch den Trick das Trüffelaroma aufgenommen haben, braten, dann auf Cremespinat anrichten und mit der Sauce umgießen. Zum Schluss restliche 5 g Trüffel hauchdünn drüberhobeln.

Chianti Classico

Carobbio, Panzano, Toskana

1995

Im Herzen der Chianti-Region, 32 Kilometer von Florenz und ebenso weit von Siena entfernt, liegt der ehemalige Bauernhof Carobbio. Mitte der achtziger Jahre kaufte Dr. Carlo Novarese dieses herrliche Anwesen samt Weinbergen in den besten Lagen der Conca d'Oro (Goldenes Becken). Über die Jahre wurde dort eine Menge umgebaut und modernisiert. Der qualitätsbewusste Dottore stellte gleich nach der ersten Ernte fest, dass es besonders viel in den Weinbergen zu verändern gab. Rebstöcke wurden stark zurückgeschnitten, teils herausgerissen und ersetzt, im Sommer wurden sie ausgedünnt, damit die Erträge bei der Ernte auf das Minimum zurückgingen. Mit neuen Edelstahltanks, französischen Eichenfässern und dem Scharfsinn der talentierten Önologin Gabrielle Tani werden mittlerweile Weine produziert, die höchste Aufmerksamkeit verdienen. Ein Beispiel ist der 1995er Chianti Classico: verschwenderischer Duft mit Blüten, Früchten, Kräutern. Feingliedrig in Körper und Extrakt. Saft im Mund, fleischiges, cremiges Finale.
24,50 Mark

2000 Nachlese
Sattes Purpurrot, Aromen von Steinfrüchten wie Sauerkirschen und Zwetschgen, Preiselbeeren, helle Schokolade. Mittelgewichtig, feinherbe Tannine, angenehmer Trinkfluss, saftig im Nachhall.
11,50 Euro
Bezug über: Weinlade

Verschiedene Waldpilze im Sud

Der Trick Pilzabfälle, Tomatenkerne und Petersilienstängel für den Pilzsud aufbewahren.

Zutaten für 4 Personen:
120 g kleine Pfifferlinge
120 g Steinpilze ohne Schwamm
120 g Totentrompeten oder sonstige Waldpilze
1 Tomate
1 Schalotte
1 kleine Knoblauchzehe
4 cl spritziger Weißwein
Salz
4 EL Pflanzenöl
20 g Butter
Zitronensaft
2 EL glatte, gezupfte Petersilie (und Stiele für den Pilzsud)
Pfeffer

Pilzsud:
1 Schalotte
1 Knoblauchzehe
etwas Butter
ca. 400 ml Geflügelbrühe (oder Wasser)
Salz
1 mehlige Kartoffel

Zubereitung:

1. Pilze sauber putzen, wenn nötig kurz durchwaschen und auf ein Küchentuch zum Abtrocknen legen. Steinpilze in nicht zu feine Scheiben schneiden, Totentrompeten in Stücke. Etwa 200 g der (sauber gewaschenen) Pilzabfälle beiseite stellen. Tomate enthäuten und entkernen. Kerne aufbewahren, das restliche Fruchtfleisch klein würfeln.
2. Pilzsud: Schalotte schälen, halbieren und in feine Scheiben schneiden. Knoblauch schälen und in kleine Würfel schneiden.

Schalottenscheiben sowie Knoblauch langsam in Butter ohne Farbe anschwitzen. Pilzabfälle, Tomatenkerne und Petersilienstängel beigeben. Dünsten, bis die Flüssigkeit fast verdampft ist. Mit Geflügelbrühe (oder Wasser) auffüllen, salzen, aufkochen lassen. Kartoffel (für die Sudbindung) fein reiben, zugeben und die Sauce etwa 15 Minuten ziehen lassen und abpassieren (es sollten ungefähr 150 ml Sud entstehen).

3. Schalotte schälen, fein hacken und mit der Hälfte des Knoblauchs hell anschwitzen, mit Weißwein ablöschen. Pfifferlinge beigeben und langsam dünsten lassen. Zum Schluss 1 Prise Salz beigeben.
4. Steinpilze kurz in Öl und Butter hellbraun anschwenken (gibt einen besseren Geschmack), salzen, mit etwas Zitronensaft beträufeln und zu den Pfifferlingen geben. Mit Pilzsud auffüllen, behutsam 5 Minuten köcheln lassen.
5. Totentrompeten wie die Steinpilze anschwenken, Tomatenwürfel, restlichen Knoblauch sowie Petersilie beigeben, mit Salz, einem Hauch Pfeffer und etwas Zitronensaft abschmecken. Schwammerl in heißen Suppentellern anrichten. Das Gericht soll leicht suppig sein. Darauf setze ich kleine Grießknödel, die in Bröselbutter gewälzt sind. Dazu passt auch warmes Knoblauchbrot.

Cabernet Sauvignon

Caymus Vineyards, Rutherford, Napa Valley
1996

Kaliforniens rote Rebsorte Nummer eins ist der Cabernet Sauvignon. Aus ihr werden Weine von einfacher bis höchster Qualität hergestellt. Das hoch gesteckte Ziel, große Weine wie die berühmten Gewächse aus Bordeaux zu produzieren, ist für Wineries wie Caymus längst Standardprogramm. Mit besten Weinbergen, technischer Perfektion im Keller und der allgegenwärtigen Sonne Kaliforniens sind die wichtigsten Voraussetzungen dafür geschaffen. Trotzdem gibt es problematische Jahrgänge wie den 1996er, der Wetterkapriolen überstehen musste. Das Niveau für die höchste Qualitätsstufe der »Special Selection«, dem teuersten Wein im Programm von Caymus, wurde nicht erreicht. So entschied der Weinmacher Chuck Wagner, dass zugunsten der Standardcuveé im 1996er Jahrgang keine Special Selection abgefüllt wird. Beim ersten Verkosten drängte sich mir die Frage auf, ob ich jemals unter einem »einfachen Etikett« einen Wein von dieser Güte getrunken habe. Ich denke – nein! Understatement zu diesem Preis ist eigentlich ein Risiko. Nicht für Caymus! Im Staat der Reichen und Schönen der USA werden inzwischen Einzelflaschen wie Diamanten gehandelt. Tiefdunkles Rubinrot, reifer Charakter im Duft, ein Strauß voller Beeren. Zurückhaltendes, geschmeidiges Tannin, verschwenderische Würze, kraftvoll und lang im Abgang.
109,– Mark

1999 Nachlese
Im Jahr 1999 hat Caymus wieder einen tollen Cabernet Sauvignon gemacht. Traumhaftes Bouquet, breit gefächert, tief, vielschichtig. Reife rote und blaue Beeren, Zedernholz, Wacholder, erdig, Waldpilze, Nelken, Zimt. Im Mund beinahe cremig weich, seidige, süßliche Tannine. Prächtiger, eleganter Stoff mit einer wunderbaren Länge.
65,– Euro
Bezug über: Weingarten Eden

Auberginen mit Shiitake-Pilzen

Der Trick Gebratene Auberginen harmonieren wunderbar mit gebratenen Lammkoteletts. Man kann sie aber ohne weiteres auch als vegetarisches Gericht mit einem frisch angemachten Rucolasalat servieren.

Zutaten für 4 Personen:
500 g dickfleischige Eiertomaten
Salz
Zucker
1/2 TL Puderzucker
ca. 10 EL Olivenöl
4 frische Thymianzweige
4 Knoblauchzehen in der Schale
2 sizilianische Auberginen (à 500 g)
schwarzer Pfeffer aus der Mühle
100 g frische Shiitake-Pilze
1/2 Schalotte
einige Spritzer Zitronensaft
1 EL frisch gehackte Petersilie
20 g Scamorza (geräucherter Mozzarella)
einige Blätter frisches Basilikum

Zubereitung:

1. Tomaten waschen, vom grünen Strunk befreien und die Haut kreuzförmig einschneiden. In kochendem Wasser kurz blanchieren, eiskalt abschrecken, enthäuten, vierteln und entkernen. Saft und Kerne dabei auffangen, salzen, leicht zuckern und beiseite stellen.
2. Puderzucker in einer Pfanne mit 3 EL Olivenöl hell karamellisieren, Tomaten einlegen und im Rohr bei 90 Grad 15 Minuten braten. Zwei Thymianzweige und zwei Knoblauchzehen dazugeben, Tomaten wenden und weitere 15 Minuten langsam braten.
3. In der Zwischenzeit Auberginen waschen, Blütenansatz entfernen und Auberginen in 8 etwa 1 1/2 cm dicke Scheiben schneiden. 3 EL Olivenöl in einer beschichteten Pfanne erhitzen. Auberginenscheiben nacheinander von beiden Seiten jeweils etwa 8 Minuten bei geringer Temperatur braten. Wenn nötig, noch etwas Olivenöl angießen. Restliche Thymianzweige und Knoblauchzehen dazugeben und zur Aromagebung mitbraten. Auberginenscheiben salzen, pfeffern und auf ein Blech setzen.
4. Tomaten salzen und gleichmäßig auf 4 Auberginenscheiben verteilen. Mit den verbleibenden Auberginen abdecken und im Ofen bei 120 Grad warm halten.
5. Shiitake-Pilze waschen, trockentupfen, putzen und in Scheiben schneiden. Schalotte in feine Würfel schneiden. 2 EL Olivenöl erhitzen, die Würfel in einer Pfanne glasig dünsten und zusammenschieben. Pilze neben die Schalottenwürfel in die Pfanne geben, von beiden Seiten goldbraun braten, leicht salzen und pfeffern. Mit den Schalottenwürfeln vermengen. Alles mit Zitronensaft und Petersilie verfeinern und auf den Auberginentürmchen verteilen.
6. Scamorza fein reiben und die Auberginen damit bestreuen. Käse bei Oberhitze anschließend schmelzen lassen.
7. Tomatensaft durch ein feines Sieb passieren, mit 2 EL Olivenöl aufschlagen, salzen, pfeffern und mit klein gezupften Basilikumblättern verfeinern.
8. Auberginentürmchen auf Tellern anrichten und mit der Tomatenvinaigrette umgießen.

GRAN CAUS »ROSADO«

Can Ràfols dels Caus
Avinyonet, Penedès
2001

Can Ràfols dels Caus war vor zwanzig Jahren ein alter, 450 Hektar großer verfallener Landsitz, der eigentlich verkauft werden sollte. Mit dem Einverständnis seiner Geschwister krempelte Carlos Esteva Mitte der achtziger Jahre den gesamten Besitz um. Der Kunstliebhaber restaurierte sämtliche Gebäude schonend und aufwändig. Die vielen Pinien, Eichen, Mandel- und Olivenbäume blieben. Auf den einzigartigen, hoch gelegenen und zur Meerseite geöffneten Terrassenlagen mit kargen Lehm- und Kalkböden pflanzte er binnen weniger Jahre fünfzig Hektar Reben, überwiegend mit französischen Sorten wie Cabernet Sauvignon und Merlot, da sie in der Zeit vor der Reblaus hier schon heimisch waren. Der entschiedene Gegner von Massenware produziert nur 2000 bis 3000 Flaschen seines majestätischen Merlots Caus Lubis. Mit seinem Gran Caus Rosado aus Merlot steht er einsam an der Spitze spanischer Roséweine. Sein tiefer Roséton überrascht. Pfingstrosen, Magnolien und ein Korb voll roter Beeren begeistern die Nase. Komplex, dicht, satt und rund am Gaumen. Erstaunlich frische Säure mit viel Schmelz im Nachklang. Ein richtiger Prototyp!
14,70 Euro

2002 Nachlese
Dunkles Himbeerrot. Rote und schwarze Johannisbeere, Wassermelone, grüner Pfeffer, rote Paprika. Vielschichtig am Gaumen, mit breitem Spektrum an Fruchtnuancen. Im Mund verschwenderisch rote Früchte, gut balancierte Säure und Extrakte, reif und saftig im Fluss. Wieder einmal wunderbar vinifiziert!
15,30 Euro
Bezug über: Vinopolis

Deutscher Spargel mit Brokkoli-Mus

Der Trick Ein Stück Weißbrot in das Spargelwasser geben, das bindet eventuelle Bitterstoffe.

Zutaten für 4 Personen:
1 kg weißer Spargel
1/2 TL Zucker
Saft von 1/2 Zitrone
80 g Butter
1 Stück Weißbrot
500 g Brokkoli
30 g Butter
120 g Sahne
90 g Butter
30 g frisch geriebene Weißbrotbrösel
2 hart gekochte Eier
150 g Prager Schinken
Salz
Pfeffer
etwas Muskat

Zubereitung:

1. Spargel schälen und holzige Endstücke abschneiden, in einem großen Topf Wasser mit Salz, Zucker, Zitronensaft, 80 g Butter und Weißbrot 10 - 15 Minuten gar kochen, herausnehmen und abtropfen lassen.
2. Für das Brokkoli-Mus den Brokkoli waschen, in Röschen teilen, die Stiele schälen und ebenfalls klein schneiden, in Salzwasser etwa 5 Minuten kochen, herausnehmen, in Eiswasser abschrecken, abtropfen lassen. Den Brokkoli mit 30 g Butter in einem Topf anschwitzen und mit Salz, Pfeffer und Muskatnuss würzen. Die Sahne fast vollständig angießen und Brokkoli 10 Minuten weich dünsten. Mit dem Mixstab mixen, nochmals abschmecken, eventuell noch Sahne zufügen.
3. Den Spargel mit 30 g Butter anziehen, die restliche Butter (60 g) mit den Bröseln leicht anrösten. Eier schälen und Eiweiß und Eigelb separat klein hacken.
4. Schinken in Streifen schneiden und ebenfalls kurz ansautieren. Die Brösel über den Spargel geben und mit den gehackten Eiern bestreuen.

Gelber Muskateller

»Steirische Klassik«
E & M Tement, Berghausen, Südsteiermark
2000

Die Gelbe Muskatellertraube gilt als die bizzarste Vertreterin unter den weißen Rebsorten. Der Ursprung ihrer Entwicklung lässt sich bis zur biblischen Geschichte zurückverfolgen. In der Antike feierte man sie im gesamten Mittelmeerraum. Mehr als zweihundert Sorten sind heute noch registriert. Wo auch immer auf der Welt Wein angebaut wird, ist sie mit von der Partie. Dementsprechend unterschiedlich sind ihre Qualitäten. In Höchstform stellt sie sich als Verführerin schlechthin dar – ob trocken oder süß, weiß oder rot. Rot? Ja, sie ist sogar in der Lage, die Farbe ihres Kleides (Schale) zu verändern. Wer sich intensiver mit der Geschichte dieser Rebsorte beschäftigen will, hat sehr viel nachzulesen und zu probieren, es reicht für Jahre. Als Speisenbegleiter habe ich schon viele wunderbare Muskateller verkostet. Die trockenen eignen sich gut als Aperitif, zu Backfisch, Wiener Schnitzel mit Kartoffelsalat oder zu weißem Spargel. Manfred Tements 2000er ist wie in den Jahren zuvor ein wahres Trinkvergnügen. Zurückhaltung im Auftritt, Kraft, wo sie gefordert wird. Dezente, dennoch vielschichtige Aromen von Birnen, Pfirsichen über Teerosen und Weißdorn. Reife Trauben prägen den klaren Geschmack mit seiner pfiffigen Säure. Sanfte Konturen bis zum prächtigen Abgang.
19,40 Mark

2002 Nachlese
Der Auftritt im Duft ist auch im neuen Jahrgang verhalten. Die zarten Rosen-, Pfirsich- und Lindenblüten erscheinen keineswegs aufdringlich. Die Säure wirkt etwas milder, delikat im Finale.
9,70 Euro
Bezug über: La Cave Steines

Nachspeisen

Äpfel mit Nuss-Nougat-Füllung im Filoteig

Der Trick Der selbst gemachte Haselnusskrokant!

Zutaten für 4 Personen:
4 säuerliche Äpfel (Cox Orange) à 160 g
100 g Butter
1 EL Honig
100 g Nuss-Nougat (schnittfeste Masse)
30 g geriebene Mandeln
1/4-1/2 Packung Filoteig (griechischer Strudelteig, 450-g-Packung ist in türkischen Geschäften erhältlich)
50 ml Apfelsaft
1/2 Vanilleschote
1/2 TL Stärke
2 EL Orangenlikör
Puderzucker zum Bestäuben

Krokant:
30 g ganze Haselnüsse
30 g Zucker

Außerdem:
Alufolie
Muffin-Backform (Vertiefungen mit 7 cm Durchmesser und 3 cm Höhe)
Öl für das Blech
Backpapier

Zubereitung:

1. Für den Krokant in einer Pfanne ohne Fett Haselnüsse bei mittlerer Temperatur rösten, bis ein nussiges Aroma aufsteigt, dann herausnehmen. Zucker karamellisieren lassen, Haselnüsse unterheben, Masse auf ein geöltes Backblech streichen, auskühlen lassen und zwischen zwei Blatt Backpapier mit dem Nudelholz fein zerstoßen.
2. Die gewaschenen Äpfel mit dem Ausstecher vom Kerngehäuse befreien. Alufolie in vier 20 x 20 cm große Stücke schneiden. Je einen Apfel darauf setzen, mit je 10 g Butter belegen und mit etwas Honig beträufeln. Äpfel mit der Folie gut verschließen, im vorgeheizten Backofen bei 200 Grad 25-30 Minuten backen. Äpfel auskühlen lassen, auspacken, dabei den Saft auffangen.
3. Kalten Nougat in etwa 25 g schwere, 5 cm lange Stücke schneiden, der Länge nach leicht rollen und in den Mandeln wälzen. Die Äpfel mit Nougatstangen füllen.

4. 40 g Butter erhitzen, Filoteig in acht 15 x 15 cm große Quadrate schneiden und mit der heißen Butter bestreichen. Muffinblech mit restlicher Butter ausstreichen. In vier Vertiefungen je ein Teigquadrat setzen, Quadrate mit der Hälfte des Krokants bestreuen, restliche Teigblätter versetzt darauf schichten. Verbleibenden Krokant und die gefüllten Äpfel darauf verteilen. Die Teigecken dabei leicht andrücken.
5. Äpfel mit dem »blütenblättrigen« Teigmantel im vorgeheizten Backofen bei 200 Grad etwa 8 Minuten goldbraun backen. In der Zwischenzeit den aufgefangenen Apfelfond mit Apfelsaft (sollte etwa 100 ml ergeben) erhitzen, ausgekratztes Vanillemark und -schote zugeben. Stärke mit Orangenlikör glatt rühren, unter die kochende Flüssigkeit mischen und alles etwa 5 Minuten bei kleiner Temperatur köcheln lassen, dabei immer wieder umrühren. Vanilleschote entfernen.
6. Gebackene Äpfel aus dem Ofen nehmen, etwas ruhen lassen und mit der Sauce auf Tellern anrichten. Je nach Geschmack mit Puderzucker bestäuben. Zusätzlich kann man zu den Äpfeln auch Vanilleeis servieren.

Apfelbrand

»im Eichenfass gelagert«
Hans Reisetbauer, Axberg, Linz

Der Apfel ist eine ganz besondere Frucht, deren Ursprung laut biblischer Geschichte im paradiesischen Garten Eden begonnen hat. In der Literatur, in Kult und Brauchtum wird er in seinem Stellenwert seit Jahrtausenden nur von der Traube übertroffen. Schiller würdigt ihn in seinem »Wilhelm Tell«, Shakespeare im »Kaufmann von Venedig«, Goethe im »Faust«, die Beatles feierten in seinem Zeichen Welterfolge und in der Gegenwart gibt es Computer seines Namens – »Apple«. Auch aus der Küche ist er nicht wegzudenken. Nur bei der Destillation kommen seine mimosenhaften Eigenschaften zu Tage. Sein feines Aroma verlangt eine besonders schonende Behandlung. Hans Reisetbauer aus Axberg in Oberösterreich hat damit keine Probleme. Seine im Jahr 2000 nach eigenen Plänen gebaute Brennerei zählt zu den modernsten Anlagen weltweit. Zum Betrieb gehören sechs Hektar mit Williamsbirn- und Apfelbäumen. Der im Jahr 2000 abgefüllte Apfelbrand stammt aus der Ernte von 1998, Sorte Jonagold, und wurde zwei Jahre im Limousin-Eichenfass gelagert. Dadurch erinnert er an einen jungen Calvados. Klarer, ausgeprägter frischer Apfelduft, Apfelquitten, Pistazien, Walnuss, Grapefruitschalen, Toast, Karamell, Süßholz. Kräftiger Geschmack, cremige Textur mit Biss und warmem Feuer.
30,70 Euro

Ernte 1999 Nachlese
Die neue Ernte 1999 wurde in denselben Eichenfässern gelagert, ebenfalls für zwei Jahre. Es wurde auch wieder die Sorte Jonagold verwendet. Die geruchlichen und geschmacklichen Unterschiede sind so gering, dass sie nicht von Bedeutung sind. Die frische Apfelfrucht steht mit zartem Karamell im Vordergrund, im Abgang ausgeprägte Mandelnote.
30,70 Euro
Bezug über: La Cave Steines

Bayrisch Creme

Der Trick Filoteig mit Butter bestreichen und mit Puderzucker bestäuben, so wird er knusprig und weicht nicht so schnell durch.

Zutaten für 4 Personen:
125 ml Milch
1 Vanilleschote
75 g Zucker
3 Eigelb
1 1/2 Blatt Gelatine
125 ml geschlagene Sahne
4 Blatt Filoteig (griechischer Strudelteig, in türkischen Geschäften erhältlich)
20 g flüssige Butter
Puderzucker
500 g Erdbeeren (200 g davon für das Püree)
Puderzucker
Zitronensaft
50 ml Champagner
2 cl Grand Marnier
1 Mango von etwa 500 g (200 g davon für Püree und 150 g in Würfel geschnitten)
Puderzucker

Zubereitung:

1. Für die Creme Milch mit aufgeschnittener Vanilleschote zum Kochen bringen und nach und nach das mit dem Zucker schaumig geschlagene Eigelb einrühren.
2. Nun die Creme über dem Wasserbad »zur Rose abziehen« (unter ständigem Rühren auf 80 Grad erhitzen).
3. Danach die in kaltem Wasser eingeweichte und ausgedrückte Gelatine zugeben und die Creme durch ein Sieb passieren. Die Masse auf Eis kalt rühren; sobald sie zu stocken beginnt, die steif geschlagene Sahne unterheben und kalt stellen.
4. Den Strudelteig in Scheiben mit etwa 25 cm Durchmesser schneiden, mit flüssiger Butter bestreichen und mit Puderzucker bestäuben. In gefettete Auflaufformen mit 6 cm Durchmesser legen und über den Rand auftürmen. Im Ofen bei 200 Grad goldgelb backen. Noch warm aus den Formen stürzen und dann beiseite stellen.
5. Für das Püree jeweils 200 g Früchte mit Puderzucker, Zitronensaft, Champagner (bei Erdbeeren zusätzlich Grand Marnier) mixen und durch ein Sieb passieren.
6. Die Garniturfrüchte mit den beiden Pürees und etwas Puderzucker marinieren. Die Creme mit einem Löffel in die Strudelblätter füllen und mit den marinierten Früchten garnieren.

Extratipp:
Ich liebe es, zu dieser köstlichen Creme eine Himbeersauce mit einem Spritzer Kirschwasser zu servieren.

Champagne Jacques Selosse

Rosé, Brut, Grand Cru
Jacques Selosse, Avize, Champagne

1980 übernahm Anselme Selosse die sechs Hektar große Familiendomaine in Avize. Sein größtes Kapital sind die Weinberge, reine Grand-Cru-Lagen, allesamt an der Côte des Blancs gelegen. Die Ausbildung zum Önologen holte er sich an der Lycée Vinicole in Beaune, und damals beeindruckte ihn die Vinifikation der großen weißen Burgunder in kleinen Weinfässern so nachhaltig, dass er bei der Übernahme des elterlichen Betriebs kurzerhand auf den Ausbau seiner Grundweine in 228-Liter-Eichenfässern umstieg. Nur ganz wenige Champagnerhersteller wie etwa Krug praktizieren dieselbe aufwändige Methode. Der Champagner von Jacques Selosse gehört zu den besten. Seine sehr begrenzte Produktion ist schnell ausverkauft, ganz besonders die Spitzencuvée Origine und der Rosé. Beim Rosé begeistert schon der Flamingoton in der Farbe. Das vor Kraft strotzende Bouquet erinnert an reife Walderdbeeren, Pomeranzen, Stachelbeeren. Den Gaumen füllt der Geschmack gerösteter Mandeln, von Kokosnuss und weißer Schokolade. Das kräftige Mousseux verschmilzt in der cremigen Textur mit köstlichem Nachhall. Ein Champagner nicht nur zum Festefeiern.
55,– Mark

Nachlese
Da kein Jahrgangschampagner, keine Nachlese. Eine Nachverkostung bestätigte jedoch die gleichbleibende Qualität der Cuvée und den Stil des Hauses.
39,80 Euro
Bezug über: Weine Wolfgang Wuttke

Crema Catalana

Der Trick Die Speisestärke verhindert ein Gerinnen der Eicreme, deshalb muss dieser Pudding nicht im Wasserbad zubereitet werden.

Zutaten für 4-6 Personen:
375 ml Milch
150 ml Sahne
1 Vanilleschote
1 Zimtstange
1 Prise Salz
4 Eigelb (ca. 80 g)
20 g Maisstärke (Mondamin)
75 g Zucker
abgeriebene Schale von 1/2 unbehandelten Zitrone sowie von 1/4 Orange

Karamell:
etwas neutrales Speiseöl
brauner Zucker

Zubereitung:

1. Milch und Sahne mit Vanilleschote, Zimtstange und der Prise Salz zum Kochen bringen, Topf vom Herd nehmen und 20 Minuten stehen lassen, damit die Milch die Vanille- und Zimtaromen aufnehmen kann.
2. Währenddessen Eigelb, Maisstärke und Zucker schaumig schlagen. Milch ohne Zimtstange und Vanilleschote erneut vorsichtig aufkochen und unter ständigem Rühren an die Eigelbmasse geben. Mischung wieder in den Topf füllen und bei niedriger Hitze unter vorsichtigem Rühren nochmals aufkochen.
3. Masse in eine Schüssel umfüllen, Zitronen- und Orangenschale hinzufügen. Mit dem Handmixer (kleinste Stufe) schräg in die Creme gehen (damit nicht zu viel Luft in die Creme eingemixt wird) und Pudding anschließend glatt emulgieren.
4. Die Masse durch ein Haarsieb direkt in sechs kleine Keramikformen oder eine Auflaufform füllen und 3-4 Stunden kalt stellen. Am besten mit Klarsichtfolie abdecken, damit die Creme keine Haut zieht.
5. Folie vorsichtig entfernen und Cremeoberfläche mit Speiseöl bepinseln (nur ganz dünn!). Mit feinem braunen Zucker bestreuen (notfalls in der Moulinette fein mixen). Mit einem speziellen Brenneisen, einem Bunsenbrenner oder unter gut vorgeheiztem Grill karamellisieren.

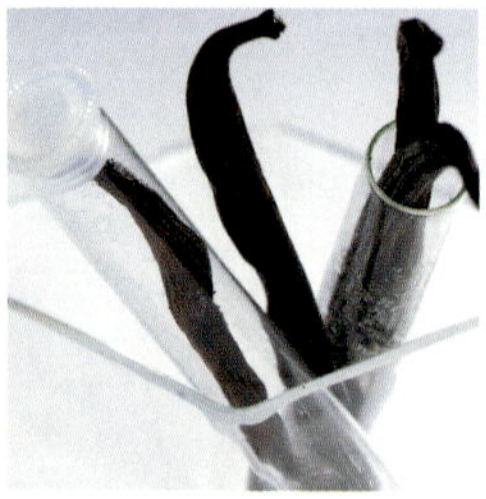

Cava Segura Viudas

Seco
Sant Sadurní d'Anoia, Katalonien

Cava, das schäumende Nationalgetränk der Spanier, wird in erster Linie in der lebensfrohen katalanischen Hauptstadt Barcelona und im geschäftigen Madrid gefeiert. Seine Erfolge auf dem internationalen Markt sind das Ergebnis beachtlicher Qualitäten, angemessener Preispolitik, cleveren Marketings und pfiffiger Werbekampagnen. Den ersten Cava erzeugte Josep Raventos 1872 in Sant Sadurní d'Anoia, in der Provinz Katalonien, wo heute drei Dutzend handverlesene Betriebe etwa 75 Prozent aller Cavas herstellen. Einige sind inzwischen im Besitz der beiden führenden Erzeuger Codorníu oder Freixenet. So auch Segura Viudas, mit 110 Hektar eines der besten Weingüter im Freixenet-Imperium. Die Rebflächen befinden sich im Herzen der Cava-Zone, in Sant Sadurní d'Anoia, die verwendeten Rebsorten sind Macabeo, Parellada, Xarello. Zu den besten Produkten der Bodega zählt für mich die Standardcuvée Segura Viudas Seco: blumig, fruchtbetonte Aromatik in Duft und Körper. Cremige, feine Perlung, sanfter, verhaltener Schaum am Gaumen, zart im Nachdruck, ausgewogene, zitrusbetonte Säure, die einen frischen Geschmack hinterlässt und nach einem weiteren Schluck verlangt.
8,50 Euro

Nachlese

Da es sich hier um keinen Jahrgangscava handelt, entfällt eine Nachlese. Die unterschiedlichen Jahrgänge werden immer so verschnitten, dass der Geschmack möglichst gleich bleibt. Die Nachverkostung bestätigte die Qualität der Cuvée.
8,50 Euro
Bezug über: Liquid

Erdbeer-Tiramisu

Der Trick Richten Sie das Tiramisu in Whisky-, besser noch in großen Burgunder-Gläsern an!

Zutaten für 6 Personen:
(bei Portionsdesserts von 7 cm Durchmesser):

Mascarponecreme:
250 g Mascarpone
4 1/2 Blatt Gelatine
15 ml Waldmeister- oder Holundersirup (oder selbst gemacht, s. u.)
125 g halb geschlagene Sahne
45 g Zucker
125 g Eiweiß
Erdbeerpüree
1 1/2 Blatt Gelatine
25 g Puderzucker
15 ml Zitronensaft
500 g frische pürierte Erdbeeren
40 ml Grand Marnier

Außerdem:
12-14 rund ausgestochene Biskuitscheiben mit 6,5 cm Durchmesser und 1-1,5 cm Dicke

Waldmeistersirup selbst gemacht:
1 Litermaß voll Waldmeisterblätter und -blüten
500 g Zucker
5 g Ascorbinsäure (Vitamin C)
1 1/2 Orangen in dünnen Scheiben
1/2 Zitrone in dünnen Scheiben
1/2 l Mineralwasser

Zubereitung:

1. Mascarpone im Becher auf Zimmertemperatur temperieren, Gelatine in kaltem Wasser einweichen. Sirup auf dem Herd erwärmen. Darin gut ausgedrückte Gelatine auflösen und unter den Mascarpone rühren. Vorsichtig halb geschlagene Sahne unterheben, zuerst ein Drittel, dann den Rest. Danach mit Zucker steif geschlagenes Eiweiß unterziehen.
2. Gelatine für das Erdbeerpüree in kaltem Wasser einweichen. Puderzucker mit Zitronensaft erwärmen, Gelatine darin auflösen. 2-3 EL Erdbeerpüree beigeben, glatt rühren, alles unter das restliche Püree rühren. Grand Marnier hinzufügen.
3. In die Portionsgläser zuerst etwas Mascarponecreme einfüllen. Biskuitscheiben in das Erdbeerpüree tauchen, sodass sie sich richtig vollsaugen. Dann den gut getränkten Biskuit einlegen. Wieder etwas Creme einfüllen, einen Boden obenauf legen. Mit Creme abschließen. Zum Schluss das Tiramisu mit dem restlichen Püree bestreichen, mit Puderzucker bestreuen und servieren.
4. Den Waldmeistersirup am besten selbst zubereiten: In einer kleinen Schüssel schichtweise Blätter und Blüten verteilen. Mit Zucker und beigemischter Ascorbinsäure bestreuen, mit Zitronenscheiben belegen. Schichtvorgang wiederholen, bis die Zutaten aufgebraucht sind. Mit 1/2 Liter Mineralwasser auffüllen und leicht beschwert für 3-4 Tage an einem lichten Ort stehen lassen. Durch ein Haarsieb passieren und abgefüllt in gereinigten Flaschen kühl aufbewahren. Der Sirup hält sich etwa 3 Monate.

Affaltracher Dieblesberg

Trollinger, Eiswein
Schlosskellerei Affaltrach, Affaltrach, Württemberg
2001

»Alles Vortreffliche ist selten«, steht im Katalog der württembergischen Schlosskellerei Affaltrach zu lesen. Schloss Affaltrach, östlich von Heilbronn, ist für seine herbstlichen Weinlese-Experimente und deren außergewöhnliche Ergebnisse bekannt. Der erste Eiswein aus Trollinger-Trauben erregte ebenso viel Aufsehen wie die Nikolaus-, Advents-, Dreikönigs- oder Rotweinselektionen des Hauses. Das 1928 gegründete Weingut mit einer Rebfläche von 120 Hektar wird heute in der dritten Generation von Thomas Baumann geführt. Unerreicht in der jüngeren deutschen Weingeschichte bleibt das Ergebnis der Trollinger-Eisweinernte des Jahrgangs 1973 mit stolzen 292 Grad Öchsle. Dagegen wirkt der am 14. Dezember 2001 gelesene Jahrgang mit 200 Öchsle eher bescheiden. Trotzdem ist das ein erstaunlicher Eiswein, auf den alle Beteiligten stolz sein können. Kupferfarben mit Bernsteinnuancen funkelt er im Glas. Aromen von getrockneten Früchten wie Feigen, Rosinen, Birnen, Mandarinen. Gebrannte Mandeln, Honig, Nougat, Kakao und helle Schokolade. Die extreme Säure verleiht dem Wein nicht nur eine außergewöhnliche Frische und Leichtigkeit, sondern ist auch Garant für eine nahezu ewige Haltbarkeit. 24,50 Euro (0,375 l)

Nachlese
Der angebotene Jahrgang ist derzeit im Verkauf. 24,50 Euro
Bezug über: Schlosskellerei Affaltrach

Mohnmousse mit Pfirsichen

Der Trick Alle Zutaten müssen dieselbe Zimmertemperatur haben! Auf Zucker kann man verzichten, die Süße kommt durch die Kuvertüre.

Zutaten für 4 Personen:
300 g weiße Kuvertüre
30 g Mohn
3 Blatt Gelatine
1/2 l Sahne
3 Eier (Größe M)
2 cl Maraschino (Kirschlikör)
Salz

Pfirsiche:
800 g reife Pfirsiche
1 Vanilleschote
50 g Zucker
100 ml halbtrockener Weißwein
50 ml Orangenlikör
2 EL kalte Butter (40 g)

Außerdem:
Alufolie

Zubereitung:

1. Kuvertüre klein schneiden und zwei Drittel der Menge über dem Wasserbad langsam schmelzen lassen. Vom Herd nehmen, die restliche Kuvertüre unterheben und dann zur Seite stellen.
2. Backblech mit Alufolie auslegen, Mohn darauf verteilen und bei starker Oberhitze kurz rösten. In der Moulinette möglichst fein mahlen. Gelatine in kaltem Wasser einweichen. Die Sahne nicht zu steif aufschlagen und kühl stellen.
3. Eier trennen; Eigelb etwa 10 Minuten weißschaumig aufschlagen, Eiweiß mit eine Prise Salz zu steifem Schnee schlagen. Maraschino erhitzen und die ausgedrückte Gelatine darin auflösen. Etwas Sahne einrühren. Nun das Gelatinegemisch unter die restliche Sahne heben. Die Hälfte der handwarmen Kuvertüre langsam unter die Eigelbmasse rühren, nun abwechselnd je die Hälfte Sahne und Eiweiß vorsichtig unterheben. Restliche Kuvertüre, Sahne, Eiweiß und Mohn unterheben. In eine Schüssel füllen, mit Klarsichtfolie abdecken und am besten über Nacht kühl stellen.
4. Pfirsiche waschen, halbieren, und in etwa 1 cm dicke Spalten schneiden. Vanilleschote halbieren, Mark mit dem Messerrücken auskratzen. Zucker leicht karamellisieren, Pfirsichspalten zugeben, kurz durchschwenken, Vanilleschote und -mark dazugeben und mit Weißwein ablöschen. Flüssigkeit etwas einkochen lassen, Orangenlikör angießen und flambieren. Butter in kleine Würfel schneiden und die Pfirsiche damit binden. Lauwarmes Pfirsichragout mit Mohnmousse servieren.

Ruster Ausbruch

»Furmint«
Robert Wenzel, Rust, Neusiedler See-Hügelland
1998

Der Ruster Ausbruch ist eine Süßweinspezialität aus Rust am Neusiedler See im nördlichen Burgenland. Schon am Habsburger Hof wusste man diese Tropfen zu würdigen. Beinahe wären sie in Vergessenheit geraten; Winzer wie Robert Wenzel haben sie vor dem Verschwinden gerettet. Dank der klimatischen Bedingungen in den besten Rieden von Rust, entwickelt sich der Edelpilz Botrytis cinerea, der die Beerenhäute porös werden lässt, wodurch ein großer Anteil an Flüssigkeit in der Traube fast komplett verdunstet. Die so entstehenden Trockenbeeren ergeben die gesetzlich definierten Ausbruchweine. Wenzel bevorzugt für seine Besten die Rebsorten Gelber Muskateller und Furmint. Letztere ist Hauptbestandteil im ungarischen Tokajer. Sie reift sehr spät und ist sehr gering im Ertrag, was erklärt, weshalb sie viele Weinbauern durch ertragreichere Sorten ersetzt haben. Der 1998er Sortenreine Furmint ist eine Rarität und Köstlichkeit. Tiefgolden mit leichten Bernsteinreflexen liegt er im Glas. Marille, Blutorange, Limettenschale, Akazienhonig, Nougat- und Vanillenoten betören die Nasenflügel. Die hoch konzentrierte Süße, sanfte Säure, der cremige Gaumen und sein langer Abgang machen diesen Ausbruch zu einem Geschmackserlebnis.
28,– Euro

Nachlese

Schade, diese Sortenreine Spezialität wird vom Junior, vermutlich aus kommerziellen Gründen, nicht mehr hergestellt. Auf meine Nachfrage folgte der Kommentar: »Zu kleine Mengen, es rechnet sich nicht!«
Bezug über: Robert Wenzel

Dunkle Schokoladenmousse mit Orangensauce

Der Trick Man kann dem Mousse eine herbere Note verleihen, indem man ein wenig Instant-Kaffeepulver und etwas Zimt hinzufügt.

Zutaten für 6 Personen:

Mousse:
200 g Zartbitterkuvertüre
50 g Vollmilchkuvertüre
1 Ei (60 g)
2 Eigelb (40 g)
10 ml Strohrum, 80 Vol.%
10 ml Cognac
625 ml Sahne

Orangensauce:
150 g Zucker
1 Zitrone bzw. den Saft davon
4 cl Grenadine-Sirup
4 Orangen bzw. den Saft davon
50 g Kumquat-Konfitüre
2 cl Whisky
1 g Kartoffelmehl

Zubereitung:

1. Zuerst die Sauce zubereiten: Zucker mit etwas Zitronensaft zum Karamell schmelzen, mit Grenadine-Sirup ablöschen. Den Orangensaft mit den restlichen Zutaten beigeben und etwa 3 Minuten leicht kochen lassen und eventuell abschäumen. Mit Kartoffelstärke leicht abziehen, anschließend kalt stellen (am besten auf Eis).
2. Für das Mousse die Zartbitterkuvertüre mit der Vollmilchkuvertüre in einer Schüssel im heißen Wasserbad bei 45 Grad auflösen.
3. Ei und Eigelb in einer Schüssel über nicht siedendem Wasser (etwa 80 Grad) schlagen, bis die Masse weißschaumig ist und deutlich an Volumen gewonnen hat. Die aufgelöste Kuvertüre unterrühren. Rum und Cognac zugießen und alles glattrühren.
4. Die Schokoladenmasse abkühlen lassen, bis sie handwarm ist. Die Sahne halbfest schlagen und zuerst ein Drittel, dann den Rest ganz vorsichtig mit einem Gummispatel unterheben.

5. Die Masse in eine Schüssel oder in Portionsformen oder Gläser füllen und mit Folie abdecken. 2 Stunden kalt stellen und fest werden lassen. Die Formen vor dem Servieren kurz in heißes Wasser tauchen, dann lässt sich die Mousse auf Dessertteller stürzen. Darüber das Orangenragout verteilen und mit Minze ausgarnieren. Alternativ: Man kann auch mit einem in Wasser getauchten Esslöffel Nocken aus der Masse abstechen und anrichten. Das Orangenragout kann auch durch frische Himbeeren und einige in Himbeergeist eingelegte Früchte ersetzt werden.

Banyuls »Le Muté sur Grains«

Domaine de La Rectorie
Vin Doux Naturel, Banyuls
2001

Banyuls sur mer ist für Frankreich-Fans immer wieder eine Reise wert. Der malerische Ort mit 82 Einwohnern ist der südlichste Punkt der Weinregion Roussillon, am Fuß der Pyrenäen. Er klebt förmlich an den Hängen hoch über dem Mittelmeer. Der schöne Badestrand ist übersichtlich, im kleinen Hafen liegen Fischerboote für den täglichen Fischfang; wer große Jachten sucht, muss den weiten Weg nach Marseille einschlagen. Keine Hotelbunker, die das Landschaftsbild verschandeln und den Blick auf die halsbrecherisch steilen Weinbergterrassen versperren können. In diesem kleinen Paradies gehen die Uhren anders. Das Winzerleben ist hart, trotzdem gibt es Menschen, wie die Familie Parcé, die gelassen und zufrieden sind. Die Brüder Marc und Thierry Parcé führen das international bekannte Weingut Domaine de La Rectorie seit 15 Jahren mit großem Erfolg. Das liegt an der Einzigartigkeit ihrer roten Süßweine, den Banyuls, neben ihren erstklassigen weißen und roten Weinen. Hauptakteurin ist in ihrem Banyuls die Rebsorte Grenache Noir aus über fünfzig Jahre alten Rebstöcken. Dazu kommen Carignan und Syrah. Die Besonderheit der Weine von Parcé liegt im frühen Abfüllstadium und damit im Verzicht auf oxydativen Ausbau. Zum Schokoladenmousse gefällt mir seine Cuvee Le Muté sehr gut. Amarenakirschen, Kumquats, Rumfrüchte, Hagebutten, Zwetschgen in einem üppigen Bouquet. Die unaufdringliche Süße wird von angenehmen Tanninen und Säuren umgarnt. Trockenobst, Lakritze im Mund, kraftvolle Struktur mit viel Eleganz, wundervolle Länge.
18,– Euro (1/2 l)

Nachlese
Der Wein ist aktuell lieferbar.
18,– Euro
Bezug über: Weinhaus Sued

Topfenpalatschinken

Der Trick Die Palatschinken in Ruhe vorbereiten, im Kühlschrank aufbewahren, die Royale aber erst kurz vor dem Backen darüber geben.

Zutaten für 6 Personen:

Teig:
185 ml Milch
75 g Mehl
2 Eier
je 1/2 Zitrone und Orange, abgerieben
10 g Vanillezucker
1 Prise Salz
75 g Butter (als Nussbutter, also leicht braun)

Füllung:
200 g Speisequark (20 % Fett)
60 g Zucker
2 Eigelb
10 g Mondamin
10 g Vanillezucker
je 1 Orange und Zitrone abreiben
20 g flüssige Butter
60 ml geschlagene Sahne
30 g Rosinen

Royale:
260 ml Milch
30 g Vanillezucker
60 g Crème fraîche
2 Eier

Zubereitung:

1. Für den Teig alle Zutaten bis auf die Butter mit einem Schneebesen glatt rühren. Die lauwarme – leicht braune – Butter zugeben und dreißig Minuten ruhen lassen. Durch ein Sieb gießen und mit dem Teig dünne Eierkuchen von etwa 18 cm Durchmesser backen.
2. Für die Füllung alle Zutaten bis auf die geschlagene Sahne und die Rosinen verrühren, zuletzt dann die Sahne und die Rosinen unterheben.
3. Nun die Füllung auf die Palatschinken aufstreichen, diese einrollen und in eine feuerfeste, ausgebutterte Form legen.
4. Für die Royale die Zutaten verrühren, über die Palatschinken geben und im 150 Grad heißen Ofen 15-20 Minuten lang backen, mit Puderzucker bestäuben und mit Marillen servieren.

WELSCHRIESLING

Trockenbeerenauslese
Weingut Velich, Neusiedler See
1998

Das Weinbaugebiet Neusiedler-See wurde im österreichischen Weingesetz erst 1985 verankert. Der Neusiedler See selbst ist mit 320 Quadratkilometern Mitteleuropas größter Steppensee. Durch seine geringe Tiefe wirkt er als Temperaturregler. Die gespeicherte Wärme der heißen Sommertage wird im Herbst langsam abgegeben, wodurch eine nahezu subtropische Luftfeuchtigkeit entsteht. Diese wiederum fördert das Wachstum eines Pilzes (Botrytis cinera) auf den Beeren, der für die Edelfäule der Trauben zur Gewinnung von edelsüßen Weinen notwendig ist. Der Jahrgang 1998 brachte besonders hohe Reifegrade. Diese nützten auch die Velichs, ein kleiner Familienbetrieb mit neun Hektar Rebfläche in Apetlon. Neben ihrem berühmten, trocken ausgebauten Chardonnay »Tiglat« erzeugen sie Spezialitäten wie die köstliche TBA aus Welschriesling. Ein Kraftpaket mit einer hohen Konzentration an Aromen wie Aprikosen getrocknet, Mango, Nektarinen, Karamell, Biskuit, Butterscotch, Banane, Vanille, Honig, Nougat und reichlich Botrytis. Verhaltene Säure, sahnig, fast dick am Gaumen. Mundfüllend mit einem ganz ausgeprägtem Finish.
55,– Mark

1999 Nachlese
Bernsteinfarben mit geballten Honig- und Nusstönen. Typische Süßweinnase, die Assoziationen an Sherry wach werden lässt. Mit der Reife verflüchtigen sich aber diese durchaus üblichen Noten und es kommen Trockenobst, Karamell und Butterkekse zum Vorschein. Wirkt fruchtiger, säurereicher und scheint weniger von der Botrytis befallen zu sein als der 1998er.
32,50 Euro
Bezug über: Weingut Velich

Zwetschgenkuchen

Der Trick Der Mürbeteig macht den Kuchen schön knusprig, der Rührteig hält ihn schön saftig

Zutaten für eine Springform mit 28 cm Durchmesser:
500 g Zwetschgen, nicht zu weich

Mürbeteig:
150 g Mehl (am besten Wiener Grießler)
100 g Butter
75 g Zucker
Salz
1 Eigelb
1 Vanillestange
Butter und Mehl für die Form

Rührteig:
100 g Butter
100 g Zucker
2 Eier (Klasse M)
Abrieb von 1/2 Zitrone
1 TL Zimt
100 g Mehl
brauner Zucker zum Bestreuen

Außerdem:
getrocknete Bohnen

Zubereitung:

1. Mürbeteigzutaten rasch zu Teig verarbeiten und 30 Minuten eingepackt kalt stellen. Mürbeteig ausrollen, auf den Boden der eingefetteten, bemehlten Kuchenform verteilen und mit einer Gabel einstechen. Backpapier darauf legen, flach mit getrockneten Bohnen bedecken. Im 180 Grad heißen Ofen hellbraun vorbacken und auskühlen lassen. Bohnen und Papier entfernen.
2. Für den Rührteig Butter mit 50 g Zucker schaumig schlagen, nach und nach Eigelbe, Zitronenschale und Zimt zugeben. Eiweiß mit dem restlichen Zucker zu steifem Schnee schlagen.
3. Nun zuerst ein Drittel des Eischnees mit dem Mehl unter die Buttermasse rühren, dann den Rest vorsichtig unterheben.
4. Zwetschgen waschen, halbieren, entsteinen. Rührteig auf den kalten Mürbeteig streichen und mit den Zwetschgen belegen – die Schnittfläche der Früchte nach oben. Mit braunem Zucker bestreuen und im 180 Grad heißen Ofen etwa 40 Minuten backen.
5. Aus dem Ofen nehmen, nochmals mit Zimtzucker bestreuen und die Oberfläche unter dem Grill leicht karamellisieren lassen. Lauwarm mit Rumsahne (fast steif geschlagene Sahne mit Zucker und einem Schuss Rum) oder einer Zabaione servieren.

Moscato Rosa »Margreid«

Alois Lageder, Ansitz Löwengang, Margreid, Alto Adige, Südtirol

1999

Seit Jahren sind die Lageders unangefochten als »die Weinmacher« in Südtirol anerkannt. Sie haben nicht nur im Weinbereich viel bewegt, sondern auch in der Gemeinde Margreid, wo sie 1986 ihre neue Kellerei, im Ansitz Löwengang, nach umweltschützenden Aspekten erbauten. In der Nachbarschaft konnten sie 1991 das wunderschöne alte Anwesen Hirschbrunn von der Erzkurie Bozen erwerben. Die Renovierung ist vorbildlich gelungen und setzt einen weiteren Höhepunkt in der Gemeinde Margreid. Natürlich sind inzwischen viele großartige Weinmacher und Betriebe nachgekommen, man denke nur an Hans Terzer von der Kellerei St. Michael, Eppan und Ignaz Niedrist, Grilan, die mit ihren brillanten Sauvignons die gesamte Weinwelt verrückt machen. Mit seinem Moscato Rosa pflegt Lageder eine Südtiroler Spezialität, die im Süßweinbereich aus Italien viele Freunde hat. Mir schmeckt er immer wieder zum Zwetschgenkuchen mit Zimtbröseln, Vanilleeis und Rumsahne.

Der zarte Duft von getrockneten Rosenblättern und Rosenwasser ist umwerfend. Kirschen, Zimt, Orangen, frisch gebackener Kuchen und, und, und. Immer wieder tauchen andere Komponenten auf, stets verführerische. Im Mund kein dicker Süßwein, sondern leicht, spielerisch mit einem Touch Gerbstoff, der seine feminine Noten lebendig hält. Eine kleine Rarität, die immer schnell in den Kellern ihrer Liebhaber verschwindet.
32,– Mark

2001 Nachlese

Im Duft hat sich nicht viel verändert. Rosen bestimmen erneut die Richtung, etwas mehr Frucht und geringere Würze. Wenig Säure, wieder eine Spur Tannin, tänzelt im Gaumen mit feinsten Fruchtnuancen.
16,65 Euro (1/2 l)
Bezug über: La Cave Steines

Glossar, Register und Bezugsquellen

A

Abgang
Empfinden nach dem Schlucken. Von unterschiedlicher Länge und Intensität. Wird auch in Sekunden (Caudalies) gemessen. Je länger der Geschmack anhält, desto besser wird die Qualität des Weines beurteilt. Einen langen Abgang haben alkohol- und körperreiche Weine.

Ablöschen
Lösen des Bratensatzes vom Pfannenboden durch Zugießen und Aufkochen von Wasser, Brühe, Sahne oder Wein. Grundlegend für die Zubereitung von Saucen.

AC
Appellation Contrôlée: Vom französischen Staat offiziell vorgeschriebene Bezeichnung für staatlich kontrollierte Gewächse. Sie garantiert ein bestimmtes Anbaugebiet, Herstellungsmethode, verwendete Traubensorten und Ertragsmengen.

Aceto Balsamico
Essigspezialität aus eingekochtem Traubensaft mit Lagerzeiten in kleinen Holzfässern bis zu zwanzig Jahren und mehr. Der Balsamico-Essig wird vorwiegend in Norditalien hergestellt.

Adstringierend
Hohe, junge und unreife Säuren führen zu einer im Mund austrocknenden Wirkung. Tannine und Gerbsäuren aus raubenschalen und den Holzfässern vermitteln die gleiche Geschmacksempfindung. Die Gleitfähigkeit des Speichelflusses wird gebremst oder ganz aufgehoben. Nachdurst stellt sich ein. Besonders bei jungen Rotweinen zu beobachten.

Alba-Trüffel
Die weißen Trüffel wachsen unterirdisch, vornehmlich unter Eichen, Nussbäumen, Pappeln, Linden und Weiden. Im Spätherbst spüren Trüffelsucher mit besonders abgerichteten Hunden oder Schweinen diese stark duftenden Pilze auf (riechen leicht nach Knoblauch und Gorgonzola).

Amaretti
Kleine Mandelmakronen aus Italien, die häufig zum Espresso gereicht werden.

Anbraten
Fleisch bei großer Hitze in wenig Fett rundum scharf braten, bis die Poren sich schließen und sich eine Kruste bildet. Dadurch kann kein Fleischsaft mehr austreten.

Animalische Aromen
Tiergerüche wie Ambra, nasses Fell, Schweiß, Moschus, Rotwild, geräuchertes Fleisch, Leder.

Aosta-Tal-Rohmilchkäse
Italienischer Käse aus roher Kuhmilch. Seine Reifung erfolgt in Höhlen und Stollen. Er ist sehr mild und eignet sich sehr gut zum Überbacken. Das Aosta-Tal liegt im Nordwesten von Italien, das Piemont ist die Nachbarregion.

Aroma
Duftkomponenten, die von der Traube herrühren. Verbleibende Düfte während der Reife. Aroma wird in der Fachsprache als die Geruchs- und Geschmacksempfindung bezeichnet, die sich in der Nase und im Gaumen wahrnehmen lässt. Allgemein ist darunter der Duft eines Weines zu verstehen.

Aromatisch
Weine von duftreichen, ausdrucksstarken Rebsorten wie Riesling, Scheurebe, Sauvignon, Lemberger, Merlot oder Syrah.

Assemblage
Verschiedene Grundweine werden miteinander vermischt. Eine Assemblage kann auch aus verschiedenen Rebsorten hergestellt sein, stammt aber in der Regel aus derselben Region.

Ausgewogen
Darunter fallen die Begriffe Balance und Harmonie. Die Weine befinden sich in einem Gleichgewicht von Duft, Frucht, Säuren, Extrakt und Alkohol.

Auslese
Bezeichnung für deutsche Weine mit natürlicher Restsüße aus überreifen und/oder Botrytis-befallenen Trauben, die selektiert werden. Im deutschen Weingesetz von 1971 als Prädikatsstufe definiert, die einen Mindestzuckergehalt festlegt.

B

Balance
Hat ein Wein, wenn er ausgewogen und harmonisch ist.

Balsamische Aromen
Bier, Kampfer, Apfelwein, Milch, Weihrauch, Petroleum, Terpentin, Harz, Vanille.

Bärlauch
Ist ein Lauchgewächs und wird auch Waldknoblauch genannt. Er wächst in ganz Europa und Nordasien, meist

in schattigen, feuchten Wäldern. Die Trugdolden mit den weißen, sternförmigen Blüten werden nicht als Gewürz verwendet, sondern nur die lanzettförmigen Blätter und Zwiebeln vor der Blüte!

Barrique
Kleines, junges Eichenfass mit 225 Liter Inhalt, wie es in Frankreich seit langem für die Gärung und den Ausbau von Weiß- und Rotweinen üblich ist. Die Herkunft des Holzes ist dabei von großer Bedeutung. Französisches Eichenholz aus Alliér und Nevers ist feinporiger und härter als das amerikanischer Eichen. Durch die Poren atmet der Wein, reift kontrolliert mehr oder weniger schnell. Barrique-Weine riechen und schmecken nach Vanille, Mandeln, Toastbrot, Kaffee und gerösteten Nüssen. Zu viel davon kann penetrant und aufdringlich sein, besonders wenn der Grundwein, der damit verfeinert werden sollte, von seiner Substanz her zu schwach war.

Béchamel
Eine weiße Basissauce aus Butter, Mehl, Milch, Sahne und Würzzutaten wie Zwiebeln, Muskat, Salz, Pfeffer usw.; Grundlage vieler Saucen und Suppen, wird auch zum Binden bei Huhn-, Fisch- und Eiergerichten sowie Gemüsen genommen.

Berglinsen
Kleine, am Strauch getrocknete braune Linsen, aber auch in den Farben Orange, Gelb und Grün (vertes du Puy), werden hauptsächlich in den umbrischen Bergen, aber auch auf der ganzen Welt angebaut. Im Geschmack sehr zart und fein. Ideal für warme und kalte Salate (Einweichzeit: 30 Minuten).

Beschaffenheit
Beschreibt die physikalische Zusammensetzung eines Weines: Alkohol, Säuren, Glycerin, Extrakte, Flüssigkeit, Frucht und Tannine.

Blanchieren
Wird hauptsächlich bei Gemüse gemacht, aber auch bei Obst, um es von unerwünschten Geschmacksstoffen oder Verunreinigungen zu befreien, auch um Häute oder Schalen besser entfernen zu können. Dazu Gemüse oder Obst in siedendem Salzwasser kurz aufkochen und in Eiswasser abschrecken.

Blume
Positive Duftempfindung. Sinnverwandte Bezeichnung für Duft und Bouquet.

Blumig
Duft und Aroma, das an frische Blumen erinnert. Kommt sowohl im Geruch als auch im Geschmack vor. Blumige Rebsorten sind u. a. Riesling, Weißburgunder, Scheurebe.

Bobbybohne
Rundliche grüne Bohne mit vielen Samen, fadenlos. Die kleineren Bohnen eignen sich für Salate, die größeren als Gemüse.

Bohnenkraut
Würzpflanze mit aromatischem, pfefferähnlichem Geschmack.

Borretsch
Würzkraut für Kopfsalat, Gurkensalat, Pilze und Kräutersaucen. Der Geschmack der jungen, stark behaarten Blätter ähnelt dem frischer Gurken. Blüten und Blätter ergeben auch selbst einen guten Salat.

Botrytis Cinera
Ein Pilz, der die Trauben befällt und sich negativ oder positiv auswirken kann. Bei unreifen Trauben bewirkt er Graufäule, bei reifen Trauben jedoch die erwünschte Edelfäule. Die Beerenhäute werden porös, das Wasser im Traubensaft verdunstet teilweise, sodass alle Inhaltsstoffe konzentriert werden.

Bouquet
Gesamteindruck in der Nase von allen aus dem Glas strömenden, flüchtigen Inhaltsstoffen. Intensität und Ausprägung sind von der Rebsorte abhängig. Sie entstehen während der Vinifizierung, der Reife im Fass oder in der Flasche.

Bouquet garni
Gewürzsträußchen aus verschiedenen Kräutern, Gewürzen und Gemüsen zur Verfeinerung von Brühen und Saucen. Wird vor dem Anrichten entfernt.

Bratschlauch
Ein in sich geschlossenes Garsystem aus Polyester, in dem die natürlichen Aromastoffe besonders gut erhalten bleiben. Das Garen im Bratschlauch funktioniert ohne Fettzusatz, ist geeignet für Fleisch, Fisch, Wild, Geflügel, Brot und Süßspeisen.

Brioche
Lockeres, leicht süßliches Hefebrot aus Butter, Mehl, Milch und Eiern; meist klein und rund mit kugeligem Kopf.

Butterschmalz
Geklärtes, reines Butterfett. Wird zum Kochen und Braten verwendet. Es ist hoch erhitzbar und lange haltbar.

C

Calamaretti
Kleinste Tintenfische.

Cavaillonmelone
Die Zuckermelone besteht zu neunzig Prozent aus Wasser. Ihr Duft ist moschusartig. Wenn Saft oder Samen beim Schütteln hörbar sind, ist die Melone überreif, klingt sie hohl, ist sie genau richtig. Cavaillon ist eine Stadt im Vaucluse in Südostfrankreich und ein wichtiges Anbaugebiet für Obst, Melonen und Spargel.

Champagner
Schaumwein, der nur in der Region Champagne erzeugt wird. Häufig wird immer noch nach der traditionellen Methode, auch »Méthode champenoise« genannt, produziert. Zu Champagner werden die drei Rebsorten Chardonnay, Pinot Noir und Pinot Meunier verarbeitet.

Charakter
Hat ein Wein, der alle Eigenschaften seiner Art besitzt. Wird organoleptisch festgestellt und führt zu einer objektiven oder subjektiven Beschreibung. Kann positiv wie negativ ausfallen.

Château
Besonders häufig verwendeter Begriff in Bordeaux für ein Weingut. Tatsächlich verbirgt sich oft ein Schloss dahinter.

Chenin Blanc
Weiße Traubensorte mit häufigem Vorkommen an der Loire. Wird wegen ihres hohen Säureanteils vor allem in der Weinbrandherstellung verwendet.

Chorizo
Spanische Wurst, aber auch aus Frankreich, aus rohem Schweine-, Rind-, Esels- oder Pferdefleisch, kräftig gewürzt mit Pimenton, Paprika und Knoblauch leicht – aber nicht immer – geräuchert. Man kann sie kalt zum Aperitif servieren, auch zu Omeletts reichen oder in die Paella geben.

Comté-Käse
Der großlaibige Hartkäse (auch Gruyère genannt) wird im Jura aus Kuhrohmilch hergestellt. Ein Laib ist ungefähr 40-50 kg schwer, mit einem Fettgehalt von 45 Prozent. Der Käser benötigt für einen Laib rund 500 Liter Milch. Ein guter Comté reift zwölf Monate in Gewölbekellern, der jüngere Käse ist zart und sehr aromatisch, der ältere schmeckt dichter und nussig, aber nicht pikant. Für Salate, Soufflés, Fondue, Käsetoast und zum Gratinieren.

Confit
Teile von einer Gans oder einer Ente, aber auch von einem Schwein oder Kaninchen, werden im eigenen Fett gegart und in diesem aufbewahrt. Dadurch wird auch eine längere Haltbarkeit erreicht. Confit ist eine Spezialität in Cres, Périgord und Landes, wird serviert in einem Cassoulet, gegrillt mit Steinpilzen oder Kartoffeln, gebraten mit schwarzem Trüffel, als Salat mit Löwenzahn oder belgischem Chicorée.

Coupage
Französischer Begriff für Mischung (Verschnitt) verschiedener Rebsorten.

Crème double
Dickflüssige Sahne mit mindestens vierzig Prozent Fett. In Frankreich ist sie ungesäuert, in Deutschland leicht angesäuert.

Crottin-Käse
Kleiner runder Weichkäse, vorwiegend aus Ziegen- oder Schafsmilch; erhält mit dem Alter einen immer ausgeprägteren, intensiveren Geschmack.

Cru
Verschiedene Bedeutungen. Im Bordelais: Rebfläche bzw. Weingut und dort erzeugter Wein. In Burgund unterscheidet man zwischen Premier- und Grand-Cru-Qualitäten, in Beaujolais einer der zehn Qualitätsweinorte. Sonst: Hinweis auf besondere Qualität des Weines.

Currypaste, rote
Currypasten werden hauptsächlich in der thailändischen Küche verwendet. Viele sind fertig zubereitet in Asia-Läden erhältlich. Vielfach bestehen sie aus rotem Chili, Zitronengras, dunkelroter Garnelenpaste, Kaffir-Limetten, Galgantwurzel, Knoblauch, Salz.

Cuvée
Verschnitt aus unterschiedlichen Trauben, Sorten, Lagen, Jahrgängen, aber auch Behältern. Wird auch angewandt, um die gleich bleibende Geschmacksrichtung einer Standardmarke zu erreichen. Bei der Schaumweinherstellung nach der »Méthode champenoise« steht der Begriff für den zuerst ablaufenden Most.

D

Dämpfen
Garen über einem kochenden Wasserbad im geschlossenen Topf (im Dampf), ohne dass die Speise mit der Flüssigkeit in Berührung kommt.

Dekantieren
Umfüllen von Rotwein oder Weißwein aus der Flasche in eine Karaffe. Dient zum Entfernen von festen Rückständen, d. h. von Depot, und auch zur Belüftung, d. h. um den Wein mit Sauerstoff in Verbindung zu bringen, damit sich durch den Vorgang der Oxidation die jungen Tannine und Gerbstoffe abrunden und Aromastoffe freigesetzt werden können.

Dijon-Senf
Aus angequetschten schwarzen Senfkörnern, Weißwein, Essig und Meersalz. Der Senf ist scharf und doch fruchtig. Häufiger Bestandteil von Salat-, Fleisch- und Fischsaucen. Wichtigstes Zentrum für die Senfproduktion ist Dijon, die Hauptstadt des Burgund.

DO
(Denominación de Origen) Spanische Bezeichnung für kontrollierte Herkunft.

DOC/DOCG
(Denominazione di origine controllata/e garantita) Italienische Bezeichnung für kontrollierte Herkunft.

Duftig
Wohlriechender Gesamteindruck, der floralen oder vegetalen Charakters sein kann. Auch als angenehmes Bouquet erkennbar, besonders bei Rebsorten wie Traminer, Muskateller.

Dünsten
Im geschlossenen Kochgeschirr in wenig Flüssigkeit und Fett garen, hauptsächlich im eigenen Saft.

Durchdringend
Hoch konzentrierter Duft, der keineswegs aufdringlich sein muss, sondernals Qualitätsmerkmal zu sehen ist.

E

Eiswasser
Mit Eiswürfeln oder im Kühlschrank stark abgekühltes Wasser.

Elegant
Bis auf allerkleinste Nuancen fein abgestimmte Inhaltsstoffe. Harmonisch.

Englischer Sellerie
Wird auch Bleich-, Stauden-, Stangen-, Stängel- oder Stielsellerie genannt. Der englische Sellerie ist eine Zuchtform des gewöhnlichen Sellerie, hat schon fast eine gelbliche Farbe.

Englisches Senfpulver
Senfpulver enthält entölte, gemahlene Senfkörner ohne Zusätze. Das Pulver wird in kaltem Wasser angerührt und eventuell mit Essig, Wein, Madeira, Portwein oder Bier verfeinert; in England und Amerika so verbreitet wie der Speisesenf.

Erdig
Ein von den Mineralien des Bodens herrührender Geruch und Geschmack, z.B. Feuerstein, Muschelkalk oder auch lehmreiche Böden.

Essenz
Stark eingekochte Brühe, konzentrierter Fond.

Extrakt
Eingedickte Essenz.

F

Farbe
Zur Beurteilung von Weinen sehr wichtig; für mich in erster Linie zur Bestimmung der Rebsorten, der Herkunft, des Alters bzw. des Jahrgangs.

Farblos
Ohne Farbe, wässrig, klar.

Farce
Fein Gemixtes oder im Mörser zerstoßene essbare Produkte wie Filets, Brustteile ohne Nerven und Sehnen, Geflügel, Wild, Fisch oder Krustentiere, die pikant gewürzt und mit Ei, Sahne oder dicker Sauce gebunden werden. Sie dient zum Füllen von Pasteten, Geflügel, Fisch oder Gemüse. Man formt aus ihr auch kleine Klöße als Beilage oder Einlage in Suppen.

Fein
Ausdruck für ausgewogene, delikate Weine höchster Qualität.

Fenchelsamen
Grünlich-brauner, dem Kümmel ähnlicher Kern der Fenchelstaude. Die Samen erzeugen einen leicht süßlichen, anisartigen Geschmack; sie sind ganz, geschrotet oder als Pulver erhältlich.

Feuerbohne
Robuste Stangenbohne mit scharlachroten Blüten, aus denen die geraden, bis zu zwanzig Zentimeter langen rauen Hülsen wachsen. Die erst grünliche Farbe wandelt sich zu einem bräunlichen Farbton. In den Hülsen befinden sich drei bis fünf Samen, die als Bohnen bezeichnet werden. Ihr Geschmack ist kräftig, sie zerfallen beim Kochen.

Feurig
Tiefe, alkoholreiche Rotweine mit harmonischem Körper. Vermitteln Wärme und Wohlgeschmack.

Finesse
Haben Weine, die in ihrer ganzen Zusammensetzung optimal sind und sowohl im Geruch als auch im Geschmacksbild hervorstechen.

Fischsauce
Reduktion aus Fischfond und trockenem Weißwein. Die Sauce 15 bis 20 Minuten mit Sahne sämig rühren, zum Schluss mit frischer Tafelbutter und Zitronensaft verfeinern.

Floral
Duft, der an Blumen, Blüten erinnert.

Focus/Fokussiert
Bezeichnet die auf den Punkt gebrachte Reinheit in Duft, Geschmack und Körper.

Fond
Flüssigkeit, die beim Kochen, Dünsten oder Braten von Fleisch, Wild, Geflügel, Fisch oder Gemüse gewonnen wird. Der Fond enthält die Geschmacksstoffe der gegarten Speise. Ein kräftiger Fond ist die natürlichste Grundlage jeder guten Sauce. Viele Fonds kann man fertig kaufen.

Fonduta
Italienisches Käsefondue aus dem Piemont, zubereitet aus Fontina-Käse, Eigelb, Milch, Butter, weißem Pfeffer und weißen, hauchdünnen Trüffelscheiben. Die Fonduta wird mit geröstetem Brot serviert.

Fontina
Siehe: Aosta-Tal-Rohmilchkäse.

Frikassee
Ragout von hellem, kurz angebratenem Fleisch (Huhn, Kalb, Lamm) – ohne viel Farbe zu geben –, das in einer weißen Sauce gegart und mit Sahne, Champignons, kleinen (Perl-)Zwiebeln verfeinert wird. Frikassee von Fisch gibt es auch.

Frisch
Lebendiger, säurebetonter, jugendlicher Duft und Geschmack.

Frizzante
Italienischer Begriff für leicht schäumenden Perlwein wie z. B. aus Prosecco oder Lambrusco, im Unterschied zu Spumante, der stark schäumt.

Fruchtig
Begriff, der für die Charakterisierung von Duft wie von Geschmack verwendet wird. Bedeutet immer viel Fruchtcharakter aller möglichen Früchte, sofern sie nicht klar definiert sind.

G

Galgantwurzel
Die Wurzel stammt aus den südlichen Himalajawäldern. Sie ist lang, gerade und dünn, hat einen scharfen, leicht pfeffrigen Geschmack. Sie wird geschält und genauso verwendet wie Ingwer, also in Scheiben schneiden oder klein hacken; das Fruchtfleisch ist orangefarben. Die Wurzel ist auch eine wunderbare Würze für klare Suppen. Erhältlich in Asia-Läden.

Gambas
Große Garnelenart mit festem, nach dem Kochen feuerrotem Fleisch.

Gänseleberparfait
Eine schwer selbst herzustellende Delikatesse. Das Parfait ist tafelfertig in kleinen Dosen in Delikatessengeschäften zu bekommen.

Gehaltvoll
Reich an Extrakt, Alkohol, Mineralien und Farbe, auch Glycerin und Gerbsäure.

Gerbsäure
Eine Säure im Wein, die aus der Traubenschale während der Gärung gewonnen wird oder durch den Ausbau im neuen Eichenfass entsteht; auch Tannin genannt. Wirkt mundaustrocknend und hat einen herben Geschmack. Sie ist das absolute Rückgrat eines jeden Rotweines und bestimmt im Wesentlichen seine Haltbarkeit.

Geruch
Ist die Summe flüchtiger Stoffe des Weines, die durch die Nase wahrgenommen werden. Dabei unterscheidet man z. B. fruchtige, blumige, pflanzliche, tierische, balsamische, hölzerne, würzige und brandige Gerüche. Diese Wahrnehmungen lassen Rückschlüsse auf Herkunft, Rebsorte und Jahrgang zu.

Geschmack
Der Eindruck, den ein Wein im Mund hinterlässt. Nur vier Varianten, süß, sauer, salzig und bitter, können schmeckbar erfasst werden. Die Komponente adstringierend kann noch dazugezählt werden.

Getrocknete Tomate
In Olivenöl eingelegte, geschälte Tomaten, die u. a. mit Gewürzzutaten wie Chili, Knoblauch, Oregano, Rosmarin, Kapern oder Sardellen intensiv gewürzt werden; kann Tomatenmark ersetzen.

Grand Cru
Bezeichnung für große Qualitätsweine aus Burgund und Bordeaux, die aber unterschiedlich verwendet wird. In Burgund höchste Stufe, in Bordeaux bedeutet sie lediglich großes Gewächs und kann für höchste, aber auch kleinere Qualitäten verwendet werden. Siehe Cru.

Grand Marnier
Französischer Likör, hergestellt aus Weinbrand und aromatisiert mit karibischen Bitterorangen.

Gremolata
Duftende Würzmischung aus fein gehackter Knoblauchzehe, Petersilie, Oregano und geriebener Zitronen- und Orangenschale. Meist zu geschmortem Fleisch.

Grenache
Weiße, graue oder rote Rebsorte, hauptsächlich aus dem Mittelmeerraum und Spanien. Die Weine sind bouquet- und alkoholreich.

Grenaillekartoffel
Kleine französische Kartoffelsorte, kann durch Bamberger Hörnchen ersetzt werden.

Gruyère
Schweizerischer Hartkäse aus dem oberen Saanetal in den Freiburger Voralpen. Für einen Laib von 35 Kilogramm benötigt man 400 Liter Rohmilch. Während der Laib mehrere Monate reift, wird er mit reinem Salzwasser abgerieben, wodurch sich sein kräftiges Aroma ergibt. Siehe auch Comté-Käse.

Guacamole
Mexikanischer Avocado-Dip zu Salaten, Meeresfrüchten oder Tortilla-Chips, bestehend aus Avocado-Püree, vermischt u. a. mit fein gehackten, geschälten Tomaten, Zwiebeln, Chili, Limettensaft, frischem Koriander, Salz und Knoblauch.

H

Halbtrocken
Deutsche Weine mit einem Restzuckergehalt zwischen neun und 18 Gramm je Liter, jedoch nicht mehr Gesamtsäuregehalt als +10. Beim Champagner bis zu zwanzig Gramm Restzucker pro Liter.

Harmonisch
Ein harmonischer Wein besitzt alle Inhaltsstoffe in einem ausgewogenen Verhältnis. In Geruch wie Geschmack stellen sie eine Einheit dar.

Hochrippe
Hinterer Brustwinkelbereich beim Rind, die sechste bis zehnte Rippe, fettmarmoriert und wohlschmeckend, etwas faserig.

J

Jahrgang
Wird in der Regel auf dem Etikett angegeben und bedeutet, dass die Weinlese im bezeichneten Jahr stattgefunden hat. Es ist unbedingt darauf zu achten, dass es große Qualitätsunterschiede in den unterschiedlichen Jahrgängen, aber auch von Weingut zu Weingut gibt. Blindes Vertrauen in vermeintlich »große Jahrgänge« schadet nur.

Jung
Noch nicht entwickelter Wein. Jedoch relativ, da es auch alte, noch jung schmeckende Weine gibt.

K

Kabinett
Bezeichnung für die unterste Stufe in der Prädikatshierarchie des deutschen Qualitätsweins. Die Weine dürfen nicht angereichert werden und haben, ihrem Anbaugebiet entsprechend, festgelegte Mindestmostgewichte. Die Weine sind im Allgemeinen leicht und als Aperitif oder zu Vorspeisen geeignet.

Kaffir-Limette
Limette mit dicker, schrumpeliger Schale, starkem Aroma und wenig Saft. Die Blätter werden auch als Würze für asiatische Gerichte verwendet.

Kapaun
Junger, kastrierter, gemästeter Hahn, zwischen zwei und 3,5 Kilogramm schwer und sieben bis acht Monate alt. Sein Fleisch ist besonders zart, saftig und wohlschmeckend. Wird nur noch selten gezüchtet, vor allem in der französischen Region Bresse. Ein Kapaun ist sehr teuer, die Leber ist eine Delikatesse.

Karamell
Duft und Geschmack nach karamellisiertem Zucker; hat oft einen leicht verbrannten Charakter oder Butterscotchgeschmack. Tritt bei oxidierenden Weinen auf.

Karamellisieren
Zucker schmelzen und dabei bräunen lassen.

Karkasse
Klein Gehacktes von Geflügel (Hals, Flügel etc.) sowie Kalb und Lamm; für Geflügelsaucen und -suppen.

Knollensellerie
Zuchtform des Sellerie mit faustgroßen, fleischigen Wurzelknollen. Das Knollenfleisch sollte hell, zart und frei von Flecken sein. Die Blätter können zum Würzen von Saucen und Suppen verwendet werden.

Koriander
Gewürzpflanze, auch arabische Petersilie genannt, deren pfefferkornähnliche Samen (vielleicht auch gemahlen) besonders als Back- und Wurstgewürz verwendet werden. Die Heimat des Koriander ist der Orient, heute kommt der Beste aus Marokko. Viele exotische Gerichte werden mit frischem Koriandergrün zubereitet, besonders Gemüse à la grecque, hat einen süßlichen Nachgeschmack.

Korkgeschmack
Kommt immer häufiger durch schlechte Qualitäten und chemische Behandlung der Korken vor. Der unangenehme Geruch sowie Geschmack machen den Wein ungenießbar. Verursacht wird er durch Chloranisol und Trichloranisol. Geruch wie Geschmack sind muffig, schimmelähnlich, dumpf, holzig.

Körper
Gesamtheit aller Stoffe im Wein, die ihm Gewicht und Geschmack vermitteln. Man unterscheidet beispielsweise gehaltvolle, mächtige, kräftige oder magere Körper.

Kumquat
Kleine pflaumengroße Zitrusfrucht; die Schale schmeckt würzig süß, das Fruchtfleisch säuerlich herb. Kühl lagern und schnell verbrauchen, kann in Sirup oder Alkohol eingelegt werden.

L

Lage
Begrenzter Weinberg, dessen Größe genau festgelegt ist. Die Angabe einer Lagenbezeichnung ist an ganz bestimmte Voraussetzungen gebunden. Die Bezeichnungen sind in der Weinbergsrolle eingetragen.

Langustine
Kleine Hummerart mit langen, schmalen Scheren, wird bis zu 25 Zentimeter lang. Beim Kochen färbt sich das Fleisch nicht rot, sondern behält seine gelblichgrüne Farbe; es ist zart und sehr schmackhaft. Hauptsächlich im Mittelmeer vorkommend.

Lebendig
Schwungvolle Weine mit rassigen Säuren und Biss.

Limette
Limonenähnliche Zitrusfrucht aus Ostasien, die heute vielfach in den USA angebaut wird. Die Schale der Limette ist grün und sehr dünn, das meist kernlose Fruchtfleisch schmeckt saurer als das der Zitrone. In der Thaiküche werden auch die Blätter der Limettenbäume verwendet.

M

Madeira
Trockener bis würziger Aperitif- oder Dessertwein von der portugiesischen Atlantikinsel Madeira. Seines ausgeprägten Aromas wegen wird er gern zum Kochen verwendet.

Marinade
Auch Beize genannt: Mit Kräutern, Aromen, Gemüse, Wein und Essig versetzte Flüssigkeit, um Fleisch, Fisch sowie Gemüse zu würzen. Die Zutaten werden dadurch auch geschmacklich haltbarer gemacht, das Fleisch zusätzlich mürber. Salatsaucen werden ebenfalls oft als Marinaden bezeichnet.

Mehlschwitze
Gemisch aus Butter oder Fett und Mehl, zum Binden von Saucen und Gemüse. Je nach Kochzeit weiß (für die Béchamelsauce), blond (für Samtsaucen) oder braun (für Demiglace) – auch Einbrenne oder Roux genannt.

Mimolette-Käse
Kugelrunder orange-, karottengelber Schnittkäse aus pasteurisierter Kuhmilch, vergleichbar mit dem Edamer. Mild, leicht säuerlich, je älter, desto trockener und pikanter.

Mineralisch
Wirken Weine, die auf Kalk-, Granit-, Lehm-, Vulkan- oder Schieferböden gewachsen sind. Ein Touch kühler Noten ist das Geheimnis.

Morchel
Edler Speisepilz im Frühling mit wabenartigen, gekammerten Köpfen, vorwiegend als Spitz- oder Rundmorchel auf dem Markt, hauptsächlich aus der

Türkei. Sehr feines Aroma, würziger Geschmack. Frisch sofort verwenden, sorgfältig reinigen, trocken lange einweichen. Bei der Zubereitung Einweichwasser mit verwenden; wunderbar in Suppen, mit Spargel, in Saucen, mit Geflügel und zu Kalb sowie Fisch.

Moschus
Schwerer, wuchtiger Duft, der an Tierhaut erinnert.

Mousse
Eine schaumige Speise aus feinst gehacktem Fisch, Krebsfleisch, Fleisch oder Gemüse sowie aus Fruchtmark oder Sahne.

Muskatkürbis
Ein fleischiger Kürbis mit leicht süßlichen Muskataromen – bekannt auch als Halloween-Kürbis. Geeignet für Creme- und Gemüsesuppen, Konfitüren und Desserts sowie zum süß-sauer Einlegen.

Muskatnuss
Kern der pfirsichartigen Frucht des tropischen Muskatnussbaumes. Die Nüsse kommen mit und ohne Schale in den Handel. Sie werden vor Gebrauch aufgeschlagen und mit Hilfe einer Muskatreibe sparsam über die Speise gerieben.

Muskattraube
Weiße und dunkle Tafeltraube mit muskatartigem Aroma und charakteristischem Geschmack.

N

Nachgeschmack/Nachhall
Auch als Nachhaltigkeit bekannt. Wahrnehmung von geschmacklichen Eigenschaften, die sich erst äußern, wenn man den Wein geschluckt hat. Wird nach seiner Dauer gemessen: je mehr, desto positiver.

Nase
Meint den Duft eines Weines.

Noilly-Prat
Französischer Vermouthwein (Aperitif): Der Name stammt von den Schöpfern Louis Noilly und Claudius Prat. Die Basis sind leichte, säurereiche Weine, vermischt mit Kräutern und Pflanzen; lagert 18 Monate in Fässern. Gilt als der trockenste Vermouth.

Nussbutter
Warme Buttermischung: Butter schmelzen lassen, durch ein feines Sieb passieren, nochmals erhitzen, schaumig schlagen, bis sie eine goldgelbe, nussähnliche oder braune Farbe angenommen hat. Zum Verfeinern von braunen Saucen.

Nussig
In Chardonnay zu finden, der im Barrique vergoren wurde und gereift ist. Erinnert auch an frisch aufgeschäumte Butter oder Butterkuchen.

O

Oktopus
Meeresweichtier: achtarmiger, schalenloser Tintenfisch. Lässt sich backen, braten, dämpfen und pochieren.

Önologie
Wissenschaft vom Wein und der Weinbaukunde. Ein Önologe ist für die Herstellung des Weines zuständig.

Oxidation
Nennt man die Lufteinwirkung auf Wein. Dabei kommt es zu Farb-, Geruchs- und Geschmacksveränderungen. Wird auch durch langes Flaschenlagern, bei jungen Rotweinen durch Dekantieren, Lüften erreicht. Bei alten Rotweinen ist Vorsicht geboten. Junge Weine, die schon im Fass oder auf der Flasche oxidierten, sind als fehlerhaft zurückzugeben.

Oystersauce
Sojasauce mit Austern, Maismehl, Salz und Zucker; sehr intensiv, passt zu Fisch, Geflügel und Gemüse. Ursprünglich kommt die Oystersauce aus China.

P

Palourde
Eine Venusmuschelart mit grauer Innenschalenseite, die hauptsächlich im Mittelmeer und im Atlantik vorkommt.

Panade
Lockerungs- oder Streckungsmittel für Fisch und Fleisch. Bezeichnet auch eine Teighülle (aus verquirltem Ei, flüssiger Butter oder Milch, anschließend gewendet in Mehl und/oder Semmelbröseln, gehackten Nüssen oder geriebenem Käse), um Speisen zu frittieren, aber auch, um sie mit dieser Umhüllung zu grillen oder zu braten.

Pancetta
Italienischer, leicht durchwachsener, luftgetrockneter Bauchspeck vom Schwein.

reife, zehn bis zwanzig Wochen alt, am besten 1,8 kg schwer. Lässt sich backen, braten, grillen, kochen oder schmoren.

Parfüm
Aromatischer Duft des Weines.

Passieren
Eine Suppe, Sauce oder andere Flüssigkeit durch ein Sieb oder Tuch seihen, streichen oder drücken.

Pelati-Tomaten
Mit Basilikumblättern eingekochte, geschälte Tomaten, meist im Ganzen, in Stücken oder als Mus in Konserven zu erhalten.

Périgord-Trüffel
Das Périgord ist eine Landschaft im Südwesten Frankreichs und unter anderem berühmt für seine schwarzen Trüffel. Wachsen unter Eichen- und Kastanienbäumen. Die Trüffel müssen frisch am besten mit einer Zahnbürste vom Sand befreit werden. Halten sich in weiches Papier eingewickelt bis zu einer Woche im Kühlschrank. Unendliche Verwendung in der Küche.

Perlzwiebel
Haselnussgroße, silbern schimmernde Brutzwiebel, eine Zuchtform des Knoblauchs. Wird in Essig eingelegt und u. a. für Salate verwendet. Wunderbar in Ragouts, als Vorspeise, mit Kastanien, Pilzen, zu Wild und Geflügel.

Pflanzengeruch
Auch vegetabile Aromen genannt. Kommt häufig bei jungen, säurereichen Weinen (Sauvignon, Riesling) vor. Duftkomponenten auch von Kräutern.

Piment
Nicht ganz gereifte, getrocknete kugelige Beerenfrüchte eines immergrünen Myrtengewächses, die kurz vor dem Gebrauch gemahlen, zerstoßen oder zerdrückt werden. Erinnern im Aroma an Gewürznelke, Muskat und Zimt.

Poulardes
Gemästetes Junghuhn oder -hähnchen, auch Bresse-Huhn, bis zur Geschlechts-

Prosecco
In der Region Venetien beheimatete weiße Traubensorte, aus der stille, leicht moussierende Weine erzeugt werden. Bestes Gebiet: Valdobbiadene mit der kleinsten Zone Cartizze.

Q

Qualitätswein
(QbA = Qualitätswein bestimmter Anbaugebiete) gibt es ohne oder mit Prädikat. 13 Anbaugebiete in Deutschland (müssen auf dem Etikett genannt werden). Werden nähere Angaben zu Rebsorten oder Jahrgang gemacht, muss der Wein zu 85 Prozent aus der Sorte oder dem Jahrgang bestehen. Geschmacksangaben wie trocken, halbtrocken sind zulässig, aber nicht erforderlich. Weine ohne Prädikat dürfen angereichert, d. h. mit Traubenmost versetzt werden, um einen höheren Alkoholgehalt zu erreichen. Mindestalkoholgehalt neun Prozent.

R

Radicchio Trevisano
Mit Warmwasserschläuchen aufgezogener Radicchio-Salat, milder und zarter als dieser, die langen Wurzeln lassen sich geschält mitessen.

Ragout
Gericht aus Fisch-, Fleisch-, Wild- oder Gemüsestücken, aus Muscheln, Krebsen

und anderen Meeresfrüchten, gebunden mit einer gewürzten Sauce. Beim Fleisch wird hauptsächlich Schulter, Brust oder Hals verwendet.

Rassig
Mit straffer Säure und frischem Charakter.

Räuchermehl
Feinstes Sägemehl von Buche, Eiche, Erle oder Wacholder, seltener von Fichte oder Kiefer. Sorgt für ein intensives Aroma bei bestimmten Arten der Fischzubereitung.

Rauchig
Häufige Duftkomponente in Weinen mit Sauvignon Blanc. Aus dem Anbaugebiet der Loire zu finden. Auch bei Weinen, die in stark getoasteten Eichenfässern (Barrique) ausgebaut wurden.

Reduzieren
Flüssigkeiten wie Fonds, Suppen oder Saucen werden dabei auf die gewünschte Konzentration eingekocht, um den Geschmack zu verstärken und eine gewisse Sämigkeit zu erzielen.

Rib-Eye
Dickere Scheibe aus dem inneren Kern der Hochrippe, auch Hochrippen-Medaillon genannt, sehr saftig und zart; Portionsgewicht: 300 bis 400 Gramm.

Romanesco
Grüne Blumenkohlzüchtung, wegen seiner Form auch Türmchen- oder Minarettkohl genannt, schmeckt intensiver als der weiße Blumenkohl.

Rote Minze
Aromapflanze, eine Züchtung aus der verwandten grünen Minze, die wild wächst.

Rote Zwiebel
Zwiebelart mit einer dünnen Schale, süßlich mild und zugleich würzig scharf; Achtung: färbt bei der Zubereitung!

Rübchen
Kleinste, feine Speiserübe, elfenbeinfarben bis weiß, mit einem süßlich-erdigen Geschmack; zu Lamm, Wild und Geflügel. Auch Mai-Rübchen genannt.

Rustikal

Ist ein Wein, der nicht sehr fein oder anmutig schmeckt. Trotzdem ist damit ein einfacher, ehrlicher Wein gemeint, der immer noch angenehm schmeckt.

S

Saftig

Eindruck im Mund, der den Speichelfluss anregt, fruchtig und vollmundig wirkt. Dezente Säure und Restsüße.

Sake

Reiswein, sherryartiges Nationalgetränk der Japaner, das aus hefevergorenem Reis hergestellt wird und 12 bis 17 Prozent enthält. Sake wird lauwarm bis heiß aus kleinen Porzellanschälchen getrunken und auch zum Würzen von Speisen verwendet.

Samtig

Geschätzte Eigenschaft bei Rotweinen. Kommt von fortgeschrittener Reife, höheren Extrakten und mehr Glycerin.

Samtrot

Rote Traubensorte, die dunkelrote Weine samtiger Struktur ergibt. Württemberg ist das Zentrum dieser Sorte. Lorbeer, Pfeffer und Pflaumennoten gelten als typisch.

Saubohnen

Eine Wickenart, deren große, bohnenartige Früchte leicht herb schmecken. Kommen ursprünglich aus Südwestasien und sind auch als Dicke Bohnen oder Große Bohnen bekannt; Einweichzeit bei getrockneten Bohnen: sieben bis acht Stunden, Garzeit ein bis zwei Stunden. Frische grüne Saubohnen finden Verwendung als Salat, Gemüse, in Nudelgerichten und Ragouts.

Saucenlebkuchen

Spezieller fränkischer Lebkuchen, der auch außerhalb Frankens in gut sortierten Lebensmittelgeschäften zu finden ist.

Säure

Organische Säuren im Wein sind u. a. Weinsäure, Zitronensäure, Apfelsäure, Bernsteinsäure, Milchsäure, aber auch flüchtige Säuren wie Essigsäure. Sie bestimmen im Wesentlichen den Charakter des Weines. Machen ihn lebendig, eckig oder, wenn sie fehlen langweilig, schal. Siehe Gerbsäure und Tannin.

Sauteuse

Schwenkpfanne oder Kasserolle aus Kupfer oder Edelstahl.

Sautieren

Garen oder Fertiggaren mit wenig Fett von kleinen Fleisch-, Fisch- oder vorgegarten Gemüsestückchen unter ständigem Rühren oder Schwenken im offenen Kochgeschirr.

Scamorza

Kürbisförmiger Frischkäse aus Kuhmilch, halbfest, mild, wird oft geräuchert; ähnlicher Schnittkäse wie Provolone oder Mozzarella.

Schalotte

Edle Zwiebelart, aromatischer als die Speisezwiebel, aber ohne den scharfen Zwiebelgeschmack. Länglich ausgebildet, mit einer kupferroten oder rötlichbraunen trockenen Schale.

Schaschlikzwiebel

Größere Perlzwiebel, jedoch kleiner und flacher als die Speisezwiebel: mild und leicht süßlich, eignet sich besonders für Spießgerichte.

Schmoren

Garvorgang zwischen Braten und Kochen: Fleisch bis zur kräftigen Bräunung in heißem Fett anbraten, damit sich die Poren schließen und kein Saft mehr austreten kann. Dann Fleisch, Gemüse und die Aromaten etwa zu einem Viertel mit Flüssigkeit (Wasser, Brühe, Fond, Wein) bedecken und gut zugedeckt langsam garen. Das Schmorfleisch gart also im Fett, in der Flüssigkeit und im Dampf.

Sherryessig

Besteht zu zwanzig bis vierzig Prozent aus Sherry und Wein, der Rest aus Branntwein. Besonders für gebratenes Geflügel, Meereskrebstiere, Pilzgerichte, warmes Gemüse und Blattsalate.

Shiitake-Pilz

Ostasiatischer Speisepilz, der auf Hartholz kultiviert wird. Neuerdings züchtet man ihn in Europa auf Laubholz wie Buche, Kastanie, Eiche, Birke oder Erle. Die schmackhaften Pilze nicht waschen, sondern mit Küchenpapier abwischen.

Simmern

Langsames Dahinköcheln.

Sojasauce

Scharfe Würzflüssigkeit aus in langem Verfahren fermentiertem Sojabohnenextrakt, gedörrtem, zerkleinertem Weizen, Salz, Zucker und Hefe; gibt es hell oder dunkel, salzig oder süßlich, leicht oder schwer; muss nach Anbruch relativ schnell verbraucht werden.

Sommelier

Französische Bezeichnung für Weinkellner, die auch in Deutschland gebräuchlich ist. Der Sommelier oder die Sommelière hat im Restaurant die Aufgabe der Weinberatung. Dazu kommen nicht nur alle Aufgaben des Servierens, sondern auch die Gestaltung der Weinkarte, Einkauf, Lagerhaltung, Organisation von Weinproben sowie Besuche bei den Produzenten.

Spiel
Nuancenreiche Weiß- und Rotweine aus sehr guten Jahren besitzen diese Eigenschaft. Alle erfassbaren Stoffe sind fein aufeinander abgestimmt, tanzen auf der Zunge.

Spitzkraut
Verwandter des Weißkohls mit kegelförmigem Kopf, feiner und lockerer als dieser.

Sternanis
Tropisches Gewürz, kleine achteckig-sternförmig angeordnete Samenfrucht eines Magnoliengewächses, bittersüß nach Lakritze schmeckend. Pulverisiert zu erhalten, aber auch als Samenfrucht; diese erst vor der Verwendung zerstoßen, dann schmeckt sie am intensivsten.

Sud
Würzige Flüssigkeit, in der Fleisch, Fisch oder Krustentiere gekocht werden.

Süßkartoffel
Wird in den gesamten Tropen und Subtropen angebaut, stammt wahrscheinlich aus Südamerika. Man unterscheidet zwischen weißen, roten und gelben Batate-Sorten; die gelben sind die Besten. Sie werden wie Kartoffeln zubereitet, nur weniger gesalzen. Weil sie neben der Stärke viel Zucker enthalten, schmecken sie süßlich. Curry und Koreander geben der Süßkartoffel den nötigen Kick.

T

Tabasco
Konzentrierte, intensiv scharfe Pfeffersauce aus vergärten roten Chilischoten, Weinessig und Salz; nur tropfenweise verwenden.

Tannin
Wird auch Gerbstoff genannt. Bestandteil in den Traubenkernen, -stielen und -schalen. Kommt bei roten Trauben viel stärker zum Ausdruck als bei weißen. Wirkt im Mund stark adstringierend, zusammenziehend. Mit der Reife des Weines werden die Tannine abgebaut, und somit wird auch der Wein runder. Diese Substanz verleiht dem Wein Rückgrat und seine Fähigkeit zur Lagerung. Kann durch längeres Dekantieren eines Weines gemildert werden.

Tapenade
Würzig-pikante Paste u.a. aus zerstoßenen Kapern, schwarzen Oliven, gewässerten Sardellen, Aromaten, Olivenöl und Zitronensaft. Als Aufstrich auf geröstetem Brot, zu hartgekochten Eiern sowie zu gegrilltem Fleisch oder Fisch.

Tempurateig
Ausbackteig aus Eiern, Mehl, Salz und Wasser, aber auch fertig im Handel erhältlich. Die Japaner frittieren damit Gemüse, Krustentiere und Fisch.

Terroir
Heute ein dehnbarer Begriff für die gesamte Umwelt, in der ein Wein heranreift. Ursprünglich: Erde. Die Bodenqualität hat einen entscheidenden Einfluss auf die spezifische Charakteristik des Weines. Die Rebstöcke transportieren auf natürliche Weise den Gôut de Terroir in die Trauben. Nach der Kelterung ist er im Wein wiederzufinden.

Thaibasilikum
Das südasiatische Küchenkraut hat längliche Blätter mit einem würzigen, süßlichen und leicht pfefferartigen Geschmack. Meistens werden die frischen Blätter verwendet; erhältlich im Asia-Laden.

Tiergeruch
Animalische Duftnoten sind häufig bei Rotweinen zu riechen. Tierhaut, Fell, Moschus, gegerbtes Leder oder rohes Fleisch.

Toast
Frischer Toastduft ist in Barrique-gereiften Weinen zu finden, besonders aus Chardonnay und Sauvignon. Mit dem Geschmack von frischem Eichenholz zu verbinden.

Topinambur
Eine Sonnenblumenart mit hellbraunen, essbaren Knollen. Die Heimat des Topinambur ist Amerika, heute wird sie hauptsächlich in Frankreich angebaut. Die Knollen haben einen nussartigen Geschmack und lassen sich vielfältig verarbeiten.

Totentrompete
Büschelig wachsender Speisepilz von grauer bis schwarzer Farbe. Der schmackhafte Pilz eignet sich hervorragend als Beilage oder als Einlage für delikate Suppen und Saucen zu Wildschwein-Pflanzerln und Wildschwein-Terrinen. Lässt sich gut trocknen und ist somit ein guter Würzpilz.

Transparent
Ein visueller und/oder geschmacklicher Eindruck. Glasklar, glanzhell, rein, makellos oder sauber. Gilt teilweise für dünne oder zu schlanke Weine, die leicht verständlich, unkompliziert oder ungeschminkt wirken.

V

Vanille
Süßer Duft nach Vanilleschote, der durch den Ausbau im neuen Eichenfass entsteht.

Vegetal
Aromen von frischem und gekochtem Gemüse, z. B. bei Sauvignon.

W

Weinsäure
Natürliche Fruchtsäure, die umso mehr im Wein zu finden ist, je reifer die Trauben sind.

Wildgeruch
Häufig in reinsortigen Syrah-Weinen oder Cuvées mit dieser Sorte zu finden. Fell, Pelz oder Geruch von rohem Fleisch.

Wok
Universalkochgerät der Chinesen, ursprünglich ein gewölbter Topf aus dünnem Stahl mit unten abgerundetem Boden. Erreicht schnell eine gleichmäßig hohe Hitze, eignet sich für kurzes, heißes, schonendes und knackiges Garen unter ständigem Einrühren von fein geschnittenem Fleisch, Geflügel, Fisch und Gemüse in wenig Öl. Die Poren der Zutaten schließen sich schnell, sodass Saft, Aroma und Farbe erhalten bleiben.

Worcestersauce
Flüssigwürze u. a. aus Chilis, Knoblauch, Ingwer, Limonen, Malzessig, Melasse, Muskat, Gewürznelken, Pfefferschoten, Sardellen, Schalotten, Sojabohnen, Tamarinde, Pfeffer, Salz, Zucker und weiteren Gewürzen; reift mindestens drei Jahre in Fässern. Passt zu Fleisch, Geflügel, Fisch, Gemüse, Suppen, Saucen und Mayonnaisen.

Würzig
Nennt man ein ausgeprägtes, charaktervolles Aroma edler Weine. Gewürze sind hervorstechende Komponenten. Gilt als Steigerung von fruchtig.

Z

Zart
Feiner, filigraner Duft, delikater, dezenter Geschmack. Leichter Wein mit feiner Struktur.

Zitronengras
Subtropisches Gras mit knollig verdickten weißen Enden, dessen Ölzellen ein zitronenähnliches Aroma freisetzen. Frisch oder getrocknet in Asia-Läden erhältlich, frisches Zitronengras sollte vor Gebrauch ohne Hüllblätter gehackt oder zerdrückt werden; passt sehr gut zu asiatischen Gerichten.

Rezepte – alphabetisch

Weine – alphabetisch

Rot

Weiss

Rosé

Süsswein

Cava

Champagner

Spirituosen

Bier

Weine nach Ländern

Australien

Chile

Deutschland

Frankreich

Bezugsquellen
Weingüter

Orlando Abrigo
Fraz. Cappelletto 5
12050 Treiso d'Alba (Cn)
Italien
T : 0039-01 73-63 02 32
F: 0039-01 73-56 12 0
www.orlandoabrigo.it
orlandoabrigo@libero.it

Domaine des Aires Hautes
34210 Siran, Frankreich
T/F: 0033-468-91 54 40

Cantine Argiolas S.p.A.
Via Roma 56-58
09040 Serdiana (CA)
Italien
T: 0039-070-74 06 06
F: 0039-070-74 32 64
www.cantine-argiolas.com
argiolaspa@tin.it

Australian Domaine Wines
p.o.box 13
Walkerville
South Australia 5081
Australien
T: 0061 8-82 32 12 22
F: 0061 8-82 32 14 66
www.ausdomwines.com.au
domwines@senet.com.au

Daniel et Martine Barraud
»Les Nambrets«
71960 Vergisson
Frankreich
T : 0033-385-35 84 25
F : 0033-385-35 86 98

Az. Agr. Bellavista
Via Bellavista 5
25030 Erbusco (BS)
Italien
T: 0039-030-77 60 761

Weingut Bergdolt
Dudostr. 17
67435 Neustadt-Duttweiler
Deutschland
T : 063 27-50 27
F : 063 27-17 84
www.weingut-bergdolt.de
weingut-bergdolt-st.lamprecht@t-online.de

Henri Bourgeois
Chavignol
18300 Sancerre
Frankreich
T : 0033-248-78 53 20
F : 0033-248-54 14 24
www.bourgeois-sancerre.com
domaine@bourgeois-sancerre.com

Domaine Louis Bovard
La maison rose
Place d'Armes 2
01096 Cully
Schweiz
T : 0041-217-99 21 25
F : 0041-217-99 23 22
www.domainebovard.com
vin@domainebovard.com

Az. Vitivinicola Braida di Bologna Giacomo
Via Roma 94
14030 Rocchetta Tanaro (AT)
Italien
T: 0039-0141-64 41 13
F: 0039-0141-64 45 84
www.braida.it
info@braida.it

Weingut Bürgerspital zum Heiligen Geist
Theaterstr. 19
97070 Würzburg
Deutschland
T: 09 31-350 34 41
F: 09 31-350 34 44
www.buergerspital.de
weinverkauf@buergerspital.de

Can Ráfols dels Caus
08793 Avinyonet des Penedés (Barcelona)
Spanien
T: 0034-938-97 00 13
F: 0034-938-97 03 70
canrafols@seker.es

Caprai, Arnaldo
Località Torre di Montefalco
06036 Montefalco (PG)
Italien
T: 0039-07 42-37 88 02
F: 0039-07 42-37 84 22
www.arnaldocaprai.it
info@arnaldocaprai.it

Carobbio
Monica Pierleoni
Via San Matino in Cecione 26
50020 Panzano (FI)
Italien
T/F: 0039-055-856 01 33

Castel La Puebla
Bodega Stagnari
Ruta Nr. 5
La Paz
Canelones
Uruquay
T: 00598-2-362 21 37

Domaine Cauhapé
Henri Ramonteu
Quartier Castet
64360 Monein
Frankreich
T: 0033-559-21 33 02
F : 0033 559-21 41 82
domainecauhape@wanadoo.fr

La Cave – Domaines & Châteaux
Gérard Bezes
1, avenue de Sérignan
B.P. 2514
34555 Béziers
Frankreich
T : 0033-467-28 71 57
F : 0033-467-28 13 22

Caymus Vineyards
p.o.box 268
Rutherford, Napa Valley
CA 94573
USA
T: 001-707-963 42 04
F: 001-707-963 59 58
www.caymus.com

Château Monbrison
1 Allée de Monbrison
33460 Arsac
Frankreich
T : 0033-556-58 80 04
F : 0033-556-58 85 33
Lvdh33@wanadoo.fr

Château de Saint Cosme
Louis Barruol
84190 Gigondas
Frankreich
T : 0033-49-065 80 80
F: 0033-49-065 81 05

Weingut A. Christmann
Peter-Koch-Str. 43
67435 Neustadt-Gimmeldingen
Deutschland
T: 063 21-660 39
F: 063 21-687 62
weingut.christmann@t-online.de

Domaine Pierre Clavel
Route de Sainte Croix
34820 Assas
Frankreich
T : 0033-499-62 06 13
F : 0033 -499-62 06 14
www.vins-clavel.fr
info@vins-clavel.fr

Az.Agr. Costaripa
Via Cialdini 12
25080 Moniga del Garda (Brescia)
Italien
T: 0039-03 65-50 20 10
F: 0039-03 65-50 26 75
costaripa@tin.it

Domaine de la Courtade
83400 Île de Porquerolles
Frankreich
T: 0033-494-58 31 44
F: 0033-494-58 34 12
www.la-courtade.com
la-courtade@terre-net.fr

Vina Errazuriz s.A.
Av. Nueva Tajamar 481
OF 503 Torre Sur
Chile
T: 0056-22 03-66 88
F: 0056-22 03-66 90
www.errazuriz.com
wine.report@errazuriz.com

Fox Creek Wines
p.o.box 321
McLaren Vale
South Australia 5171
Australien
T: 0061-8-85 56 24 03
F: 0061-8-85 56 21 04
www.foxcreekwines.com
salesmanager@foxcreekwines.com

Frankland Estate
Franklin Road
6396 Western Australia
Australien
T: 0061-8-98 55 15 44
F: 0061-8-98 55 15 49

Weingut Otto & Martin Frey
Im Brühl 1
79211 Denzlingen
Deutschland
T: 076 66-52 53
F: 076 66-23 14

Weingut Karl Haidle
Hindenburgstr. 21
71394 Kernen-Stetten
Deutschland
T: 071 51-94 91 10
F: 071 51-463 13
www.weingut-karl-haidle.de
info@weingut-karl-haidle.de

Henschke Sellers
Road Keyneton
South Australia 5353
Australien
T: 0061-8-85 64 82 23
F: 0061-8-85 64 82 94
www.henschke.com.au
info@henschke.com.au

Weingut Franz Hirtzberger
Kremser Str. 8
3620 Spitz an der Donau
Österreich
T: 0043-27 13-22 09
F: 0043-27 13-22 09 20
weingut@hirtzberger.com

Silvio Jermann
Via Montefortino 21
34070 Villanova di Farra (GO)
Italien
T: 0039-04 81-88 80 80
F: 0039-04 81-88 85 12

Weingut Karl Heinz Johner
Gartenstr. 20
79235 Vogtsburg-Bischoffingen

Deutschland
T: 076 62-60 41
F: 076 62-83 80
www.johner.de
info@johner.de

Jade Mountain Winery
Business Office
621 Airpark Road
Napa, CA 94558
USA
T: 001-707-254 42 00
F: 001-707-254 42 01
www.jademountainvineyard.com
info@jademountainvineyard.com

Weingut Knipser
Johannishof
67229 Laumersheim
Deutschland
T: 062 38-7 42
F: 062 38-43 77
www.weingut-knipser.de
mail@weingut-knipser.de

Alois Lageder
Ansitz Löwengang
39040 Margreid
Italien
T: 0039-04 71-80 95 00
F: 0039-04 71-80 95 50
www.lageder.com
info@lageder.com

Laibach Vineyards
p.o.box 7109
Stellenbosch 7599
Südafrika
T: 0027-21-884 45 11
F: 0027-21-884 48 48
www.laibach.co.za
info@laibach.co.za
LaibachVineyards@web.de

Weingut Andreas Laible
Am Bühl 6
77770 Durbach
Deutschland
T: 07 81-412 38
F: 07 81-383 39
www.weingut-laible.de
info@weingut-laible.de

Legras & Haas
7 et 9 Grande Rue
51530 Chouilly
Frankreich
T : 0033-326-54 92 90
F : 0049-326-55 16 78
legrasethaas@chez.com

Luigi Maffini
Località Cenito
84071 Castellabate (SA)
Italien
T: 0039-0974-96 63 45

Vicente Malumbres
Santa Barbara, 15
31591 Corella
Spanien
T : 0034-948-40 19 20
F : 0034-948-40 16 53
www.malumbres.com
javier@malumbres.com

Meerlust Estate
p.o.box 15
Faure 7131
Südafrika
T: 0027-21-843 35 87
F: 0027-21-843 32 74
www.meerlust.co.za
info@meerlust.co.za

Mer Soleil Vineyard
p.o.box 35
Rutherford
CA 94573
USA
T/F : 001-831-675 79 19
mersoleilwinery@aol.com

Domaine François Mikulski
5, rue de Leignon
21190 Meursault
Frankreich
T : 0033-380-21 66 62
F : 0033-380-21 63 38

Domaine Marc Morey
3, rue Charles Paquelin
21190 Chassagne-Montrachet
Frankreich
T : 0033-380-21 30 11
F : 0033-380-21 90 20

Weingut Ludwig Neumayer
Inzerdorf 22
3130 Herzogenburg
Österreich
T/F: 0043-27 82-829 85
weingut-neumayer@pgv.at

Niepoort (vinhos) S.A.
Rua infante de Henrique 32-2°
4050-296 Porto
Portugal
T: 00351-223-38 95 29
F: 00351-223-38 95 31
dirk@niepoort-sa.pt

Penfolds
Magill Winery
78 Penfolds Rd.
Magill SA 5072
Australien
T: 0061-8-83 01 54 00
F : 0061-8-83 01 55 88
www.penfolds.com
penfolds.magill@cellar-door.com.au

Pietracupa
Contrada da Valdiaperti 17
Montefredane (AV)
Italien
T/F: 0039-0825-60 74 18

S.A.R.L. Nicolas Potel
44, rue des Blés
21700 Nuits-Saint-Georges
Frankreich
T : 0033-380-62 15 45
F : 0033-380-62 15 46

Principe de Viana s.a.
C/ Mayor, 191
31521 Murchante-Navarra
Spanien
T: 0034-948-83 86 40
F: 0034-948-81 85 74
www.principedeviana.com
info@principedeviana.com

Quartz Reef
p.o.box 63
Cromwell
Central Otago
Neuseeland
T: 0064-3-445 30 84
F: 0064-3-445 30 86
www.quartzreef.co.nz
rudi@quartzreef.co.nz

Quinta do Ameal
Soc. Agr. SA 4990
707 Refóios do Lima
Ponte do Lima
Portugal
T/F: 00351-258-94 71 72
quintadoameal@netcabo.pt

Real Companhia Velha
R. Azevedo Magalhäes, 314
4430 Vila Nova de Gaia
Portugal
T: 00351-22-377 51 00
F: 00351-22-377 51 90
www.realcompanhiavelha.pt
rcvelha@realcompanhiavelha.pt

Domaine de la Rectorie
66650 Banyuls sur Mer
Frankreich
T : 0033-468-88 13 45
F : 0033-468-88 18 55
www.la-rectorie.com

Hans und Julia Reisetbauer
Axberg 15
4062 Thening
Österreich
T: 0043-72 21-63 69 00
F: 0043-72 21-636 90 14
www.reisetbauer.at
Office@Reisetbauer.at

Kellerei Sankt Michael Eppan
Umfahrungsstr. 17/19
39057 Eppan
Italien
T: 0039-0471-66 44 66
F: 0039-0471-66 07 64
www.stmichael.it
kellerei@stmichael.it

Casa vinicola Santa Barbara s.n.c. di Stefano
Antonucci & c.
Borgo Mazzini 35
60010 Barbara (AN)
Italien
T: 0039-071-967 42 49
F: 0039-071-967 42 63
www.vinisantabarbara.it
info@vinisantabarbara.it

Schloss Gobelsburg
Schlossstr. 16
3550 Langenlois
Österreich
T: 0043-27 34-24 22
F: 0043-27 34-24 22 20
www.gobelsburg.at
schloss@gobelsburg.at

Weingut Schloss Lieser
Am Markt 1
54470 Lieser
Deutschland
T: 065 31-64 31
F: 065 31-10 68
www.weingut-schloss-lieser.de
info@weingut-schloss-lieser.de

Weingut Schlosskellerei Affaltrach
Dr. Reinhold Baumann
Am Orbensschloss 15-21
74182 Obersulm-Affaltrach
Deutschland
T: 071 30-47 44 12
F: 071 30-47 44 44
www.schlossaffaltrach.de
schlossaffaltrach@t-online.de

Weingut Schneider
Georg-Fitz-Str. 12
67158 Ellerstadt
Deutschland
T: 062 37-72 88
F: 062 37-97 72 30
weingut.schneider@t-online.de

Jacques Selosse
22, rue Ernest Vallée
51190 Avize, Frankreich
T : 0033-326-57 53 56
F : 0033-326-57 78 22

Az. Agr. La Spinetta
Viticoltori Giuseppe Rivetti & figli
Via Annunziata 17
14054 Castagnole Lanze (AT)
Italien
T: 0039-0141-877-396
F: 0039-0141-877-396/-566

Springfield Estate
p.o.box 770
6705 Robertson
Südafrika
T: 0027-23-626 36 61
F: 0027-23-626 36 64
www.springfieldestate.com
info@springfieldestate.com

Weingut Manfred & Heidi Tement
Zieregg 13
8461 Berghausen
Österreich
T: 0043-34 53-410 10
F: 0043 -34 53-410 10 30
www.tement.at
weingut@tement.at

Treana
p.o.box 3260
Paso Robles
CA 93447
USA
T: 001-805-238 69 79
F: 001-805-238 40 63
www.treana.com
amyroth@treana.com

F. E. Trimbach
15, route de Bergheim
68150 Ribeauvillé
Frankreich
T: 0033-389-73 60 30
F: 0033-389-73 89 04
www.maison-trimbach.fr
contact@maison-trimbach.fr

Veenwouden Private Cellar
Wellington Road
Paarl 7623
Südafrika
T: 0027-21-872 68 06
F: 0027-21-872 13 84
veenwouden@interkom.co.za

Weingut Velich
Seeufergasse 12
7143 Apetlon
Österreich
T: 0043-21 75-31 87
F: 0043-21 75-31 87 4
www.velich.at
weingut@velich.at

Vie di Romans
Gianfranco Gallo
Località Vie di Romans 1
34070 Mariano del Friuli (GO)
Italien
T/F: 0039-04 81-69 60 00
viediromans@tiscalinet.it

Segura Viudas
Sant Antoni 11
08770 Sant Saturni d'Anoia, Spanien
T: 0034-93-891 70 70
F: 0034 -93-899 60 06
www.seguraviudas.com
seguraviudas@seguraviudas.es

Weingut Josef Walz
Hauptstr. 34
79423 Heitersheim
Deutschland
T: 076 34-55 30 30
F: 076 34-55 30 33
weinwalz@t-online.de

Weinbau Wenzel
Hauptstr. 29
7071 Rust, Österreich
T: 0043-268-52 87
F: 0043-268-52 874
Weinbau.wenzel@utanet.at

WG-Ihringen
Kaiserstühler Winzergenossenschaft
Ihringen eG
Winzerstr. 6
79241 Ihringen
Deutschland
T: 076 68-90 36-0
F: 076 68-55 56
www.winzergenossenschaft-ihringen.de
info@winzergenossenschaft-ihringen.de

Brauerei:

Brauerei Unertl KG
Weißgerberstr. 7-15
84453 Mühldorf a. Inn
Deutschland
T: 086 31-37 680
F: 086 31 -37 68 22
www.brauerei-unertl.de
unertl@brauerei-unertl.de

Martin Apell, Weinhandlung
Eugen-Richter-Str. 109
34134 Kassel
T: 05 61-316 07 17
F: 05 61-316 07 18
www.apell.de
mail@apell.de

Weingut Schlosskellerei Affaltrach
Dr. Reinhold Baumann
Am Orbensschloss 15-21
74182 Obersulm-Affaltrach
T: 071 30-47 44 12
F: 071 30-47 44 44
www.schlossaffaltrach.de
schlossaffaltrach@t-online.de

Weingut Bergdolt
Dudostr. 17
67435 Neustadt-Duttweiler
T : 063 27-50 27
F : 063 27-17 84
www.weingut-bergdolt.de
weingut-bergdolt-st.lamprecht@t-online.de

Sigrid Brantl
Frauenplatz 10
80331 München
T: 089-22 38 79
F: 089-22 16 08

Bürgerspital zum Heiligen Geist, Weingut
Theaterstr. 19
97070 Würzburg
T: 09 31-350 34 41
F: 09 31-350 34 44
www.buergerspital.de
weinverkauf@buergerspital.de

La Cave Steines
Taufkirchnerstr. 2
85435 Erding
T: 081 22-182 00
F: 081 22-401 68
www.steines-weine.com
info@steines-weine.com

Weingut A. Christmann
Peter-Koch-Str. 43
67435 Neustadt-Gimmeldingen
T: 063 21-660 39
F: 063 21-687 62
weingut.christmann@t-online.de

Thomas Dutz
Italienische Weine
Franz-Liszt-Str. 4
85521 Ottobrunn
T: 089-60 85 56 91
F: 089-60 85 56 93
www.dutz-ital-weine.de
dutz-ital-weine@t-online.de

extraprima
Weinimport und Versand
Friedrichsplatz 16
68165 Mannheim
T: 06 21-286 52
F: 06 21-249 57
www.extraprima.com
info@extraprima.com

Fegers und Berts
Heumarkt 55
50667 Köln
T: 02 21-925 93 00
F: 02 21-258 24 18
www.fub-weine.de
info@fub-weine.de

feine weine
Dr. Horst Gansert
Ring am Gottwill 49
66117 Saarbrücken
T: 06 81-584 68 76
F: 06 81-709 89 21
www.feineweine.de
gansert@feineweine.de

Feinkost Farnetani
Peter-Anders-Str. 9
81245 München
T: 089-82 99 64-0
F: 089-82 99 64 39
info@farnetani.de

Fetzner Import und Agentur
Reinhold-Schneider-Str. 96
76199 Karlsruhe
T: 07 21-98 84 60
F: 07 21-988 46 20
www.fetzner.ws
K.Fetzner@t-online.de

Weingut Otto & Martin Frey
Im Brühl 1
79211 Denzlingen
T: 076 66-52 53
F: 076 66-23 14

Garibaldi
Froschammerstr. 14
80807 München
T: 089-35 63 61 16
F: 089-359 29 29
www.garibaldi-wein.de
info@garibaldi-wein.de

Weingut Karl Haidle
Hindenburgstr. 21
71394 Kernen-Stetten
T: 071 51-94 91 10
F: 071 51-463 13
www.weingut-karl-haidle.de
info@weingut-karl-haidle.de

Hertie Markthallen
Bahnhofsplatz 7
80335 München
T: 089-55 12 15 18
F: 089-55 12 20 46

Konrad Hosp
Siemensring 40
87616 Marktoberdorf
T: 083 42-961 50
F: 083 42-96 15 15
www.hosp-weine.de
HOSP_WEINE@t-online.de

HS-Style
Terra di Toscana
Im Wiesengrunde 60 A
55593 Rüdesheim
T: 06 71-620 55
F: 06 71-620 57
www.terraditoscana.de
info@terraditoscana.de

Jacques' Weindepot
T: 02 11-39 00 20
F: 02 11-390 02 68
www.jacques.de
info@jacques.de

Weingut Karl Heinz Johner
Gartenstr. 20
79235 Vogtsburg-Bischoffingen
T: 076 62-60 41
F: 076 62-83 80
www.johner.de
info@johner.de

Weingut Knipser
Johannishof
67229 Laumersheim
T: 062 38-742
F: 062 38-43 77
www.weingut-knipser.de
mail@weingut-knipser.de

Weingut Andreas Laible
Am Bühl 6
77770 Durbach
T: 07 81-412 38
F: 07 81-383 39
www.weingut-laible.de
info@weingut-laible.de

Liquid
Pariser Str. 36
81667 München
T/F: 089-447 05 38
Liquid.wein@gmx.de

Piero Massi
Brühlerstr. 25-27
50968 Köln
T: 02 21-934 76 30
F: 02 21-934 76 39
www.pieromassi.de
info@pieromassi.de

Mövenpick Weinland
Boschetsrieder Str. 60
81379 München
T: 089-78 02 07 75
F: 089-78 02 07 76
www.moevenpick-weinland.de
info@moevenpick-weinland.de

Weingut Ludwig Neumayer
Inzerdorf 22
3130 Herzogenburg
Österreich
T/F: 00 43-27 82-829 85
weingut-neumayer@pgv.at

Oxhoft Weinhandel
Von-der-Tann-Str. 11
20259 Hamburg
T: 040-43 27 17 37
F: 040-43 27 17 38
www.oxhoft.de

Pinard de Picard
Fort Rauch 2
66740 Saarlouis
T : 068 31-12 27 29
F : 068 31-12 27 30
www.pinard-de-picard.de
lehnen@pinard.de

Saffer Wein GmbH
Martin-Kollar-Str. 11
81829 München
T: 089-42 00 90 0
F: 089-42 00 90 15
www.saffer.de
info@saffer.de

Weingut Schloss Lieser
Am Markt 1
54470 Lieser
T: 065 31-64 31
F: 065 31-10 68
www.weingut-schloss-lieser.de
info@weingut-schloss-lieser.de

Weingut Schneider
Georg-Fitz-Str. 12
67158 Ellerstadt
T: 062 37-72 88
F: 062 37-97 72 30
weingut.schneider@t-online.de

La Tienda
Urftstr. 99-101
41239 Mönchengladbach-Rheydt
T: 021 66-93 15 0
F: 021 66-93 15 29
www.la-tienda.de
kunden@la-tienda.de

Weingut Velich
Seeufergasse 12
A-7143 Apetlon, Österreich
T: 00 43-21 75-318-7
F: 00 43-21 75-318 74
www.velich.at
weingut@velich.at

Vif Weinhandel
Kreppstr. 7
66333 Völklingen
T: 068 98-270 70
F: 068 98-270 72
www.vif.de
info@vif.de

Vinopolis GmbH & Co. KG
Curt-Frenzel-Str. 10 a
86167 Augsburg
T: 08 21-70 02 90
F: 08 21-70 02 959
www.vinopolis.de
info@vinopolis.de

Walter & Benjamin
Rumfordstr. 1
80469 München
T: 089-26 02 41 74
F: 089-26 02 41 73
www.walterundbenjamin.de
wein@walterundbenjamin.de

Weingut Josef Walz
Hauptstr. 34
79423 Heitersheim
T: 076 34-55 30 30
F: 076 34-55 30 33
weinwalz@t-online.de

Wein & Glas Compagnie
Prinzregentenstr. 2
10717 Berlin/ Wilmersdorf
T: 030-23 51 52-0
F: 030-23 51 52 22
www.weinundglas.com
info@weinundglas.com

Wein-Blüte
Helmuth Gempel
Seestr. 3
83700 Rottach-Egern
T: 080 22-261 35
F: 080 22-29 74
www.wein-bluete.de
GempelHelmuth@t-online.de

Weingalerie
Pestalozzistr. 55
10627 Berlin
T: 030-323 74 48
F: 030-32 70 35 68
www.weineausportugal.com
weingalerie@portwine.de

Weingarten Eden KG
Eden 1
94167 Bad Griesbach/ Tettenweis
T: 085 32-92 00 50
F: 085 32-92 00 32
www.weingarten-eden.de
weingarten.eden@t-online.de

Weinhaus Mauz
Bismarckstr. 51
73760 Ostfildern-Nellingen
T: 07 11-34 16 99 90
F: 07 11-34 16 99 920
www.weinhaus-mauz.de
info@weinhaus-mauz.de

Weinhaus Sued
Alteburgerstr. 13
50678 Köln
T: 02 21-32 86 76
F: 02 21-32 59 47
www.flaschenpost.de
info@weinhaus-sued.de

Wein-Kabinett Viehbeck
Gumppenbergstr. 4
84543 Winhöring
T: 086 71-88 25 13
F: 086 71-88 25 14
kontakt@viehbeck.de

Weinlade
Guntram Fahrner
Nelkenstr. 33
76135 Karlsruhe
T: 07 21-830 77 70
F: 07 21-830 77 71
www.weinlade.de
info@weinlade.de

Weinland Ariane Abayan
Erikastr. 67
20251 Hamburg
T: 040-279 40 79
F: 040-279 77 87
www.abayan.de
weinland@abayan.de

Die Weinquelle
Müsterterstr. 18
54498 Piesport
T: 065 07-70 14 20
F: 065 07-70 14 22
www.die-weinquelle.de
email@die-weinquelle.de

Weinzeche
Rotthauser Str. 44
45309 Essen
T: 02 01-55 00 24
F: 02 01-55 00 25
www.weinzeche.de
service@weinzeche.de

Robert Wenzel, Weinbau
Hauptstr. 29
7071 Rust
Österreich
T: 0043-268-52 87
F: 0043-268-52 874
Weinbau.wenzel@utanet.at

WG-Ihringen
Kaiserstühler Winzergenossenschaft Ihringen eG
Winzerstr. 6
79241 Ihringen
T: 076 68-90 36-0
F: 076 68-55 56
www.winzergenossenschaft-ihringen.de
info@winzergenossenschaft-ihringen.de

Weine Wolgang Wuttke
Kreisstr. 134
66128 Saarbrücken
T: 06 81-70 08 03
F: 06 81-70 04 48
www.weine-wuttke.de
info@weine-wuttke.de